Paul Allard
Der Krieg der Lüge: Französische Volksverdummung und
Kriegshetze im "Lügenkrieg" 1939-40

edition militaris

ISBN: 978-3-96389-014-7
Druck: edition militaris, 2018
Die edition militaris ist ein Imprint der Diplomica Verlag GmbH.

© edition militaris, 2018
http://www.diplomica-verlag.de
Printed in Germany
Alle Rechte vorbehalten.
Die edition militaris übernimmt keine juristische Verantwortung oder irgendeine Haftung für evtl. fehlerhafte Angaben und deren Folgen. Der Inhalt ist im historischen Kontext zu lesen.

Paul Allard

Der Krieg der Lüge.
Französische Volksverdummung und Kriegshetze im "Lügenkrieg" 1939-40
Wie man uns das Hirn vernebelte

militaris

EINFÜHRUNG

Die Lüge über Deutschland

„*Der Lügenkrieg!*" Damit hat der französische Publizist Paul Allard die gültige Formel geprägt, die immer den letzten sinnlosen Krieg Frankreichs gegen Deutschland charakterisieren wird. Diese Formel gilt nicht nur für die Kriegsperiode 1939/1940, sondern auch für das französische System und seine Politik (insbesondere seit 1933), die den Krieg systematisch vorbereiteten. Das große Mittel, das solch erhebliche Wirkung bei der Kriegsvorbereitung zeigte, war die Lüge. Sie wurde fast zum sakrosankten Bestandteil des politischen Lebens Frankreichs und seiner sogenannten geistigen Aufrüstung. Daher glaubte die französische Regierung auch mit dieser Waffe Deutschland im Kriege besiegen zu können.
Die reale Kraft der deutschen Waffen aber zerschmetterte in wenigen Wochen das französische Regime, das dank dem großen Aufwand an eisenfresserischen Worten stark schien. Ganz plötzlich fielen zahlreichen Franzosen die Schuppen von den Augen, und sie erkannten, auf welchem Lügensystem die Kriegspolitik ihres Landes aufgebaut war: seine politisch-moralische Kraft erwies sich als erbärmliches Lügengewebe. Paul Allard hat in glänzender Weise die historisch notwendige Aufgabe gelöst, den Lügenkrieg von 1939/1940 dokumentarisch festzuhalten. Die von ihm gesammelten französischen Pressestimmen und Äußerungen der Politiker bilden eine einzigartige „*Anthologie du bourrage de crâne*" – wie die Franzosen sagen würden: eine Blütenlese der französischen Volksverdummung und Kriegshetze mit dem Mittel der Lüge.
Paul Allard beschränkte sich auf eine Zusammenfassung von französischen Pressestimmen und Äußerungen von Politikern während des Krieges. Es wird offenbar, wie die französische Presse vom Anfang bis zum bitteren Ende mit einem ausgeklügelten und sich ständig weiterentwickelnden Lügensystem operierte, um so Siege über Siege zu konstruieren. Wie aber war es möglich, muß man sich fragen, daß sich so sehr seines „gesunden Menschenverstandes" und seines „kritischen Geistes" rühmt, die Lüge eine so unbestrittene Herrschaft ausüben und auf solch unvorstellbar umfassende Leichtgläubigkeit stoßen konnte? Dieses Problem, das Allard sich nicht stellt, wollen wir in einigen wesentlichen Punkten zu klären versuchen.
Den französischen Lügenkrieg können wir nur verstehen, wenn wir in die geistige Struktur der politischen Lüge in Frankreich tiefer eindringen. Einzelne Lügen können – zumal in Kriegszeiten – leicht allgemein geglaubt werden, weil das eigene Wissen um diese oder jene Dinge und Vorgänge fehlt. Ein solch umfassendes Lügensystem, wie wir es in Allards Buch kennenlernen, konnte aber nur von Dauer sein und solch unheilvolle Auswirkungen für

Frankreich haben, weil es sich eben um ein *System* handelte, das nicht erst mit dem Kriege begann, sondern schon längst vorher bestand und zu einem geistig-politischen Bewußtsein der Franzosen schlechthin geworden war. Den Schlüssel zu diesem System finden wir in den Vorstellungen, die den Franzosen über Deutschland jahrelang und geradezu traditionell eingehämmert worden waren.

Paul Allard begnügt sich im Rahmen seiner Darstellung mit den Kriegslügen über Deutschland – so etwa mit der deutschen Hungersnot, mit der Überschwemmung des Westwalls usw. Wir aber müssen bis zu den französischen *Prinziplügen* über Deutschland vordringen, denn sie sind ein wesentlicher Bestandteil der geistespolitischen Struktur des Frankreichs der dritten Republik. Sie erst lassen uns verstehen, warum Frankreich den unsinnigen Krieg gegen Deutschland vom Zaune brach, warum die Kriegslügen von den Franzosen geglaubt werden konnten und warum es für sie das epochale Erlebnis des 20. Jahrhunderts wurde, als sie nach ihrer Niederlage in den deutschen Soldaten zuchtvolle kultivierte und gesittete Menschen anstatt wilder Horden kennen lernten.

Deutschland ist indessen Frankreichs nächster Nachbar; es gab doch vor dem Kriege genügend gebildete und umsichtige Franzosen in Deutschland, es gab die offiziellen Vertreter Frankreichs und die Presseberichter, die das wahre Deutschland sehen *konnten* und es eigentlich zur Kenntnis ihrer Regierung und ihrer Landsleute hätten bringen *sollen*. Eine Reise von nur ein paar Stunden trennt die französische Hauptstadt von der deutschen Grenze; den Franzosen standen deutsche Zeitungen, Bücher, Filme usw. zur Verfügung. Und dennoch herrschte völlige Unkenntnis über das wirkliche Deutschland. Ein künstlich geschaffenes und systematisch gefördertes Zerrbild von Deutschland und dem deutschen Menschen verhinderte die freie und rechte Erkenntnis des französischen Volkes.

Die Journalisten tragen daran noch nicht einmal die schwerste Schuld, denn ihr Blick war schon verfälscht worden durch die Politiker und *vor allem durch die geistigen Wortführer* der jüdisch-freimaurerischen dritten Republik. Wenn das moderne Frankreich an und für sich geistig an Autarkie und Verengung litt, wie einsichtige Franzosen teils schon vor dem Kriege und besonders gegenwärtig erkannten, so waren es die intellektuellen Skribenten der „Demokratie", die die Maginotlinie mit einer sogenannten geistigen *„Descarteslinie"* überhöhten. Während die erste eher defensiven Charakter hatte, war die zweite eindeutig agressiv. Ihre Verfechter – so die „unsterblichen" Mitglieder der französischen Akademie Georges Duhamel, François Mauriac u. a. m. – spielten sich als „freie Geister" auf, die angeblich nur aus Sorge um die „Kultur" den Federkrieg gegen Deutschland führten und zum Kreuzzug der Zivilisation aufriefen. In einem Lande wie Frankreich, in dem die Literatur eine bedeutsame Rolle spielt, konnten diese Literaten einen unverhältnismäßig großen Einfluß auf die Politik ausüben. Sie wurden auch vom Volke geglaubt, gerade weil sie nicht nur von der Regierung bezahlte Journalisten waren, sondern freiwillig und scheinbar selbstlos als „freie Geister" zur Verteidigung der geistigen Güter der Menschheit auftraten. In einer unglaublichen Weise verrieten diese geistigen Wortführer ihre Mission („la trahisson des clercs") und schufen in langen Jahren das System der moralisch-politischen Einkreisung Deutschlands. Sie sind die wahren Kriegsschuldigen und müßten eigentlich, wenn nicht vor einem Gerichtshof stehen, so doch an Stelle der Hunderttausenden leichtgläubiger aber unschuldiger Franzosen in der Kriegsgefangenschaft sitzen. Denn der letzte Krieg war ihr Krieg; sie führten ihn schon längst ehe er militärisch begann.

„Alle Übel Europas stammen aus der Unkenntnis, in der die Franzosen Deutschland gegenüber leben." Diese richtige Erkenntnis hatte vor Jahren der französische Schriftsteller Jean Giraudoux, – der sich später dazu hergab, antideutscher Kriegspropagandachef der dritten Republik zu werden. Diese persönliche Entwicklung ist symptomatisch für Frankreich. Nur wenige schriftstellernde Franzosen erkannten die drohende Gefahr ihres Landes und bewahrten mutig ein unabhängiges Urteil. So vor allem *Céline*, der das Unheil des jüdisch-freimaurerischen Einflusses begriff und bis zum Kriege warnte. „Der Deutschenhaß", so schrieb er noch im Jahre 1939 in seinem Buch „L'Ecole des Cadavres" (das natürlich bald von der Regierung verboten wurde), „ist ein naturwidriger Haß, ja eine Inversion. Er ist unser tödlichstes Gift und doch spritzt man es uns täglich in unheilvolleren Dosen ein." Nachdem Frankreich diesem und anderen Lügengiften erlegen war, klagte ein Frontkämpfer in seinem jüngst erschienenen Kriegsbuch: „*20 Jahre Lügen*. O Volk Frankreichs, du bist gut! Dir liegt die Gerechtigkeit am Herzen. Ein Nichts erregt Dich, ein Nichts entflammt Dich. Aber dieses Nichts braucht nicht einmal wahr zu sein; es ist vielleicht falsch; ja, *meistens sogar ist es falsch*. Es genügt, ihm den Schein des Wahren zu geben." – – (René Roques: „Le Sang de nos Fautes").

Die Lüge über Deutschland ist indessen älter als zwanzig Jahre – und doch bestand sie keinesfalls von jeher in Frankreich. Ein Volk wird von einem anderen gewiß nie völlig verstanden, weil es eine totale Objektivität nicht geben kann; aber zwischen dem Nichtganzverstehenkönnen und dem Lügenbild liegt doch ein weiter Abstand und ein wesentlicher Unterschied. Das französische Lügenbild über Deutschland ist ein Erzeugnis der dritten Republik, während noch in der ersten Hälfte des 19. Jahrhunderts in Frankreich eine sympathische Vorstellung von unserem Vaterlande bestand.

Zur Zeit Napoleons entdeckten die Franzosen Deutschland; sie fanden ein jugendliches Land der Dichter, der Musiker, der Philosophen, der Träumer und Enthusiasten, – *ein Idealreich der Romantiker*. Die geistig führenden Männer jenseits des Rheins begeisterten sich alle für Deutschland, verehrten seine Kultur, die für sie entscheidend wurde, und förderten im französischen Volke eine damals sehr weit verbreitete positive Einstellung zu uns. Indessen enthielt das romantische Deutschland Keime, die später zu großen Irrtümern führen sollten, denn man sah eigentlich *nur das unpolitische Land der Dichter,* Denker und Musiker, nicht aber zugleich das Land von politischen und militärischen Männern der Tat. Da die Franzosen vor Deutschland das politisch führende Volk in Europa waren, wollten sie das Gebiet des politischen Handelns für sich selbst wahren. Vor etwa hundert Jahren schrieb der Historiker und Philosoph Edgar Quinet in seiner Abhandlung „Von der Philosophie in ihren Beziehungen mit der politischen Geschichte": „Frankreich ist Deutschland gegenüber, was das Handeln gegenüber der Reflexion im Genius der Menschheit ist; und diese beiden Welten wachsen zusammen und bilden gemeinsam die Einheit der modernen Gesellschaft." Diese theoretische Aufspaltung in Land des Handelns und Land des Denkens war das typische Produkt einer intellektuell und literarisch bestimmten Epoche, die den Sinn für die Realität und Totalität der politisch-geistigen Einheit verloren hatte. Schon damals wollten die Franzosen – auch wenn sie das geistige Deutschland ehrlich liebten – nicht den politischen Drang der Deutschen sehen; daher erschien ihnen von Anfang an – und besonders unter Bismarck – das aufstrebende Preußen als eine unerfreuliche, gefährliche Macht, die man geistig ablehnte, wenn man ihre Existenz nicht mehr leugnen konnte. Es darf nicht vergessen werden, daß schon damals politische Emigranten aus Deutschland, meistens Juden wie Heinrich Heine, dazu beitrugen, diesen französischen „Protest des Geistes" gegen das politische Machtstreben Preußens zu stärken und in der französischen Vorstellung zu vertiefen.

So war es nicht verwunderlich, daß mit dem Jahre 1870 und der politisch-militärischen Niederlage Frankreichs jenes Bild eines geistlosen und brutalen preußischen Deutschlands allgemeine Verbreitung fand. Dadurch wurde keinesfalls das schöne Bild des romantischen Deutschlands verdrängt; nein, im Gegenteil: jene Vorstellung ermöglichte und bewies in den Augen der Franzosen als komplementäres Bild das vom preußischen Barbaren. Beide standen seitdem nebeneinander, die berühmt gewordenen sogenannten *„zwei Deutschländer"* (les deux Allemagnes), gepflegt und gefördert von zahlreichen französischen Schriftgelehrten, die in den kommenden Jahrzehnten die Lüge über Deutschland systematisch organisierten.

Da die Franzosen aus politisch verständlichen Gründen ein unpolitisch-romantisches Deutschland vorziehen und da ihre eigene Politik stets als geistiges System konstruiert wird, mußte die deutsche Einigung durch Bismarck als eine Unterjochung des „wahren", des romantischen Deutschlands durch das geistlose und kulturfeindliche Preußen gedeutet werden. Der in den Hirnen der liberalen Intellektuellen bestehende Gegensatz zwischen Kultur und Macht führte geradewegs zur prinzipiellen Lüge über Deutschland. die geistigen Führer Frankreichs wollten die Realität nicht sehen, sie steckten den Kopf in den Sand – und dementsprechend trieben die Politiker unheilvolle Vogelstraußpolitik. Diese Entwicklung des Deutschlandbildes ist alles andere als ein

Ruhmesblatt in der französischen Geistesgeschichte. Die berühmtesten Schriftsteller und Philosophen Frankreichs jener Zeit trugen das ihre bei zum systematischen Ausbau und geistigen Begründung des lügenhaften Deutschlandbildes. Der Typ des preußischen Deutschen, der in der französischen Literatur allgemeingültig wurde, war ein ungehobelter, kulturloser, gewalttätiger, säbelrasselnder Mensch, – eine Vorstellung, die während des Weltkrieges zum Bilde des bestienhaften, mörderischen, kinderverstümmelnden und frauenschänderischen „*Boche*" vervollkommnet wurde. Ein Kinderschreck – und doch von solch unheilvoller Wirkung, denn das französische Volk glaubte daran!

Darüber hinaus arbeiteten die französischen Intellektuellen daran, auch den deutschen Geist in jeder Weise herabzusetzen und vor dem Richterstuhl der wahren Kultur zu verdammen! Nun wurden auch die deutschen Dichter und Philosophen teilweise zu „Boches" gestempelt. „Im Falle von Nietzsche und Goethe", so schrieb André Beaunier während des Weltkrieges, „handelt es sich nicht um Deutsche, sondern um Boches, ja um Überboches." Für einen Léon Daudet ist Nietzsche der „*metaphysische Attila*", und ein bekannter französischer Philosoph, Emile Boutroux, bewies philosophisch, warum die Deutschen Barbaren seien. Seine Argumentierung gipfelte in den Worten: „Sie sind Barbaren, weil sie höher zivilisiert sind." Auch die deutsche Musik wurde als pangermanistisch und barbarisch verfolgt – so vor allem Wagner, der auch im letzten Kriege wiederum aus politischen Gründen heftig umkämpft wurde!

So wurde seit Jahren in Frankreich der mit geistreichelnden Lügen begründete Kreuzzug zur „*Verteidigung des Abendlandes*" organisiert. Der Philosophieprofessor Jacques Chevalier, der noch unter Marschall Pétain Kultusminister war, schrieb u. a. ein Buch über den französischen Philosophen Descartes, in dem er immer wieder die Forderung unterstreicht, „den französischen Geist vom Joch des deutschen Geistes zu befreien", dieses „Gift" auszuscheiden und „*einen Damm gegen die Barbarei des Ostens aufzurichten*, die die abendländische und christliche Kultur zu überfluten droht". Er wünschte den „*nationalen Kreuzzug*" gegen die Deutschen, „die das Recht leugnen, weil sie es mit der Gewalt identifizieren". „Wenn unsere Ahnen", so heißt es weiter bei Chevalier, „von den Kreuzfahrer bis zu den Soldaten Napoleons von Welteroberung träumten, dann war es nicht, wie beim Boche, um die Welt zu unterjochen und zu plündern, sondern um sie zu bessern und zu befreien..." Das alles steht in einem bis heute in Frankreich gültigen und anerkannten philosophischen Werk zu lesen!

Wir könnten ähnliche Beispiele zu Hunderten aufführen – und zwar nicht von dunklen Hintertreppenschreibern, sondern auch von „berühmten" französischen Schriftstellern und Wissenschaftlern. Hier kommt es uns auf die Erkenntnis des Prinzips an: Wenn die Franzosen immer von der deutschen politischen und geistigen Unterjochung durch die preußischen Barbaren redeten, dann geschah es, um ihre eigene „Befreiungspolitik" zu begrün-

den. Diese „Befreiungspolitik" zielte auf nichts anderes als auf erneute Teilung Deutschlands, um so unbestritten die französische Herrschaft aufrichten zu können. So galten erst die Süddeutschen – und seit 1933 die Saarländer, Österreicher, Sudetendeutschen, Memeldeutschen usw. als „unterjocht"...
Das Erbärmliche dabei ist, daß die Franzosen immer die Unterstützung gewissenloser deutscher Emigranten und vor allem der Juden fanden. Das trifft in besonderem Maße mit der Machtergreifung des Nationalsozialismus zu. Mit dem Jahre 1933 hat sich nicht etwa das Deutschlandbild verändert, sondern die traditionelle Vorstellung von den zwei Deutschländern trat nur verschärfter hervor, bestimmte die offizielle Meinung und die Politik. Es ist kaum faßbar, welche Flut von lügenhaften, hetzerischen und verleumderischen Büchern und Schriften über das nationalsozialistische Deutschland den französischen Büchermarkt überschwemmte, jährlich weit über hundert, wenn man die Emigrantenliteratur *nicht* berücksichtigt. Die „Nazis" nahmen in diesem System nunmehr den traditionellen Platz der Preußen ein, die Kommunisten, Juden und Emigranten hingegen galten als die Vertreter des wahren Deutschlands, des Geistes von Weimar! Natürlich wurden vor allem Werke der Emigranten ins Französische übersetzt, und die Zweig, die Männer, Vicki Baum, L. Feuchtwanger, Wassermann und Werfel wurden zu den Vertretern der großen deutschen Literatur schlechthin. Von wahren Deutschen wie Rosenberg, Hans Grimm, Kolbenheyer u. a. m. wurde kein einziges Buch übertragen, und die wenigen Übersetzungen guter deutscher Literatur wurden von der Presse und dem Komplott der „freien Geister" systematisch totgeschwiegen. Das neue Deutschland schien daher vielen Franzosen einer Kulturverfinsterung zum Opfer gefallen zu sein, der Nationalsozialismus wurde mit dem Bolschewismus in einen Topf geworfen.
Wir müssen hier eines Mannes gedenken, der besonders schwere Schuld im Bau des Lügensystems gegen Deutschland auf sich lud: es ist das berühmte Mitglied der französischen Akademie *Georges Duhamel*. Er spricht selbst kein Wort Deutsch, schrieb aber jahrelang vielbeachtete Zeitungsaufsätze über Deutschland im „Figaro". Gerade weil er immer zur „Verteidigung der Interessen der Menschheit" aufgetreten und weil er keiner der üblichen Politiker war, verfügte er beim französischen Volke über einen besonders großen Kredit. All den fanatischen Unsinn, den ihm seine jüdischdemokratischen Zuträger verzapft hatten, wiederholte Duhamel in seinen sich würdig und unparteiisch gebärdenden Hetzartikeln. Das nationalsozialistische Deutschland wurde zum Unkraut im schönen und sonst so harmonischen europäischen Garten, die deutschen Führer zu verbrecherischen Untermenschen! Die deutsche Kultur sei vom Nationalsozialismus endgültig ausgerottet worden, die Brutalität und die Bestie hätten über das „wahre Deutschland" des Geistes – an das Duhamel selbstverständlich mit tränendem Augenaufschlag ständig Liebeserklärungen machte (vor allem Heine!) – endgültig den Sieg davon getragen. *Es gebe nicht mehr zwei Deutschländer, sondern nur noch eines: das*

„falsche" Deutschland, der Kulturfeind, die europäische Bestie. „Die Deutschen verkörpern nicht die wahre Kultur. Sie vertreten nicht die Zukunft, sondern die fernste Vergangenheit, den vorgeschichtlichen Menschen, den Höhlenmenschen, der noch im Banne der primitiven Tierhaftigkeit liegt." („Positions Françaises", S.102). Das wahre Deutschland sei im Exil. „Wie Valéry (ein anderer weltbekannter französischer Dichter) bei Kriegsbeginn sagte: Wenn Goethe heute lebte, wäre er entweder außerhalb Deutschlands oder in deutschen Kerkern."
Diese Meinungen wurden bei den geistigen Wortführern des französischen Volksfrontregimes zum Dogma. Das Gleiche sprachen etwa der Rektor der Pariser Universität, Charléty, der bekannte Germanist der Sorbonne, Vermeil, und viele andere wiederholt aus. Natürlich galt es auch für Nietzsche. „Nietzsche wäre heute im Exil. Deutschland verbannt Philosophen und Dichter" (Robert Kemp). Die logische Schlußfolgerung war daher: „Wenn Frankreich und England zu den Waffen griffen, dann geschah es, um Deutschland von einer verbrecherischen Regierung zu befreien, um ihm seinen wahren Genius zurückzugeben, um es gewaltsam in das Konzert der kultivierten Völker einzugliedern und um es zu verhindern, auf immer die Kultur zu zerstören." So lautet Georges Duhamels Schlußsatz in „Positions françaises"....

Mit diesen Auffassungen stand Duhamel keineswegs allein. Die geistige Führungsschicht in Frankreich stellte sich in den Dienst gemeinster Lügen über Deutschland und trieb zu einem Kriege, der als Kreuzzug zur Verteidigung der Kultur, zur Befreiung der unterdrückten Deutschen und zur Wiederherstellung des „wahren" Deutschlands von Weimar aufgezogen wurde. Hier schließt sich der Kreis: die Ideologie von den zwei Deutschländern war theoretisch bis zum logischen Schluß konstruiert worden; das „wahre", das geistige Deutschland der Romantik sei vom „falschen" zerstört worden; Frankreich aber werde opferbereit das wahre wiederherstellen und als rächender Arm der Menschheit und der Kultur den Nationalsozialismus und seine Führer vernichten. – – – Dieses edle Programm ergab sich notwendig aus dem ausgeklügelten Lügensystem des französischen Geistes gegenüber Deutschland.

Die französischen Politiker übernahmen kritiklos das von den geistigen Wortführern des Systems konstruierte Lügensystem und begründeten mit den gleichen kulturtriefenden Phrasen ihre Kriegspolitik gegen Deutschland. Daladiers Weihnachtsbotschaft 1939 war von solchen lügenhaften Haßideen erfüllt: „Wir kämpfen ohne Rast und Gnade gegen jene schreckliche Tyrannei für das Heil Frankreichs, für das Heil all der Werte, um den Menschen über die Bestie erheben." („Le Temps", 26. XII. 1939). Und in der Rede, mit der die Sitzungsperiode des Senats eröffnet wurde, verstieg sich der Senator Damecour (9. 1. 1940) zu der Versicherung Frankreich werde „mit den Raubnationen Schluß machen" (en finir avec les nations de proie), und kämpfe gegen „eine Herrschaftsform von Wilden, die bald den Tod der Kultur herbeiführen würde". „Der Krieg von heute", so versicherte gleichzeitig der bekannte Universitätsprofessor und gegenwärtige Justizminister Joseph-Barthélemy („Le Temps", 8. I. 1940), „ist nicht einer jener üblichen politischen Kämpfe, wie sie die Geschichte zur Genüge kennt, sondern die Revolte der Materie gegen den Geist", Deutschland wolle – wie Rußland – „die Welt zum Zeitalter der primitiven Barbarei zurückführen. Der Krieg wird ausgefochten zwischen dem Menschlichen und dem Bestialischen, zwischen der friedlichen Herrschaft des Gesetzes und der Brutalität, zwischen der Wahrheit und der Lüge, zwischen der Aufrichtigkeit und der Gaunerei, zwischen der Treue zum gegebenen Wort und dem Wortbruch. Ein Krieg dieser Art und dieser Physiognomie kann keine Neutralen dulden!" Das sind die Phrasen, mit denen Frankreich und England schon 1914 die Welt zum Kreuzzug gegen Deutschland aufputschten. Sie hatten wohl etwas an ihrer Wirkung eingebüßt, wurden aber immer noch allzusehr vom französischen Volke wirklich geglaubt, so daß es großenteils überzeugt war, es handle sich um eine unerläßliche und nicht mehr hinauszuschiebende „Strafexpedition" gegen das aggressive und völkerunterjochende Deutschland. Die Zuversicht wurde genährt durch die Überzeugung, die so viele Franzosen aus der langjährigen Presseberichterstattunng über das „Naziregime" erhalten hatten, daß jenes tyrannische und volksfremde Regime im Konfliktsfalle aus innerer Hohlheit zusammenbreche oder vom empörten deutschen Volke weggefegt werde! Jedenfalls schien die Strafexpedition gegen das Naziland im Interesse der Menschheit und Zivilisation doppelt gerechtfertigt.

Dabei standen die französischen Kriegspolitiker durchaus im Banne der Vorstellung der zwei Deutschländer. Auch Daladier beschwor in seiner Kammerrede vom 30. XI. 1939 das bessere das „wahre" Deutschland gegen das verirrte und „falsche" Deutschland von heute: „Der Diskredit des Nazideutschlands ist so groß, daß es sich jetzt nicht einmal mehr vor der Welt auf die edlen Schöpfungen berufen kann, mit denen der germanistische Geist die Menschheitskultur im Laufe der Geschichte bereichert hat. Die Völker können heute Beethoven hören und Goethe lesen. Sie sagen dann nicht: ‚Das schuf Deutschland im Laufe der Jahrhunderte', sondern vielmehr: ‚Das verleugnet das heutige Deutschland, das bedroht es aufs höchste, wie es die Freiheit aller Völker bedroht!'"

Unter der Überschrift „Mission Frankreichs", lesen wir im offiziösen „Temps" vom 28. XI. 1939: „Hitler vernichten? sicherlich. Aber Hitler ist Deutschland. – Doch nicht das Deutschland von einst vernichten, das Deutschland von Hans Sachs und J. Sebastian Bach, – sondern das Deutschland des 19. und 20. Jahrhunderts, das Deutschland, das allmählich die Idee der Macht mit der Idee der Tugend identifizierte, das Deutschland, dessen Philosophen und Staatsmänner, Diplomaten, Militärs und Industrielle jenes System geschmiedet haben zum Ruhme der Kollektivität, das den Menschen erniedrigt und das unter dem Vorwande des Organisierens fähiger ist zur Zerstörung."

Wir können es uns sparen, an Hand von zahllosen uns zur Verfügung stehenden Zitaten aus Reden und Zeitungen nachzuweisen, wie die französische Politik ihrem geistigen System getreu die Zerschlagung der deutschen Einheit verfolgte. Paul Reynaud sprach vom „totalen Frieden", und die Journalisten kommentierten, daß er ein *„Superversailles"* darstelle, neben dem das Versailler Diktat nur ein mangelhafter Entwurf sein sollte: also ein neuer „westfälischer Frieden".

Schon am 31. August 1939 eröffnete der alte Deutschenhasser Charles Maurras in der „Action Française" den Kampf für das Ziel, für das er schon im Weltkrieg mit seiner unermüdlichen Feder focht: „Die Ursache der Kriege heißt die deutsche Einheit. Die deutsche Einheit ist der Feind. Wenn man die deutsche Einheit zerbricht, erreicht man das Wesentliche, und der ganze Rest – Gleichgewicht, Völkerrecht, Sicherheit der Grenzen – kommt dann von selbst. Was man 1919 hätte tun müssen, was man übermorgen tun muß, das ist nicht nur, das Deutschtum nach außen hin auflösen, sondern es im Innern zerspalten, zerbrechen, aufteilen, die Verschiedenheiten der Religion, des Geistes, der Natur, des Regimes benutzen, unterstützen und begünstigen durch Ungleichheit der Behandlung, endlich diesem zerstückelten Deutschland gegenüber ständige Interventionsmöglichkeiten offenhalten, das heißt das Rheinland auf ewig besetzen." Der Offiziosus der Regierung, André Chaumel, gab den nötigen Kommentar (Paris Soir, 5. XI. 1939) „Der Frieden, so wie ihn sich die Westmächte wünschen, hat nur dann Aussicht, in die Tat umgesetzt zu werden, wenn der Germanismus ein für allemal zerbrochen wird. Hitler ist zwar das Symbol des Germanismus, aber dieser würde auch ohne ihn weiterbestehen. Die Geschichte des Friedens von 1919 hat bewiesen, daß die wichtigste Bedingung weder juristisch noch wirtschaftlich ist, sondern daß sie vor allem eine territoriale Bedingung ist und vornehmlich in der französischen Wacht am Rhein besteht."

Uns muten heute solche Versicherungen wie ein böser Scherz oder ein Spuk an. Aber es muß nochmals unterstrichen werden: *Das französische Volk glaubte daran.* Das wohlkonstruierte Lügensystem war geistig tief verankert worden, und daher bestand in Frankreich ein weitverbreiteter köhlerhafter Wunderglaube. Die Wirklichkeit aber war stärker als das auf Lügen gebaute System. Daher konnten allzuviele Franzosen nicht begreifen, daß sie ehrlich besiegt worden seien, sondern sie zeterten *„Verrat!"* So sehr waren sie über sich selbst und ihre Kraft verblendet, daß ihre Niederlage ihnen nur durch Verrat erklärlich zu sein schien! Es ist die sattsam bekannte Flucht der Franzosen vor der Wirklichkeit, das Fehlen des Mutes zur Einsicht eigener Fehler und auch zu eigenem Handeln. Frankreich muß durch eine harte Schule der Wirklichkeit gehen, um sich langsam von dem eingewurzelten Lügensystem über Deutschland zu befreien. Es hat Frankreich ins Verderben gestürzt und könnte auch in Zukunft noch viel mehr Unheil anrichten.

Der gewaltige Zusammenstoß mit der deutschen Wirklichkeit, bei der so viel in Frankreich in Scherben ging, – vor allem das politische System der dritten Republik – brachte immerhin eine gewisse Besinnung der Franzosen über Deutschland, indem es ihnen gewaltsam die Augen öffnete. Sie lernen seitdem ein ganz anderes Deutschland kennen, als sie es je gedacht hatten. Langsam begreifen die Franzosen, und es ist zu hoffen, daß mit dem politischen Regime auch das geistige Lügensystem über Deutschland zerbricht.

Dr. *K.-H. Bremer.*

VORWORT

Ein Franzose soll gesagt haben...

Dieser sinnlose Krieg – nach der Ansicht des Marschalls Pétain „das Dümmste, was die Dritte Republik jemals unternommen hat" – war von Anfang an nicht nur verloren, sondern war darüberhinaus auch in geradezu verbrecherischer Weise improvisiert wie eine Art „Fahrt ins Blaue". Er war ein Krieg der Lüge.
Vom ersten Tage an beruhte er auf Lügen. Denn er ist eine Lüge
Monatelang konnte er nur durch Lügen aufrechterhalten werden, die man zu einer nationalen Institution erhoben hatte.
Die systematische Vernebelung der Gehirne im Jahre 1914, die man für immer und alle Zukunft überwunden glaubte, war im Vergleich zu der des Jahres 1940 nur ein Kinderspiel.
Am Mobilmachungstage hatten wir, wie man es uns jetzt nach der Katastrophe offenbart hat, nicht einen einzigen Bomber. Dafür aber war die Armee der (bombenmäßigen?) Gerüchtemacher und Aufschneider da, und zum sofortigen Einsatz bereit, Füllfeder in der Hand, Mikrophon am Mund, mit geschliffenen und glänzenden Epithetas, polierten Euphemismen, um ihre falschen und mörderischen Parolen bis auf die Spitze zu treiben...
Und das sogenannte geistreichste Volk der Welt erlebte, von ständigen Lügen vergiftet, den Krieg wie einen Traum. Es träumte! Vierzig Millionen gänzlich vernebelte Gehirne mußten erst den furchtbaren Schock der unbeschreiblichsten Niederlage Frankreichs und seiner gesamten Geschichte durchmachen, um endlich klar zu werden.

Es gab einige, die sich all dem widersetzten. Erinnert man sich noch daran, wie man sie behandelte?

Hätte ein Franzose, der sich seinen gesunden Menschenverstand und seine Kaltblütigkeit erhalten hatte bei Kriegsbeginn öffentlich erklärt: „Polen? Ja, wie denken Sie sich denn unsere Hilfe? In noch nicht einem Monat wird es besiegt sein!"
Dieser aufgeweckte Franzose, der dazu noch seltsamerweise einige geographische Kenntnisse hatte..., hätte sich zwei Jahre Gefängnis geholt.
Hätte am 15. September 1939 ein Franzose in genauer Kenntnis unserer uns damals wirklich zur Verfügung stehenden Kräfte öffentlich im Augenblick unseres „Einmarsches nach Deutschland" gesagt: „Ach, es handelt sich ja doch nur um eine symbolische Geste, dazu bestimmt, die Polen glauben zu machen, daß wir für sie etwas tun. Wir werden ja sowieso nicht weiter vorstoßen, sondern sogar gezwungen werden, uns auf unsere Ausgangsstellungen zurückzuziehen, und warum sollte man auch nutzlos Menschen umkommen lassen, was hätte das schon für einen Sinn?"
Dieser Franzose hätte sich mit seinem gesunden Menschenverstand sogar fünf Jahre Gefängnis eingehandelt!
Und hätte im März 1940 ein aufgeweckter und weitblickender Franzose zu einer Zeit, als beim Völkerbund der Antrag zugunsten Finnlands gestellt worden war und alle unsere Kriegstreiber, die ihren Krieg gar nicht schnell genug bekommen konnten, die Regierung drängten, vom Nordpol her ein Expeditionskorps zu Hilfe zu schicken, gesagt: „Warum wollen wir uns eigentlich gänzlich sinnlos Rußland auf den Hals hetzen? Wie sollte es uns denn überhaupt möglich sein, noch zur rechten Zeit und mit ausreichenden Kräften an Ort und Stelle zu gelangen? Warum nun unsere sowieso schon so unterlegenen Kräfte auch noch zersplittern? Ja, ist unser Generalstab denn verrückt geworden?"
Dieser Franzose hätte darüberhinaus noch weitere fünf Jahre Gefängnis bezogen.
Und derselbe Franzose hätte fünf Jahre, zehn Jahre, fünfzehn Jahre, zwanzig Jahre, gar fünfzig Jahre

Gefängnis bekommen, er wäre als Memme auf einem Sandhaufen erschossen worden, wenn er ganz laut und vor Zeugen vorausgesagt hätte, was späterhin dann Tatsache wurde: die französisch-britische Niederlage in Norwegen, der Durchbruch bei Sedan, die Absägung unseres Generalissimus, die Auflösung der flüchtenden französischen Armeen, die Einnahme von Paris, die Besetzung Frankreichs bis Valence, die Einschließung der Maginotlinie, die Gefangennahme von zwei Millionen Soldaten, usw. usw....
...Und doch hätte dieser Franzose nur die Wahrheit gesagt! Die geschichtliche und heutzutage nun auch die amtlich zugegebene Wahrheit!
Er hätte aber den Fehler gemacht, diese Wahrheit unberechtigterweise einen Tag oder eine Stunde zu früh gesagt zu haben...; er hätte das Spiel eben nicht mitgemacht: er hätte den Krieg mitten in die Wirklichkeit hineingestellt und nicht Träumen nachgejagt.

DER KRIEG DER LÜGE

ERSTES KAPITEL

Durch rosarote Brillen...

„Man muß damit Schluß machen!... Frankreich befiehlt es!... Wir werden, und unverzüglich, an Polens Seite sein!..."
Daladier steht auf der Rednertribüne der Kammer. Und man höre, wie er sich an seinen eigenen Worten berauscht! Und dabei weiß er doch, er weiß ... weiß es ganz genau, daß er am gleichen Tage den Marschall Pétain empfing und ihn darum bat, für ihn und an seiner Stelle die Landesverteidigung zu übernehmen.
Vor Übernahme dieser schweren und verantwortungsvollen Aufgabe aber verlangte der Sieger von Verdun, über den tatsächlichen Zustand unserer einsatzfähigen Kräfte, unserer Luftwaffe, unseres Kriegsmaterials und über die Beistandsvorhaben unseres einzigen Verbündeten unterrichtet zu werden...; und als er unterrichtet worden war, lehnte er ab. Und fragte Daladier: „Wie konnten Sie es wagen, unter solchen Umständen den Krieg anzufangen?"
Und wie konnte es Daladier wagen, nur wenige Stunden später zu behaupten und zu versichern, und noch dazu kindisch zu seinem Geschwätz auf das Rednerpult schlagen: „Wir werden, falls es erforderlich sein sollte, unsere Machtmittel zu gebrauchen wissen!"
Damit aber leitete dieser Professor aus dem Süden jene „Offensive der starken Worte" ein, die leider, leider die einzige war, bei der wir Siege erfochten und die sich durch den ganzen Krieg hindurch weiter entwickelte: „Wir werden siegen, weil wir die Stärkeren sind... Der Weg zum Eisen ist und wird für Deutschland endgültig versperrt bleiben (Paul

Reynaud). Hitler machte einen ungeheuren strategischen Fehler (derselbe). Hitler hat den Omnibus verpaßt (Chamberlain). Taten, keine Worte (Chamberlain). Der Feind griff dort an, wo ich ihn erwartete (Gamelin). Der Feind ist am Ende seiner Kräfte. In einem Monat bereits werden wir dreiviertel des Weges zu unserem Siege hinter uns haben (Paul Reynaud)."

Wie man uns ihre Abreise darstellte

„Frankreich ruft: Man muß damit Schluß machen!" Das ist die Tonlage. Stimme jetzt ein jeder seine eherne Leier! Und möge er dabei betonen, daß er die Empfindungen der gewaltigen Mehrheit der Franzosen verdolmetschend zum Ausdruck bringt, die nach den Versicherungen des Abgeordneten Philippe Henriot im Grunde ihres Herzens der Ansicht sind: „Wenn das Spiel schon unvermeidlich ist, dann darf es zumindesten nicht unentschieden aufgegeben werden."
Eine so schöne und aussichtsreiche Partie! Und mit so vielen Trümpfen in der Hand!
Eine Partie Karten? Jawohl, aber auch eine Vergnügungspartie. Der Reporter des „Candide" beschreibt die Szene, die sich bei der Abfahrt vom Ostbahnhof abspielt, mit nachstehenden geradezu klassischen Worten: „Von den Kiosken holte man sich Zeitungen. Und den Nachrichten zufolge handelt es sich jetzt nicht mehr um das Spiel ‚Fahren wir ab? Fahren wir nicht ab?' Nein! Jetzt heißt's: Munter losgefahren!"
„Es ist doch eine wunderbare Sache!", meint ein anderer Reporter, der noch dazu gar Doktor ist. Auf den Bahnhöfen sah er auch nicht eine einzige Frau in Tränen. Eine begleitete ein kleiner, etwa zwölfjähriger Junge, der bei Abfahrt des Zuges ganz „einfach" und „schlicht" zu seiner Mutter sagte: „Mama, wenn er fällt, werde ich an seine Stelle treten!"
Ein anderer Berichterstatter sah noch weit Besseres: „Ein Reservist, der ein wenig zuviel getrunken

hatte, wollte auf dem Ostbahnhof unbedingt gerade in dem Augenblick, in dem er von den Seinen Abschied nahm, nur ja noch schnell einem biederen und hierüber recht erstaunten Mann seine einzige Tausendfrank-Note schenken. Da nahmen sich jedoch eine erfindungsreiche Dame und ein Polizist des ein bißchen bewußtseinsgetrübten Reservisten an, und die Dame nähte ihm sehr sorgfältig die Tasche seines Rockes zu, in der sich jener wertvolle Schein befand. Und dann setzte man den allzu freigebigen Reservisten in seinen Zug."
Die Rechtszeitung „L'Ordre" zerschmolz anläßlich der Abfahrt der kommunistischen Abgeordneten in Rührung: „Diese Tatsachen sind ihrer Natur nach dazu angetan, die nationale Geschlossenheit noch weiter zu stärken: Die kommunistischen Abgeordneten leisteten sämtlichst ihren Einberufungsbefehlen Folge. Maurice Thorez an der Spitze, und André Marty, der angeblich in Moskau sein sollte. Warum soll man es nicht offen sagen? Oder gar das Gegenteil behaupten? Alle Franzosen, einschließlich der Kommunisten, tun ihre Pflicht."
„Schließlich", und zu diesem philosophischen Schluß rafft sich der „Paris-Midi" auf, „war auch die Börse lange nicht so schwach wie am Tage eines Kabinettrücktritts."
Und höchst aufgeräumt an Stelle eines Lebewohls ihr Blatt Papier schwenkend, brüllt die reizende Schriftleiterin einer schöngeistigen Zeitung (am 2. September) bei Abfahrt des Zuges:
„Also nun los, Freunde, was gibt's noch? Vergnügte Ferien!"

„Das macht doch gar nichts!"

Und so starteten sie nun zu diesem „drolligen Krieg", den die Presse, der Rundfunk und die Leute von der Regierung dem französischen Volke „durch rosarote Brillen" schilderten, wie die Russen das nennen.
Wie will man ihn denn eigentlich führen? Ein im-

merhin intelligenter Mann, der Senator Paul Elbel, der gar Minister war, versichert uns, daß dies recht bedeutungslos sei: „Eines steht fest: siegen werden wir! Wir können zwar nicht sagen, wo, wann und wie. Aber der Sieg wird unser sein, weil es unvorstellbar ist, daß wir nicht siegen sollten."
Der Direktor einer großen illustrierten Wochenschrift, der seinerseits jedoch nicht mit abfährt, versichert mir: „Die Hauptsache ist, damit endlich Schluß zu machen. Das heißt also kriegführen."
„Gegen wen aber und womit?", fragte ich ihn naiv.
„Diesmal hat Deutschland nur eine Front und wird nicht, wie 1914, gezwungen sein, wie ein Schiffchen zwischen West und Ost hin- und herzupendeln."
„Das macht doch gar nichts!", antwortete er mir großartig, „Frankreich wird Krieg führen, ganz gleich wie."

Die Siege der Heimatstrategen

Ist es wirklich gleichgültig, wie? Ja, leider, leider! Ach, er ahnte gar nicht, wie wahr er sprach. Einer meiner Kollegen von der Agence Havas vertraute mir an jenem Tage bereits das berühmte Märchen an, das von nun an auf beharrliche Art weiter kursieren sollte.
Es handelt sich um den geheimnisvollen und furchterregenden Plan, über Piemont und Po-Ebene Deutschland anzugreifen.
„Und Italien?", bemerkte ich.
„Mit oder ohne Italien! Was macht das schon aus!"
Ein anderer Kollege, der sich rühmt, offiziöser Nachrichtenmittler des Elysée zu sein, erklärt mir einen anderen Plan, der im übrigen den ersten nicht ausschließt: „Ein Generalstabsoberst bestätigte mir gerade eben, daß die Offensive gegen den Westwall bereits losgegangen sei."
„Und die Verluste?"
Die Verluste? Er schätzt sie auf unserer Seite auf eine Million Tote. Aber was macht das schon!

Das macht nichts...! Das schreibt wörtlich, und mit Billigung der Zensur, eine Provinzzeitung: „Wir sind in einen Kampf verwickelt, der sich für unsere Kinder und die späteren Generationen nur heilsam auswirken kann. Jetzt, wo wir mitten drin stecken, ist es zwecklos, an die Menschenleben zu denken, die uns dieser Konflikt kosten wird."

Und so manche Pariser Zeitung leckt sich die Lippen beim Anblick des jungen Bluts, das nun fließen wird, und erklärt frohen Herzens:
„Wir werden", jedenfalls verspricht sich dies der Weltkriegsteilnehmer, Herr Edmond See, „überraschenden, erhebenden Schauspielen beiwohnen dürfen und erleben sie schon jetzt. Und sie sind es wert, festgehalten zu werden!"
Und die Alten, die nicht mehr einberufen werden können, heulen Krokodilstränen:
„Das Allerschlimmste heutzutage", so seufzt der Militärkritiker, Herr Louis Lefebre, „ist, hinten bleiben zu müssen, fern vom großen Geschehen. Wir möchten an der Front sein. Dieses noble Empfinden wird niemand stärker und lebhafter spüren als jene von 1914, die heute zur Untätigkeit verurteilt sind. Es ist schmerzlich, wenn man einmal die erhebenden Stunden des Kampfes kennenlernen durfte, hinter der Front bleiben zu müssen, in der heiße Anstrengung, Mut und Heldentum zu den eigentlichen Lebensregeln gehören."
Aus dieser bemitleidenswerten Lage zieht der Abgeordnete Philippe Henriot – der auch nicht mitzufahren braucht – den stoisch-philosophischen Schluß: „Man muß tatsächlich im Leben oftmals mehr Mut zum Leben als zum Sterben haben."
Und abschließend sei hier das Ende des Leitartikels von „Gallus" (Lazarus) im „L'Intransigeant" angeführt: „Es ist nicht paradox, wenn man die Ansicht vertritt, daß derjenige, der den Krieg in der Heimat gewinnt, den Sieg auch an der Front davontragen wird."

Und in der Tat, kann sich nicht wirklich jeder auch in der Heimat Ruhm genug erwerben?
„Das ist nun schon der dritte Krieg, den ich nicht mitmache", erklärt boshaft Tristan Bernhard.
„Auch ich", erwiderte seinerseits Herr Abel Hermant, „erklärte meinen Freunden, die ja wußten, daß ich bereits zwei Kriege, die von 1870 und 1914, erlebt hatte, auf ihren Vorhalt. „Alle guten Dinge sind drei, nur achselzuckend und zwischen den Zähnen, „das wäre denn doch zuviel!"
„Nun, meinetwegen mag es zuviel sein. Immerhin aber ist es trotzdem so. Und ich schwor einigermaßen schlechtgelaunt, was man verständlich finden wird, daß ich dennoch eine gewisse eigenartige Genugtuung darüber, ja sogar einen gewissen Stolz empfände."
„Ich habe nun einmal dieses seltsame und ohne Zweifel wenig beneidenswerte Empfinden, im Kriege gewissermaßen zu Hause zu sein. Ich gewinne hieraus ein Zutrauen, das sich mit Vernunftsgründen nicht rechtfertigen läßt, das aber nichtsdestoweniger in diesen kritischen Tagen eine köstliche Beruhigung ist."
„Ich empfinde, in eigenartiger Weise, das Wohltuende der Gewohnheit, wenn bei hereinbrechender Nacht alles verlöscht, oder besser gesagt, nichts mehr aufleuchtet. Der Mensch ist ein Kind, das sich natürlich in der Dunkelheit fürchtet. Um mich aber vor jeder Art Melancholie zu bewahren, über die ich erröten müßte, brauche ich mich nur an die ähnlichen Abende des vorigen Krieges zu erinnern. Als es um uns herum finster wurde, sagten wir nur lächelnd (wir waren damals um ein Viertel Jahrhundert jünger!):
„Welch köstliche Stunde!"
Was für ruhmvolle Siege bieten sich nicht auch ohne „Heldenmut" der Stadtbewohner! In der Spalte „Von unseren Frontkameraden" berichtete die „Zeitschrift des Schriftstellerverbandes" im November 1939:
„Oberst M... bittet uns mitzuteilen, daß er sich frei-

willig und für ein Jahr dem Luftschutz von Cannes verpflichtet hat. Ihm sind einige kleine Bezirke unterstellt, die bereits verschiedentlich Luftalarm hatten."
In Paris muß man leicht enttäuscht eingestehen: „Ganz offensichtlich befinden wir uns noch in bezug auf Luftalarme in der heroischen Periode der Improvisation. Es würde jetzt aber bald Zeit, aus ihr herauszukommen."
Auf der Blies aber sind die Alarmnächte weniger trübe. Und die Pariser Mode benutzt sie dazu, um ein entzückendes Kleid aus schwarzem Krepp, verziert mit stahldurchwirkten Stickereien, herauszubringen: „Nächtlicher Alarm auf der Blies."

Der Krieg mit den kleinen blauen Blumen

Welche Freuden erwarten die „Gamelin-Urlauber" auf der Blies und seiner Umgebung! Auf Schritt und Tritt gerät der Kriegskorrespondent des „Petit Parisien" in taumelndes Entzücken:
„Und wie die hohen Herren aussehen! Die einen sind dick und rund, andere wiederum sind magerer geworden. Alle aber fanden ganz offensichtlich ihr physiologisches Gleichgewicht, das ihnen früher fehlte.
Voll und rosig sind sie geworden, diese fahlen und eingefallenen Pariser Wangen! Verschwunden sind sie und gestrafft haben sie sich – diese frühzeitigen Doppelkinne, diese entehrenden Schmerbäuche!"
Unser Freund D... erzählt uns:
„Ich bin mit einem Hexenschuß abgefahren, und verlor ihn im Wasser der Kasematten. Das mag verstehen wer will: mit meinen fünfzig Jahren bin ich neulich 40 Kilometer dahingetrabt, ohne auch nur im geringsten darunter zu leiden. Ich esse fünf Tage der Woche Konserven und mir geht's wie im Himmel."
Der Wachtmeister P..., jung und fettleibig ehedem, ließ uns seinen zu weit gewordenen Gürtel bewundern:

„Der Bauch hält sich jetzt von ganz alleine. In den ersten Tagen plagte mich mein Rheumatismus so sehr, daß ich an Stöcken ging. Jetzt aber springe ich im tiefsten Dreck um die Batterie herum, als wenn das gar nichts wäre."
Und was schließlich unseren lieben Kollegen M... anbetrifft, so ist auch er in bester Form. Nur als wir ihn nach einigen Urlaubstagen in Paris wiedersahen, sah er schon wieder wie Papiermachee aus.
„Kurz", so schließt der „Petit Parisien", „wenn dieser verbrecherische Unsinn des Krieges verschwunden sein wird, werden wir den Wert und die tiefe Bedeutung eines natürlichen Lebenswandels wiedergefunden haben. Und das wird auch für die Sache des Sports ein großer Gewinn sein."

Sport! Das ist auch die Ansicht des Chronisten, Herrn André Billy:
„Der Krieg ist ein verjüngender Sport. Der Soldat ist viel jünger als der Zivilist. Mit Ausnahme von den höheren Offizieren ist der Soldat, selbst der Vierziger, ein junger Bursche.
Daraus erklärt sich auch, daß zum Heeresdienst Einberufene während des Krieges Wind und Wetter und jeder Unbill so gut trotzen, ja an ihnen ziemlich oft sogar Geschmack finden. Fern von allen Geldsorgen und dem ehelichen Suppentopf fühlen sie sich verjüngt. Der Krieg bedeutet für sie geradezu ein Verjüngungselixier."
Und um uns dieses Wasser ebenfalls in den Mund träufeln zu lassen, beschreibt uns die nordfranzösische Zeitung „Le Reveil" humorvoll eine der an der Front üblichsten und meistgepflegten sportlichen Übungen:
„Wenn man 800 Meter gekrochen ist, überfällt man ohne jedes Geräusch, ohne den geringsten Schrei und ohne jedes Eisengerassel einen schwachen Posten, von dem man drei oder vier Mann ersticht und die übrigen drei oder vier fesselt, um sie in unsere Linien zu schleppen und dem Nachrichtenoffizier vorzuführen, der sie bereits erwartet; nein, du

kannst es dir einfach nicht vorstellen! Das ist ... ja das ist wahrhaft köstlich!"
„Köstlich! Was du für Worte hast!"
„Jawohl, köstlich! Es gibt kein anderes Wort dafür."
Und Herr Louis Levy, Kriegskorrespondent des „Populaire", färbt und versieht diese köstliche gymnastische Übung mit folgendem gefühlvollen und musikalischen Anstrich:
„Wenn man ganz nahe herankommt, zu nahe fast, dann hört man die deutschen Maschinengewehre singen. Sie verfügen über ein liebenswürdiges Tacktack. Und es strahlt von ihnen ein eigenartig merkwürdiger Schimmer aus. In diesem Winter, und im Schnee, könnte man fast glauben, daß sie blaue Blümchen zu uns herüberwürfen."

ZWEITES KAPITEL

Wie man uns die Niederlage Polens darstellte

Schon am Nachmittag des 1. September verkündete uns Herr Rakowsky, dessen Aufgabe in Frankreich darin bestand, den Eifer der Presse zugunsten Polens wachzuhalten, in der großen Wandelhalle der Kammer triumphierend, daß die polnischen Flugzeuge am gleichen Morgen bereits Berlin nachhaltig bombardiert hätten. Die Begeisterung der anwesenden Abgeordneten kannte keine Grenzen. Der Krieg Polens fing gleich mit einem Siege an!
Der Krieg Polens begann mit einer Falschmeldung, zu deren Echo sich gleich am nächsten Tage, am 2. September, die unvergleichliche Frau Geneviève Tabouis im „Oeuvre" machte. Hinreißend schilderte sie „die freudig gehobene Stimmung, die in Paris und London durch das Eintreffen der polnischen Nachrichten ausgelöst worden sei", obwohl, wie sie hinzusetzte, niemand durch sie überrascht worden wäre. Die Moral in Polen sei glänzend. Der Wert des einzelnen Soldaten, der Armeen und der militärischen Führer sei sehr erheblich. Die Deutschen hät-

ten auf einer Front von 1800 Kilometer Länge angegriffen, seien aber überall aufgehalten worden. Hitler habe den polnischen Widerstand nicht vorausgesehen. Er, der sich gerade für den ersten Tag seines Angriffes einen ganz außergewöhnlichen Erfolg gewünscht habe, hätte hierüber sicherlich sehr enttäuscht sein müssen!"
Und hiermit beginnt nun schon vom ersten Tage an das, was ich künftighin die „Skala der Seelenzustände des Führers" nennen möchte, die stündlich nach den ganz besonderen Informationen der Madame Tabouis abgestimmt wurde:
„Hitler hatte den polnischen Widerstand nicht vorausgesehen", wiederholte sie am folgenden Tage unter dicken Schlagzeilen vier Spalten lang. Aus diesem Grunde sei auch der Streit zwischen Göring und Goebbels ausgebrochen! Tatsächlich sei es auch Marschall Göring gewesen, der den Reichskanzler dazu getrieben hätte, den Angriffsbefehl gegen Polen zu unterzeichnen. Da es schief gegangen sei, triumphiere jetzt Goebbels, der dagegen gewesen wäre. „Ich hatte es Ihnen ja gleich gesagt!", hätte er, sich an Göring wendend, ausgerufen.
Und Madame Tabouis bemerkt abschließend: „Hitler, Göring, die Generäle und die Nazi-Führer hatten alles vorausgesehen, nur nicht den polnischen Widerstand: „Dieser hat alles scheitern lassen."

Die Havas-Lügen

Seien wir der Madame Tabouis gegenüber gerecht. Wenn sie auch die einzige ist, die von ihrem Pariser Büro am Malesherbes-Platz aus den Wortwechsel beschreibt, den gerade und in demselben Augenblick die Ratgeber des Führers miteinander führen, so ist sie andererseits nicht die einzige, die die französische Öffentlichkeit auf das falsche Gleis einer abwegigen Hoffnung auf innerdeutsche Zwietracht schon jetzt lenkt. Die Havas-Agentur, unsere amtliche Havas-Agentur, verbreitet am 2. September an alle Zeitungen ein langes Telegramm aus Stockholm,

das in gleicher Weise als ein weiterer Schritt auf dem Wege der Geschichte der Vernebelung der Gehirne anzusehen ist, denn sie hat als erste beim braven Durchschnittsfranzosen den Glauben erweckt, daß der Krieg infolge des Zusammenbruchs der inneren deutschen Front ganz von allein siegreich enden würde.
Wie könnte es auch anders sein, da Havas es doch versichert? Welcher nichtsnutzige Franzose würde in Kriegszeiten in die von der Regierung verbürgten Patentnachrichten Zweifel setzen?
Nun, hören Sie einmal, was Havas am 2. September meldet:
„Man hat Polizei einsetzen müssen, um die Frauen und Kinder abzudrängen, die sich auf die Schienen legten, um die Abfahrt der Züge mit den Einberufenen zu verhindern! Die Soldaten lehnten die ihnen gebrachten Blumen mit der Begründung ab, nicht zu einem Fest zu gehen! Die regimefeindliche Propaganda hat ihren Höhepunkt erreicht. Besonders ernste Zwistigkeiten sind zwischen Himmler und Keitel ausgebrochen. Marschall Göring hat ernsten Zweifeln über den Wert der deutschen Luftwaffe Ausdruck gegeben. Schließlich ist Herr Rosenberg verschwunden." (Havas.)
Und am nächsten Tage, am 3. September, spinnt Madame Tabouis diese Nachrichten noch weiter aus und macht sie auf die ihr eigene Art noch bedeutungsvoller:
„Die Verwirrung in Berlin ist unbeschreiblich. Unter der gesamten Arbeiterschaft des Reiches ist die Agitation ungeheuer und die Gärung sehr stark. Sie erklärt immer wieder, daß man auf die Straße gehen müsse, um Hitler Einhalt zu gebieten."
„Wir wollen keinen Krieg!", demonstrieren die Berliner Frauen. Die Polizei tut ihr Äußerstes, um die Berlinerinnen auseinanderzutreiben, die ihr mutig entgegenrufen: „Hitler soll die Welt in Ruhe lassen!"
„Und was schließlich die Reservisten anbetrifft, so fahren sie nur sehr unwillig ab. Und diejenigen, die den letzten Krieg bereits mitgemacht haben, prote-

stierten, weil sie schon einmal die Metzelei erlebt hätten und jetzt nicht noch einmal marschieren wollten. Ein Kolonialwarenhändler hatte eine Kaffeebohne mit einem Zettel an einem Faden aufgehängt: „das ist meine letzte Kaffeebohne."
„Überall herrscht Not und Teuerung!"

Der Krieg wird kurz sein

„Not und Teuerung ... Zwietracht ... Verwirrung ... Aufruhr. Glauben Sie etwa, daß dies lange dauern kann?"
Das erklärt mir durchaus ernsthaft ein hervorragender Pariser Universitätsprofessor von der Rechtsfakultät, Rechtsberater des Quai d'Orsay und lange Zeit hindurch Frankreichs Delegierter beim Völkerbund. Von dieser Feststellung, von der ich glaube, daß sie aus bester Quelle stammt, bin ich tatsächlich stark beeindruckt. Und er setzt auch noch hinzu: „Und dann fahren ihre Eisenbahnen auch nicht. Sie haben keine Waggons mehr. Ihr Material ist verbraucht und überanstrengt. Wie im übrigen das ganze Reich weit überanstrengt ist. Es wird sehr bald zusammenbrechen!"
Und schließlich bestätigt mir am nächsten Tage unsere Nationalprophetin, die auch ihrerseits einen Teil ihrer Nachrichten am Quai d'Orsay sammelt: „Da die aus Deutschland zu uns gelangten Nachrichten, aus welcher Quelle sie auch immer kommen mögen, bezeugen, daß sich die Nazi-Führer in großen Schwierigkeiten befinden, besteht große Hoffnung, den Kampf ziemlich rasch beendigt zu sehen."

Die polnische

Kavallerie reitet in Deutschland ein!

„Donnerwetter!", sagt sich der arglose Durchschnittsfranzose, der ja gar nichts anderes will, als sich mit Illusionen vollstopfen, und nichts anderes wünscht, als diesen Krieg – an den er nebenbei gar nicht recht

glaubt – durch eine rosarote Brille zu sehen. „Ich habe es ja gleich gesagt, er wird höchstens drei Monate dauern."
Sind die Nachrichten aus Polen im übrigen nicht ausgezeichnet? Polen mit seinen vierzig Millionen Einwohnern, mit seiner von uns ausgerüsteten Armee und Luftwaffe, seinen von unseren Militärmissionen instruierten Generälen und Offizieren! Und was für ein Material sie haben! Und das steht in einer der bestunterrichteten Zeitungen: „Die ersten von der polnischen Front eingegangenen Berichte melden, daß das polnische Infanteriefeuer derart mörderisch ist, daß sich die deutschen Sachverständigen fragen, ob nicht mindestens auf zwei polnische Soldaten ein Maschinengewehr kommt."
Und sieh da! nun setzt sich, ähnlich der russischen Dampfwalze des Jahres 1914, die polnische Reiterei in Bewegung.
7. September: Balkenüberschriften über vier Spalten: „Die polnische Kavallerie reitet in Deutschland ein."
„Und der genarrte Berliner Große Generalstab läßt Hitler wissen, daß er sich auf schlimmste Katastrophen gefaßt machen muß."
Und jetzt wird's auch dem Führer klar: woraufhin Madame Tabouis der Skala seiner intimsten und tiefsten Seelenzustände für diesen Tag ein furchtbares Gefühl der Vereinsamung hinzufügt.
„Tatsächlich", so erklärt sie, „ist er mehr oder weniger mit Rußland allein, während die Demokratien ihrerseits mit der gleichen Lage wie 1914 rechnen können, darüberhinaus aber noch mit der Unterstützung der polnischen Kräfte, mit den Armeen der chinesischen Republik (?) und einer Anhängerschaft aller europäischen Länder, die einstweilen jedoch nur eine moralische ist."
Begrüßen wir das Erscheinen dieser famosen moralischen Kräfte!
Moralisch sind Amerika, der Papst, der Balkan, die Dominien, Kamtschatka, der Negus, die Neutralen, kurzum die ganze zivilisierte Welt mit uns! Und

mit einem maliziösen Augenblinzeln verwandelt der Durchschnittsfranzose diese ideologischen Kräfte in unwiderstehliche materielle Machtmittel...

Die schönen Versprechungen

In Polen geht es immer besser. Dort sind 80 Prozent des deutschen Heeres, der Marine und Luftwaffe eingesetzt.
Um so besser! Um so größer wird die Katastrophe sein! Eine Welle freudigster Erregung verbreitete sich über ganz Warschau, als am 8. September gemeldet wurde, daß 30 polnische Flugzeuge, die einfach nach Berlin geflogen seien, vollzählig zurückgekehrt sind.
„Wenn es notwendig ist, wird der Krieg Jahre dauern", versichert der Warschauer Rundfunk. Begrüßen wir hier, dem Datum nach erstmalig, jene schönen Versprechungen des Durchhaltens, des Durchhaltens bis zum Schluß, jene Zusagen, welche die großen Führer gewohnheitsmäßig vorher ihren Völkern immer machen, und die sie einen Monat später, oder auch nur eine Stunde nachher, genau so großartig vergessen. Soviel verwehte inzwischen der Wind von diesen frommen Lügen, die wir aus dem Munde des Marschalls Rydz-Smigly und Mannerheim, des Generals Gamelin und des norwegischen Königs gehört haben.

Wieder hat Plutarch gelogen

Diese heroischen und feierlichen Versprechen deuten im allgemeinen auf einen Rückzug.
Und siehe da! ... Am 8. September: „Der strategische Rückzug der Polen dient der endgültigen Frontbildung."
Jeder Rückzug ist wohlverstanden ein strategischer mit dem einzigen Zweck, eine nicht zu erschütternde, unangreifbare und endgültige Front zu bilden. Seit 1914 kennen wir schon das Spiel ... Dieses Spiel mit Worten, dessen Handhabung uns Jean de Pierre-

feu, der Verfasser der Heeresberichte während des Weltkrieges in seinem „Plutarch hat gelogen", enthüllt hat.
1940 brauchte Plutarch sich nur auf seine alten Kniffe zu besinnen.
Schon am 8. September meldet er sich im Oeuvre:
„Die Polen haben seit Kriegsbeginn erst 15 Divisionen eingesetzt. Es bleiben ihnen noch 45, völlig unverbraucht, die sich jetzt weiter rückwärts konzentrieren und völlig bereit stehen zur Ausführung des polnischen Plans.

„Letzterer besteht darin, das Verkehrsnetz, welches das Reich mit der polnischen Grenze verbindet, immer weiter auszudehnen, damit sich eines schönen Tages eine oder mehrere der 5 deutschen Armeen, die Polen besetzten, plötzlich von ihrer Ausgangsstellung abgeschnitten sehen.
Gestern abend erklärte man allgemein, daß sich der polnische Feldzugsplan sehr bald in seiner ganzen Wirkung zeigen, die polnische Armee in kürzester Zeit in uneinnehmbaren Stellungen sein, und daß dann erst der wirkliche Kampf anfangen werde, in dem Deutschland nicht das letzte Wort zu sprechen habe."

Das verstand die ganze Welt natürlich sofort. Sie haben es doch wohl auch verstanden, nicht wahr, daß es sich um einen Rückzug à la Charleroi handelte ... um einen Sieg an der Marne!
Marschall Rydz-Smigly verkündet es auch gleich mit den richtigen Worten in seiner Rundfunkansprache vom 11. September:
„Polen! Der Sieg an der Marne wird einen Bruder bekommen. Bald stehen wir an der polnischen Marne!"
Und man wartet nun auf eine große polnische Offensive in Ostpreußen und in den Karpathen!
Stellen wir gleich hier das Auftreten einer der gefährlichsten Illusionen des Jahres 1940 fest: Die falschen Vergleiche mit 1914, obwohl leider die jetzige Lage keineswegs mit damals zu vergleichen war, we-

der in bezug auf die einsatzfähigen Kräfte, noch vom Gesichtspunkt des vorhandenen Materials, weder hinsichtlich des Beistandes seitens unserer Verbündeten, noch — und das ganz besonders — vom strategischen Standpunkt aus. Denn 1940 war Deutschland völlig frei in bezug auf seine inneren Verkehrslinien und Verbindungswege und nicht zum Zweifrontenkrieg gezwungen.

Das hindert aber unsere berufsmäßigen Illusionsmacher nicht daran, zu versichern, daß unsere Lage besser als im Jahre 1914 ist.

Am 14. September: Schlagzeilen über 4 Spalten „Der deutsche Generalstab begreift allmählich, daß die Lage schlimmer als gegen Schluß des letzten Krieges ist."

Und im Text: „Die deutschen Offiziere stellen das Scheitern aller Göringschen Pläne fest. Es wird ihnen anscheinend auch klar, daß nach alledem weder Rußland noch Rumänien rein aus politischer Großzügigkeit edel genug sein werden, Kriegsmaterial an Deutschland zu liefern, obwohl es weder Gold noch Devisen hat, zurzeit auch nicht genügend tauschfähige Industrieerzeugnisse.

„Infolgedessen sollen diese Militärs der Ansicht sein, daß sie sich wiederum wie 1917/1918 einer Blockade gegenüber sehen.

„Darüberhinaus aber hätten die westlichen Demokratien nach Ansicht dieser deutschen Militärs weder politische noch militärische Gründe, den Krieg etwa nicht bis zum Ende fortzusetzen.

Zusammenfassend erschiene ihnen die militärische Lage des Reichs weit gefährlicher als 1918. Diese militärischen Kreise machen dem Führer und seiner Umgebung den Vorwurf, die wirkliche Stärke der französischen und englischen Armeen unterschätzt zu haben, deren Material dem des Jahres 1918 bedeutend überlegen sei."

Und um von den Märchen und Geschichtchen von 1914 auch ja nichts zu vergessen, tauchen auch sofort wieder die Erzählungen von den Butterbroten auf! Jene berühmten Butterbrote, die man den deut-

schen Soldaten nur entgegenzustrecken brauchte, damit sie alsbald angelaufen kämen, um sich gefangennehmen zu lassen.
Am 15. September lauten die Nachrichten so: „Unterernährung der deutschen Truppen! Wir glauben zu wissen, daß man auf Grund des Zustandes einiger Gefangener, die man an unserer Front bereits hat machen können, die Bestätigung für die Unterernährung der deutschen Truppen erhalten hat. Zwei Gefangene im Alter von 19 bzw. 20 Jahren verweigerten ihre Aussage ohne vorherige Verpflegung. Ihr erstes Wort sei „Ach, das war gut!" gewesen. (Havas.)

„Inzwischen wird der Reichskanzler, mehr und mehr vereinsamt, ständig unruhiger. Durch ihren Rückzug auf die Weichsel machten die Polen Kräfte frei, die sie zum günstigsten Zeitpunkt auf Ostpreußen in Marsch setzen werden. Und gerade dieser Schachzug ist es, der Hitler vor allem Furcht einjagt.
Und was seine Angst darüberhinaus aber noch erhöht, ist, daß in Polen der „Rückzug auf Charleroi" sein Ende fand. Augenblicklich bemüht man sich darum, einen „Vormarsch auf die Marne" durchzuführen".
Havas vom 15. September berichtet: „Dank ihrer glänzenden Strategie bleibt die polnische Armee intakt. Man kann sich ebenso darüber freuen wie über den Umstand, daß die Herbstregen den Boden aufweichen und hierdurch für die motorisierten Kräfte des Angreifers Hindernisse schaffen."
„Hitler kann sich nicht mehr beherrschen und begibt sich deshalb an die Front. Beweist diese plötzliche Abreise nicht, daß es um die Sache der Deutschen schlecht steht?"
Das versichert der „Daily Telegraph". Und Havas und Reuter verbreiten es überall hin.
„Die Deutschen begingen übrigens soeben eine Unvorsichtigkeit, die sich für sie tödlich auswirken wird. Man stelle sich vor, daß sie in einem Gelände ohne Straßen und in einem Gebiet, wo die rückwär-

tigen Verbindungen viel zu wünschen übrig lassen, motorisierte Verbände eingesetzt haben!
Dieser von motorisierten Truppen auf einem ziemlich schmalen Gebietsstreifen durchgeführte Vorstoß bedeutet für die Polen keine besonders große Gefahr, so daß wir der Ansicht sind, daß eine aus Innerpolen heraus sich entwickelnde Offensive die Deutschen auf die Karpathen zurückwerfen würde."

Noch weitere Verbündete!

17. September ... Ein unvorhergesehenes Ereignis: Rußland marschiert auch seinerseits in Polen ein. Polen wird zwischen deutschen und sowjetrussischen Armeen eingekeilt sein! Ist man nun etwa des Glaubens, daß diese geradezu tragische, verzweifelte und völlig überraschende Lage unsere Hirnvernebler auch nur einen Augenblick außer Fassung bringt? Dann kennt man sie nicht!
Sehen wir einmal, wie die Agence Radio (fast ebenso offiziös wie Havas, aber nicht so durchsichtig) die Dinge dem braven Durchschnittsfranzosen darstellt:
„Jede Intervention Rußlands würde bezüglich der weltpolitischen Lage sofort eine völlig neue Situation schaffen. Wenn daher Polen plötzlich einen Feind mehr auf dem Halse hätte, wäre es demgegenüber nicht unmöglich, daß auch Frankreich und England zur gleichen Zeit auf unerwartete Verbündete an verschiedenen Punkten des Erdballs rechnen könnten."
„Noch weitere Verbündete!", sagt sich der biedere Durchschnittsfranzose. „Das ist doch gar nicht möglich, denn vor acht Tagen sagte man uns doch schon, daß wir die gleichen Verbündeten wie 1914 hätten, und diesmal außerdem auch noch China. Wer kann das denn sein? Es wird nicht mehr lange dauern, und man wird zu viele haben!"

Deutschland auf dem Wege ins Chaos

Und nun wird das Unvermeidliche Tatsache! Die deutschen und russischen Armeen nehmen miteinander Fühlung. Und es kommt zu einem deutsch-russischen Abkommen.
In 18 Tagen ist Polen aufgesogen, verschwunden. Durch diesen Schlag offenbar in Verblüffung versetzt, behauptet Neville Chamberlain kaltblütig, daß er dies vorausgesehen hätte. Genau so, wie er später aller Wahrscheinlichkeit nach erklären wird, daß er die Ereignisse in Finnland und Norwegen vorausgesehen habe.
Sofort aber stürzt er sich wieder in die Offensive der starken Worte und in das Spiel der schönen Versprechungen: „Wenn auch Großbritannien und Frankreich die Niederlage der polnischen Armee nicht haben verhindern können, so haben sie dennoch der Warschauer Regierung gegenüber zum Ausdruck gebracht, daß sie in ihrem Entschluß, den Kampf fortzusetzen, nicht wankend geworden sind."
Und die „inspirierten" Hersteller von Kommentaren beginnen sogleich, laut zu verkünden, daß gerade diese deutsch-russische Vereinbarung ein neuer Beweis ... für die deutsch-russischen Unstimmigkeiten sei! Die Agentur Fournier macht alsbald auch eine in Japan fast unbekannte, aber sehr bequeme Zeitung, die „Nitschi-Nitschi", ausfindig, die bei Abwägung des Zustandes der deutsch-russischen Beziehungen Zweifel hinsichtlich der Beständigkeit dieses guten Einvernehmens zwischen Deutschland und Rußland ausdrückt. „Deutschland schielte immer auf die Ukraine, die ein Zankapfel zwischen den beiden Ländern bleiben wird."
Und was die Havas-Agentur anbetrifft, so sucht sie sich in Schweden einen Retter: Bestätigt die „Göteburg Handelstiding" nicht, daß „Rußland dem Hitlerschen Drang nach dem Osten" durch seine Weigerung, die Ukraine zum deutschen Kolonialgebiet werden zu lassen, ein Ziel setzte?
Und wird nicht anderseits die Teilung Polens

Deutschland dazu zwingen, in Polen vier Millionen Bajonette zu halten, also weit mehr, als es je vorgeschen hatte?
Schließlich aber, und das in ganz besonderem Maße, ist es sicher, daß die deutsch-russische Verbrüderung auf die innerdeutsche Front auflösend wirken kann. Von nun an ist Deutschland den moskowitischen Einflüssen ausgeliefert.
Deutschland ist auf dem Wege ins Chaos. (Havas, 15. September.)

DRITTES KAPITEL

Einmarsch der französischen Armee in Deutschland!

Was hatten wir inzwischen unternommen, um Polen zu Hilfe zu kommen?
Am 11. September um 9.12 hatte Herr Daladier Paris verlassen, um sich zum Obersten Kriegsrat zu begeben, der irgendwo in Frankreich tagte. Er wurde begleitet von General Gamelin, dem Oberkommandierenden und Chef des Generalstabes für die Landesverteidigung.
England vertraten Herr Chamberlain und Lord Chatfield, der Minister für die Koordinierung der Verteidigung.
„Diese Tagung", so versicherte der von Havas verbreitete amtliche Bericht, „bestätigte in vollem Umfang den festen Entschluß Frankreichs und Großbritanniens, alle ihre Kräfte und Hilfsquellen in dem ihnen aufgezwungenen Konflikt einzusetzen. Sie sind entschlossen, dem sich mit so ungeheurer Tapferkeit gegen den brutalen Einmarsch in sein Land widersetzenden Polen jeden in ihrer Macht liegenden Beistand zu gewähren."
„Jeden in ihrer Macht liegenden Beistand!", eine ebenso dehnbare wie knappe Formulierung. „Für euch wird man alles tun ... alles, was wir können" – „Was aber könnt Ihr?"

Schon am 2. September hatte Oberst Beck dem französischen Botschafter, Herrn Léon Noel, und Sir Kennard, dem Botschafter Großbritanniens, gegenüber darauf hingewiesen, daß eine irgendwie geartete Ablenkung im Westen, und so bald wie möglich, wesentlich sein würde.

„Die deutsche Luftwaffe", telegraphiert Sir Kennard an den Viscount Halifax, „ist in der Lage, sich mit ihrer ganzen Kraft auf die polnische Front zu werfen. Selbst wenn sich die polnische Armee hartnäckig gegen den deutschen Angriff wehren würde, so wäre sie dennoch durch die deutsche Luftüberlegenheit stärkstens behindert. Oberst Beck erhofft daher von uns sobald wie möglich eine Nachricht über unseren Kriegseintritt zu erhalten, und erwartet, daß unsere Luftwaffe Mittel und Wege finden wird, um einen beträchtlichen Teil der auf dieser Front eingesetzten deutschen Luftwaffe abzuziehen.

Ich hoffe, sobald wie irgend möglich über unsere Kriegserklärung unterrichtet zu werden, und auch darüber, daß unsere Luftwaffe alles tun wird, um durch ihren Einsatz an der Westfront den auf Polen ausgeübten Druck abzuschwächen."

Am gleichen Tage teilt Herr Beck dem französischen und britischen Botschafter den fast völligen Einsatz der deutschen Luftwaffe gegen Polen mit:

„Unter diesen Umständen wäre eine Entscheidung der Verbündeten, die das Ergebnis haben würde, daß ein beträchtlicher Teil der deutschen Luftwaffe anderweitig beschäftigt wird, in aller Interesse. Teilen Sie dies bitte Ihrer Regierung mit."

Da er hierauf keine Antwort erhalten hatte, wiederholte er am nächsten Tage, am 3. September, seine Hilferufe unter Berufung auf die Klausel, unverzüglichen Beistand erwarten zu können.

Aber erst am 5. September erhält er diese Antwort vom polnischen Botschafter in Großbritannien, dem Grafen Raczynski: „Ich suchte Lord Halifax auf und wiederholte ihm gegenüber, was Sie, Herr Minister, mir anvertrauten. Ich bestand auf der dringenden und sofortigen militärischen Aktion im Westen. Ich

berief mich hierbei auf den heute durch den Militärattaché an den Generalstab weitergegebenen Appell, der um einen Luftangriff auf Deutschland zu unserer Entlastung bat.
Lord Halifax nahm von meinem Appell Kenntnis und teilte mir mit, daß mein Brief an Herrn Churchill in derselben Angelegenheit auf der heutigen Kabinettssitzung verlesen worden sei. Er versicherte mir feierlich, daß Großbritannien von jetzt ab nur noch ein Ziel kenne: Deutschland zu schlagen. Indessen könne die britische Regierung, die zu Polen halte und auch künftighin immer halten werde, ihre Kräfte nicht zersplittern, da sie für einen entscheidenden Einsatz erforderlich sind."
Und somithin läßt England, zur Zusammenfassung aller seiner Kräfte für die Verteidigung seines Reiches gezwungen, unter dem Alpdruck der Gefahren, die eine Zersplitterung seiner Kräfte nach sich ziehen müßte, schon von diesem Augenblick an und am 5. September also, seine Verbündeten und die „Klausel des unverzüglichen Beistandes" rücksichtslos fallen! Seine Luftunternehmungen gegen Deutschland beschränken sich auf einige Flugblätterabwürfe ...
Und es ist ... die französische Armee, die am 9. September durch Überschreiten der deutschen Grenze zwischen Luxemburg und dem Rhein westlich von Karlsruhe zur Offensive übergeht.
In Wirklichkeit besteht dieser Einmarsch in Deutschland lediglich im Einsatz kleiner und bedeutungsloser Einheiten, zumeist in Stärke einer Kompanie. Im Verlaufe dieser Vorpostengefechte besetzten unsere Truppen nur folgende Punkte:
1 Einige grenznahe Ortschaften zwischen der luxemburgischen Grenze und Saarlautern;
2. Den südöstlich Saarbrückens gelegenen Warndt-Wald, der in französisches Gebiet hineinragt;
3. Einen weiteren südöstlich von Saarbrücken zwischen der Saar und dem Pfälzer Wald liegenden Zipfel.
Einzig und allein in diesen beiden letztgenannten

Gebietsteilen setzten wir uns in einer Tiefe von 3 bis 5 Kilometern auf deutschem Reichsboden fest. Der gesamte Rest des vor dem Westwall liegenden Gebietes blieb frei. An keiner Stelle sind die französischen Kräfte auch nur in die Nähe der deutschen Festungslinie gelangt, mit Ausnahme des Geländes, das sich, wie etwa bei Saarbrücken, in der unmittelbaren Nachbarschaft der französischen Grenze hinzieht.

Wie aber stellte man uns diese irreführende und schlappe Offensive dar?
Als eine den Polen geleistete wirksame Unterstützung.
„Die Deutschen", so erklärt Chamberlain am 12. September, streben einen entscheidenden Erfolg an der polnischen Front an, bevor sie gezwungen sind, ihre Kräfte nach dem Westen zu verlegen, um dort der Drohung *unserer* gemeinsamen Intervention entgegenzutreten."
... und damit als eine unmittelbare Bedrohung der „Siegfried-Linie" und Deutschlands.
„Es handelt sich", so präzisiert Chamberlain weiter, „um eine zunächst einleitende, bedeutungsvolle und wesentliche Phase, über die man französischerseits naturgemäß schweigt."
Und der Premierminister fügt hinzu:
„Man sagte, daß das britische Expeditionskorps an den Operationen in Frankreich bereits teilgenommen hat. Diese Nachrichten sind nicht ganz zutreffend. Jedoch ist es wahr, daß sich die britischen Truppen schon in Frankreich befinden, wenn sie auch noch nicht in Tätigkeit getreten sind."
Chamberlain spricht also nicht die Wahrheit, wenn er von *„unserer* gemeinsamen Intervention" redet. Aber natürlich schließt er mit dem üblichen Vers: „Das französische Volk und das Großbritanniens sind in gleicher Weise entschlossen, nicht nur allen ihren Verpflichtungen Polen gegenüber nachzukommen, sondern auch ein für allemal der unerträg-

lichen Lebensanspannung unter der ständigen Drohung des Nazi-Angriffs ein Ende zu machen.

Der bedrohte Westwall

Über dieses offizielle Thema veröffentlichen die offiziösen Berichter dithyrambische und schmetternde Kommentare mit allem nur wünschenswerten schmückenden Beiwerk.

„Die Franzosen schicken sich bereits an, durch die gigantischen Linien der Westwallbefestigungen durchzubrechen", schreibt die Daily Mail, und setzt noch hinzu: „Eine große Anzahl deutscher Kohlengruben im Saargebiet kann bereits schon jetzt nicht mehr deutscherseits in Betrieb gehalten werden. Die Kohlenmengen, die Deutschland von jetzt an aus dem Saargebiet noch beziehen kann, sind äußerst beschränkt."

Die Havas-Agentur verbreitet diesen Artikel des Militärkritikers der Yorkshire Post weitgehendst, denn er eröffnet den französischen Hoffnungen glorreiche und entscheidende Horizonte:

„Die Frontlinie in der Nähe Saarbrückens betrachtet der Feind als den Hauptverteidigungsabschnitt der Siegfriedlinie... Die Einnahme Saarbrückens wird für die Deutschen schwere Folgen haben, denn ein weiteres Vordringen auf die deutsche Verteidigungsstellung würde Frankreich einen Zugang öffnen, der es ihm ermöglichen würde, einen noch weit stärkeren Vorstoß gegen die nahegelegenen Linien der Hauptverteidigungswerke durchzuführen.

Die Deutschen müssen der Feststellung gegenüber, daß sich die Franzosen durch die gigantischen deutschen Befestigungen einen Weg zu bahnen drohen, sehr nervös sein. Der deutsche militärische Geist arbeitet automatenhaft und scheint zur Anwendung gänzlich neuartiger Methoden unfähig zu sein, zu denen jedoch die Franzosen greifen, indem sie alle 48 Stunden neue deutsche Geländeteile besetzen."

Der Rhein ist auf unserer Seite!

So läuft der Westwall also dank der heterodoxen Methoden des französischen Generalstabes (!!) Gefahr, durchbrochen zu werden; er wird aber von einer noch viel furchtbareren Gefahr bedroht. Er steht unter Wasser, der Westwall! Und eine über sechs Spalten der großen Zeitungen laufende Havas-Depesche bringt uns die frohe Kunde.
„Die Siegfriedlinie von Überschwemmungen bedroht!
Das Hochwasser wird für die Siegfriedlinie immer bedrohlicher. Der Rhein ist mit uns!
Die außerordentlich reichlichen Regenfälle haben ein Hochwasser, besonders der Mosel und des Rheins sowie der linken Nebenflüsse zur Folge gehabt. Die Überschwemmungen bedrohen die deutschen Befestigungslinien im elsässischen Gebiet des Rheins, und wenn das Hochwasser andauert, könnte es für die militärischen Operationen ein schweres Hindernis bedeuten. (Havas.)"
Daher werden alle deutschen Soldaten im Westwall von Erkältungen, Grippe und Rheumatismus heimgesucht.
„In den Bunkern der Siegfriedlinie soll", erklärt „Paris-Midi" am 24. September, „jeder vierte Mann erkrankt sein." „Nachrichten aus guter Quelle zufolge erreichte die Zahl der in den Bunkern krankliegenden deutschen Soldaten die Höhe von 25 Prozent. Die Leute leiden besonders an Angina und Rheumatismus infolge des Durchsickerns von Wasser und der schlechten Durchlüftung. Ferner an Magenschmerzen infolge der jammervollen Ernährung."

Sie haben nur Platzpatronen.

Um sich dieses erfreuliche Schauspiel näher anzusehen, entsendet der „Paris-Soir" einen Sonderberichterstatter an die Front.
Und nun lese man das, was er von einem in Holland in der Nähe des kleinen niederländischen Dorfes

Vaals gelegenen Beobachtungsposten aus gesehen hat, nur fünf Kilometer von der Stadtmitte der Stadt Aachen entfernt, jener alten deutschen Stadt, in der Karl der Große zum Kaiser gekrönt wurde.

„Jetzt", so berichtet mir ein „quidam" aus Vaals, der jeden Morgen nach Aachen geht, um jenseits der Grenze Geflügel zu verkaufen, „sind ihre Kanonen und Maschinengewehre auf das Innere Deutschlands gerichtet."

„Und warum das?"

„Ach, sie fürchten sich nicht vor den Holländern, denn sie wissen ja, daß es zwischen ihnen und uns keinen Krieg geben wird. Ihre Maßnahme richtet sich vielmehr gegen die Deserteure, die ziemlich zahlreich sind, ganz besonders in der letzten Woche..."

„Im Innern Deutschlands", setzt eine biedere Frau hinzu, „organisiert man die Aufnahme der Evakuierten aus dem Rheinland und aus der Pfalz. In Gladbach, auf halbem Wege zum Ruhrgebiet, stapelte man große Lebensmittelvorräte für sie."

„Man erwartet also den französischen Vormarsch?"

„Es sind viele alte Soldaten da, neuerdings aber setzte man auch jüngere in größerer Zahl ein und nur sie allein haben scharfe Patronen und sind mit Maschinengewehren ausgerüstet. Die Alten haben nur Pulver in ihren Patronen, mit denen sie nicht einmal Spatzen schießen könnten!"

Sie haben keine Offiziere

Darüber hinaus aber setzt uns der Temps ernsthaft auseinander, daß „wenn es auch in Deutschland nicht an Männern fehlt — es gibt 7 Millionen Wehrpflichtige im Alter von 20 bis 38 Jahren — so ist doch eine gewisse Anzahl Nichtausgebildeter vorhanden, die zumeist den Jahrgängen 1900 bis 1913 angehört. Sie hätten niemals gedient. Ihre Ausbildung aber sei sehr schwierig, denn bekanntlich fehle es Deutschland an Offizieren.

„Was unsere Gegner bei ihrer Wehrmachtsverstärkung am meisten störte, war die Schwierigkeit, für die Neuaufstellungen den dazugehörigen Rahmen zu schaffen. Sie erschöpften bereits alle nur möglichen Quellen, um zu Offizieren und Unteroffizieren zu kommen und so dem außergewöhnlichen und schnellen Anwachsen ihrer aktiven Armee entsprechend genügen zu können. Und das leuchtet auch durchaus ein, wenn man bedenkt, daß sich jene Armee noch im Jahre 1933 nur aus insgesamt 10 Divisionen, 7 Infanterie- und 3 Kavalleriedivisionen, zusammensetzte, während sie im Jahre 1938 aus 58 Divisionen bestand – nämlich aus 35 gewöhnlichen Infanteriedivisionen, 3 Gebirgsdivisionen, 6 Festungsdivisionen, eine Kavalleriedivision, 5 Panzerdivisionen, 4 leichtmechanisierte und 4 motorisierte Divisionen.
Nun erfordert aber die Heranbildung eines guten Offiziers oder auch nur eines Unteroffiziers nicht etwa nur einige Wochen oder wenige Monate, sondern mehrere Jahre. Es ist also sehr wahrscheinlich, daß die jetzt aufgestellten Reserve- und Landwehrdivisionen recht dürftig mit Dienstgraden ausgestattet sind.
Man kann also damit rechnen, daß das Reich seit dem 1. September nicht mehr als etwa 20 Divisionen recht mittelmäßigen Werts hat aufstellen können."

Unsere Tanks sind die besten der Welt

Bei uns dagegen ist alles in bester Verfassung. Es fehlt auch nicht ein Gamaschenknopf. Ein sogenannter Wortführer des Generalstabs versichert uns in einer ostfranzösischen Zeitung vom 12. September:
„Die bisher durchgeführten Operationen, die in vollkommener Ordnung nach festen Grundsätzen und sicher vor sich gingen, haben unseren Divisionen den letzten Schliff gegeben."
„Unsere Kampfwagen? Sie sind die besten der Welt!", schreibt Oeuvre vom 2. September. „Wir scheuen nicht vor der Feststellung zurück, daß unsere Panzerwagen ihresgleichen nicht haben. Die

Militärtechniker der ganzen Welt erkennen ihre
Überlegenheit an. Das ist ein recht beachtenswerter
Beruhigungsfaktor, um so mehr als unsere Produktion an Material sich in raschem Steigen befindet und uns somit die Versicherung erlaubt, daß wir diesen Vorsprung noch lange halten werden."

Tausende von Flugzeugen

Und was unsere Luftarmee anbetrifft... „so werden sich Frankreich und England dank der Aufhebung des Waffenembargos", schreibt René Cassin in den „Heures de la Guerre", dem Organ der „Union Fédérale des Anciens Combattants", „die vor dem 3. September in Amerika bestellten und seither auf den Verladekais zurückgehaltenen Flugzeuge liefern lassen können. Sie werden Werkzeugmaschinen und neue allerneuzeitlichste Flugzeuge zu Tausenden kaufen können. Auf diese Weise wird unsere Überlegenheit zur See durch eine offensichtliche Luftüberlegenheit verdoppelt werden. Die englische und französische Heimat wird zu Lande von einem immer reichlicheren und immer wirksameren Material geschützt werden."
Man braucht sich also wirklich keine Sorgen machen. Der Sieg ist uns mathematisch sicher. Das sagt auch der an unsere Truppen erlassene Tagesbefehl vom Generalstab der Armee (Note de Service, Nr. 192).
„Hitler sieht sich in einen Krieg verwickelt, auf den er sich nicht vorbereitet hat, einen Krieg, der für ihn zu früh und gerade unter jenen verderblichen Umständen ausgebrochen ist, die er um jeden Preis hatte vermeiden wollen, und die durch die Gefahren, die er nicht vorausgesehen hatte, noch bedeutungsvoller wurden. Der Inhalt dieses Tagesbefehls ist der Truppe von den Offizieren in der Form kurzer Vorträge zu erklären, um die Ursachen des gegenwärtigen Krieges und die Gründe klar zu machen, die unseren Sieg sicherstellen."

*Wie man uns das
Friedensangebot vom 6. Oktober darstellte*

Deshalb hat man Hitler auch gebührend aufgenommen, als er uns am 6. Oktober den Frieden anbot, um uns um einen so schönen und so leichten Sieg zu bringen!
„Am 6. Oktober 1939", so klärte uns der Führer und Reichskanzler in seiner Rede vom 19. Juli 1940 auf, „habe ich einen Appell an die Einsicht der verantwortlichen Männer in den feindlichen Staaten gerichtet und an die Völker selbst... Ich warnte besonders die Franzosen, einen Kampf zu beginnen, der in seinen Folgen furchtbar wäre. Ich habe diesen Appell damals auch an die übrige Welt gerichtet — mit dem Befürchten, nicht nur nicht gehört zu werden, sondern damit wahrscheinlich erst recht den Grimm der interessierten Kriegshetzer zu erregen. Es ist auch genau so gekommen.
Die verantwortlichen Elemente in England und Frankreich haben in diesem meinem Appell einen gefährlichen Angriff gegen ihr Kriegsgeschäft gewittert. Sie schickten sich daher sofort an, zu erklären, daß jeder Gedanke an eine Verständigung aussichtslos sei... In wenigen Tagen war es diesen Hetzern gelungen, mich der übrigen Welt gegenüber geradezu als Feigling hinzustellen. Wegen meines Friedensvorschlages wurde ich beschimpft, persönlich beleidigt, Herr Chamberlain spie mich vor der Weltöffentlichkeit förmlich an und lehnte es ab, entsprechend den Direktiven der hinter ihm stehenden Hetzer und Antreiber Churchill, Duff Cooper, Eden, Hore Belisha usw. über einen Frieden auch nur zu reden, geschweige denn für einen solchen zu handeln. Es hat dieser großkapitalistische Interessenklüngel nach der Fortsetzung des Krieges geschrieen."
Im weiteren Verlauf seiner Rede rief Deutschlands Führer unter Hinweis auf den französischen Zusammenbruch und die Leiden, denen Millionen Flüchtlinge unterworfen gewesen sind, aus:

„Ich glaube nun allerdings, daß schon heute Frankreich — natürlich weniger die schuldigen Staatsmänner als das Volk — über diesen 6. Oktober anders denken wird. Welch namenloses Elend ist seitdem über dieses große Land und Volk gekommen! Ich will noch nicht einmal davon reden, was dieser Krieg den Soldaten an Schmerz zufügte. Denn über dem steht noch fast das Leid, das durch die Gewissenlosigkeit derer entstand, die Millionen von Menschen von ihrem Heim ohne jeden Grund forttrieben, nur in dem Gedanken, dadurch vielleicht der deutschen Kriegführung Schwierigkeiten bereiten zu können. Allerdings eine unverständliche Annahme. Diese Evakuierung wirkte sich am schädlichsten für die alliierte Kriegführung aus, am furchtbarsten aber für die dadurch betroffenen unglücklichen Opfer.
Was die Herren Churchill und Reynaud mit diesen ihren Ratschlägen und Anordnungen Millionen Menschen an Leid zugefügt haben, können sie weder diesseits noch jenseits verantworten.
Das alles hätte nicht zu kommen brauchen. Denn ich habe noch im Oktober weder von Frankreich noch von England etwas anderes verlangt als nur den Frieden...

Hitler hat Angst

Wie aber stellte man uns dieses Friedensangebot vom 6. Oktober dar?
Genau so, wie es der Reichskanzler Hitler vorausgesagt hatte. Gar nicht oder mit höhnischen Kommentaren.
Schon am nächsten Tage gibt Reuter den Ton an: „Hitler wünscht den Frieden (einen von ihm diktierten Frieden), weil er sich jetzt, allerdings einundeinhalb Monate zu spät, über den vollen Umfang der englisch-französischen Macht klar geworden ist."
Und Madame Tabouis, dauernd am Hörer ihres Telephons, das sie jede Nacht mit den „autorisierten

Kreisen" der ganzen Welt verbindet, hörte auch die Stimme der „diplomatischen Kreise von London und Paris.
„Diese Kreise erklären erneut, daß diese Rede die eines Mannes ist, der sich darüber klar ist, daß er nicht nur weit davon entfernt ist, der Stärkste zu sein, sondern auch darüber, daß er von einer täglich wachsenden Schar von Feinden eingekreist wird, während ihn seine Verbündeten nach und nach verlassen. Und ferner: Daß ihm als einziges daher nur noch übrigbleibt, sich mehr um seine eigenen Interessen als um die Deutschlands Sorgen zu machen. Ein bekannter ausländischer Journalist erklärte lächelnd: ‚Im Grunde genommen erscheint diese Rede Hitlers wie ein alter Film, den man zu oft gesehen hat und der deshalb die Aufmerksamkeit nicht mehr besonders zu fesseln vermag!'"
Das Urteil ist also gesprochen! Fort mit jeder Friedensoffensive! Im übrigen, so versichert Madame Tabouis, sei die Rede des Generals Sikorsky weitaus bedeutsamer:
„Gleichzeitig gab nämlich General Sikorsky, der Chef der polnischen Regierung, von Paris aus dem Führer die einzig mögliche Antwort, als er im Rundfunk erklärte, daß der Kampf bis zum Siege Polens fortgesetzt werde..."

Speicheloffensive

Von Daladier ist zu sagen, daß er am 9. Oktober nach alter Gewohnheit mechanisch seine üblichen abgespielten Platten auflegte.
„Wir nahmen die Waffen gegen den Angreifer auf. Wir werden sie nicht früher hinlegen, bis wir gewisse Sicherheitsgarantien durchgesetzt haben."
Und nun sehen wir den „Stier von Vaucluse" sich gründlich in eine wortklauberische Offensive unter Aufwand vielen Speichels stürzen.
Auf den konkreten und klaren Vorschlag des Führers einer Konferenz antwortet er lediglich mit in-

haltslosen, leeren, abstrakten und farblosen Phrasen:
„Will man wirklich einen aufrichtigen, wahrhaften und dauerhaften Frieden, der jedem Heim, allen Frauen und allen Kindern die Lebensfreude und das Vertrauen in die Zukunft wiedergibt, so müßte man zunächst die Gewissen beruhigen, den Mißbrauch der Gewalt wieder gut machen und auf ehrenhafte Weise die Rechte und Interessen aller Völker miteinander in Übereinstimmung bringen.
Wünscht man aufrichtig den Frieden, einen dauerhaften Frieden, so muß man auch begreifen, daß die Sicherheit der Nationen nur auf gegenseitigen Garantien beruhen kann, die jede Überraschung ausschließen und einen Wall gegen alle Beherrschungsversuche darstellen.
Abschließend sich zu einer letzten und kraftvollen Phrase aufschwingend, läßt Daladier dann folgenden Partherpfeil abschnellen:
„Nach allen seinen Eroberungen beginnt Deutschland den Krieg mit Brot-, Kaffee-, Fleisch-, Milch- und Zuckerkarten."

Der „strategische Rückzug" unserer Truppen

...Und während sich bereits auch unsere Bürgermeistereien heimlich und unter dem Schutze der Zensur auf unsere Brotmarken, unsere Milchkarten, unsere Fleischkarten und unsere Zuckerkarten vorbereiten, richten sich zur gleichen Zeit, ebenso stillschweigend und unter demselben Zensurschutz unsere Truppen, freiwillig natürlich, auf die Räumung ihrer so heiß erkämpften Stellungen ein, die sie im Laufe jener Operationen erobert hatten, die Chamberlain als „bedeutsam, wichtig, wesentlich und einleitend" bezeichnet hatte. Diese Stellungen aber waren plötzlich in den Augen unserer Hirnvernebler völlig unwichtig, wertlos und ohne jedes taktisches und strategisches Interesse.
Schon am 25. September hatten wir den Kopf ge-

schüttelt, als wir im Heeresbericht lasen: „Unsere Truppen haben ihre Stellungen zu ihren Gunsten gerade ausgerichtet und somit verbessert."
Am 16. Oktober können wir auch nicht den geringsten Zweifel mehr hegen: „Unsere leichten Aufklärungsabteilungen haben sich auftragsgemäß kämpfend zurückgezogen, während unser Feuer den Feind auf der vorgesehenen Linie festhielt.
In Erwartung dieser von der deutschen Armee jetzt tatsächlich wiederaufgenommenen Offensive hatte die französische Heeresleitung bereits vor länger als vierzehn Tagen beschlossen, die französischen Divisionen, die zur Entlastung der polnischen Armeen den Vorstoß auf deutsches Gebiet unternommen hatten, auf andere Stellungen zurückzunehmen. Alle diese erforderlich gewesenen Bewegungen waren am 3. Oktober beendet. Seither waren nur leichte Aufklärungsabteilungen und einige Gruppen zu ihrer Unterstützung in Feindberührung gelassen worden."
Das hieß also Rückzug! Aber aus rein strategischen Gründen natürlich! Und auf schon vorher bestens vorbereitete Stellungen wohlgemerkt! Und Havas bemüht sich auch sehr darum, es uns zu erklären: „Vom taktischen Gesichtspunkt aus zogen sich die französischen Truppen auf starke, sorgfältig ausgesuchte und zweckmäßig ausgebaute Stellungen zurück, während sich die Deutschen immer weiter von der Deckung entfernten, die ihnen die unmittelbare Nähe ihrer Betonbunker gewährte. Sie erreichten eine vorgeschobene Stellung, die sie nun unter der unmittelbaren Bedrohung durch die französischen Festungswerke ausbauen müssen.
Der von der französischen Heeresleitung geduldete deutsche Vormarsch führte lediglich zur Wiederbesetzung des Vorgeländes, das für sie nicht mehr von dem geringsten Interesse war, da sie jetzt, wo die polnische Armee endgültig außer Gefecht gesetzt ist, nicht mehr die Absicht hatte, ihre ursprüngliche offensive Haltung beizubehalten."
Zu Beginn seiner Berichtsserie von „hervorragend gelungenen Räumungen", „glänzenden Rückzügen"

und „bewundernswerten und glorreichen Ausweichmanövern" steigern sich die Begeisterung und das grenzenlose Entzücken des Militärkritikers des „Oeuvre" über die geradezu meisterhafte Geschicklichkeit, mit der unser Generalstab dem Feinde diesen Streich spielte, zu folgenden Sätzen:
„Der Generalstab wollte an den Heroismus unserer Truppen nicht über das unbedingt notwendige Maß hinaus appellieren. Nachdem genau das erreicht worden war, was er beabsichtigt hatte, legte er keinen Wert mehr darauf, alle jene Truppeneinheiten, die ursprünglich dorthin in Marsch gesetzt worden waren, aus irgendwelchen ehrgeizigen Gründen noch auf feindlichem Boden zu belassen. Und so zog er denn aus freien Stücken die Mehrzahl unserer Verbände zurück, um sie anderweitig einzusetzen.
Diese Bewegungen, die bereits am 3. Oktober abgeschlossen wurden, erwiesen sich taktisch als sehr geschickt, denn die deutschen Kräfte, die in den letzten Tagen bereits geglaubt hatten, zum Angriff übergehen zu können, wurden schon zweimal auf den vorgesehenen Linien glatt aufgehalten."

1. Januar 1940: „Der Krieg ist gewonnen!"

So verfällt von jenem Datum ab die Westfront in den Schlaf und die Lethargie dieses „Krieges der Langeweile", aus der sie erst durch den Donnerschlag des 10. Mai erwachen sollte.
Bis dahin aber schlafen die Franzosen samt ihren zivilen und militärischen Führern, sanft eingebettet von Lügen und von Träumen umgaukelt, in die sie unsere Hirnvernebler unermüdlich wiegen.
„Die Lage ist mit der von 1914 nicht zu vergleichen", wiederholt unablässig Herr Frossard in der „La Justice", der selbst späterhin sogar noch ... Informationsminister sein wird. „Ein starkes englisches Expeditionskorps ist an Ort und Stelle. Die allgemeine Blockade, die damals erst 1916 in Kraft trat, wirkt sich bereits in weitestem Umfange aus. Die Beherr-

schung der Meere ist uns gesichert. Die französischbritischen Patrouillenschiffe jagen die deutschen U-Boote. Und was schließlich die 226000 Tonnen der großen deutschen Schiffseinheiten betrifft, so sind sie zur Untätigkeit verurteilt.
Unsererseits dagegen leitete das Oberkommando ganz zweiffellos alle Maßnahmen zur Verteidigung unserer im Norden gelegenen Gebiete ein, die an sich bereits durch ein weitgestrecktes Verteidigungssystem, das bis ins Kleinste ausgebaut wurde, gesichert sind.
Der Führer wird es sich schon vorher reiflich überlegen, bevor er sich auf ein neues Abenteuer im Westen einläßt. Sollte er wiederum belgisches Gebiet verletzen, so wird er auf die geballte Rüstungskraft der friedliebenden Nationen stoßen. Er ist sich über den Willen Frankreichs nicht mehr im Unklaren und vielleicht ahnt er auch bereits das Unheil!"
Die berufsmäßigen Propheten versichern, daß unter diesen Verhältnissen der Krieg im Frühjahr bereits beendet sein wird. Ein berühmter Astrologe, Herr Gabriel Trarieux d'Egmont, stellt am 20. März im „Gringoire" ganz genau fest: „Hitlers Horoskop zeigt, daß er bereits schwer angeschlagen ist. Chamberlains dagegen ist so glänzend, daß ich in ihm den großen Sieger des ganzen Treffens sehe. Aber auch das von Daladier ist sehr gut."
Und „Marianne" läßt auch die Finanzspezialisten nicht ruhen:
„Das Deutsche Reich ist finanziell auf den Krieg nicht vorbereitet, denn es gleicht einem Verkäufer von Erdnüssen, der ein großes Warenhaus aufziehen möchte. Die Bilanz des Deutschen Reichs ist wenig umfangreich, es verfügt nur über geringe Mittel, es hat nichts in der Kasse und sehr wenig Kredit im Ausland. Es braucht aber täglich 2 Milliarden Franken.
Mit Rücksicht darauf, daß sich die Reserven des Reichs auf kaum 30 Milliarden belaufen, kann der Krieg theoretisch nicht länger als 14 Tage dauern."
Daher versichert uns am 1. Januar, und zwar nicht

in Form eines Neujahrswunsches, sondern als Gewißheit die große radikale Zeitung „Le Matin":
„Moralisch sind unsere Feinde bereits verurteilt. Politisch ist der Krieg gewonnen, wir brauchen ihn jetzt nur noch militärisch zu gewinnen."
Dem fügt die unvergleichliche Madame Tabouis, die hierbei natürlich nicht ruhig bleiben kann, noch hinzu:
„An diesem Neujahrstag 1940 ist es jedem und unbestreitbar klar, daß die Alliierten den Krieg bereits gewonnen haben."

VIERTES KAPITEL

Die Augen öffnen sich

Monate vergehen...
„Kein Bewegungskrieg!" stellt traurig die sozialistische „L'Ouest-Eclair" in einem, die „Offensive der Langeweile" überschriebenen Artikel fest. Diese Unbeweglichkeit selbst ist eine harte Probe. Wenn es sich auch niemand von uns selbst eingestehen will, so warten wir alle doch auf ein Wunder beim Einschalten unseres Rundfunkgeräts. Und der farblose Heeresbericht von der Art der ‚ruhigen Nacht' oder der ‚Spähtrupptätigkeit' enttäuscht uns."
„Es muß endlich losgehen!", ruft man weiter hinten aus. Wenn man nur ein Schlachtfeld finden könnte! Fieberhaft suchen die Eisenhüttenleute und Ölspezialisten nach einem derartigen Gelände. Und plötzlich bestehen auch solche Hoffnungen!
„Im Falle eines deutsch-russsischen Militärbündnisses", schreibt der Militärkritiker, Herr Charles Morice, im „Petit Parisien", „würde der Krieg einen anderen Charakter annehmen. Es käme zum Kampf um Eisen und Petroleum. Neue Operationsgebiete würden sich erschließen lassen, wo sich dann endlich die alliierten und feindlichen Kräfte in einem Bewegungskrieg gegenüberstünden."
Wie kam dieses „endlich" unserem Taktiker aus tiefstem Herzen!

Das Spiel mit den Umziehpuppen!

Ach, wie rasch wurde diese Hoffnung enttäuscht!...
Für den Augenblick jedenfalls. Und mangels eines anderen Stoffes beschäftigen sich nun unsere Heimatstrategen damit, Tag für Tag den Roman von der Blockade und dem selbstverständlich und von ganz allein kommenden sicheren Zusammenbruch Deutschlands zu schreiben, der eine automatische Folge des einfachen wirtschaftlichen Drucks und der inneren Zwistigkeiten sein würde.
Wir wollen hier die verschiedenen Phasen nicht noch einmal schildern. Das wäre wirklich zu ermüdend, zu eintönig und gar zu mechanisch! Einmal ist es Goebbels, der sich mit Ribbentrop zankt, am nächsten Tage streitet sich Göring mit Himmler, dann wiederum geraten Himmler und Goebbels aneinander. Es ist ein Spiel mit leicht untereinander auswechselbaren Personen, bei dem es allein schon genügt, die Männer wie Puppen gegenseitig auszutauschen, um den Eindruck einer gewissen Abwechslung zu erwecken. Und zum Überfluß erfindet man dann noch furchtbare Szenen zwischen Ribbentrop und Admiral Raeder, anschließend solche zwischen Raeder und Goebbels.
Um aber die Dinge noch etwas eindrucksvoller darstellen zu können, „erschießt" man auf gut Glück. Und so müssen Goebbels, Prinz Rupprecht von Bayern u. a. dran glauben, die man wunderbarerweise jedoch einige Tage später wieder auferstehen sieht.

Der Trick mit dem „man muß annehmen..."

Soweit es sich um die Not und Teuerung in Deutschland handelt, braucht man nur auf die alten Artikel aus dem Jahre 1917 zurückzugreifen und sie durch einige „typische Einzelheiten" zu verjüngen, um sie „aktuell" werden zu lassen.
Wenn man jedoch gelegentlich einige Scham über diese Lügereien empfindet, setzt man die Verben in

den „Bedingungsfall" und fügt ergänzungsweise und vorsichtshalber Ausdrücke wie „es scheint" oder „man sagt, daß ..." hinzu.
Und so gelangt man dann zu „Nachrichten" wie die beispielsweise:
„Anscheinend ist Herr Litwinow verhaftet worden, ja es ist sogar möglich, jedenfalls spricht man in unterrichteten Kreisen davon, daß er bereits erschossen worden sei..."
„Man versichert aus Amsterdam, daß Flieger erzählt hätten, bei den Heinkel-Jagdflugzeugen seien über das übliche Maß hinausgehende Schäden festgestellt worden."
„Nachrichten aus Zürich zufolge soll der Führer einen pessimistischen Bericht erhalten haben, der, wie man sagt, die starke Unzufriedenheit der Subalternoffiziere und Soldaten behandle..."
Diese bereits Zweifel andeutenden Nachrichten ... scheut man sich jedoch keineswegs eindrucksvoll herauszustellen, sie als wahrscheinlich und mit riesigen Überschriften auf der ersten Seite der großen Zeitungen zu bringen: „Stalin soll Hitler ein Ultimatum gestellt haben" ... „Hitler soll enttäuscht sein, noch kein Militärbündnis mit Stalin zu haben" ... „Deutschland soll Memel an Rußland abgetreten haben" ... „Ihr eilt der Katastrophe zu!", soll der Exkaiser an Hitler geschrieben haben". Goebbels soll Hitler das Unheil vorausgesagt haben" ...
Oder man setzt gelegentlich auf Weisung der Zensurstellen hin ein Fragezeichen dazu, das der eilige Leser jedoch gar nicht bemerkt. Das sieht dann so aus: „Ribbentrop in Ungnade" (?) ... „Der Kronprinz ermordet" (?)? ... „Goebbels von seiner Frau verraten" (?) ...
Nebenbei läßt man dann geschickt und sorgsam wahre Nachrichten, wie beispielsweise die Ausschiffung des Herrn Georges Bonnet, des französischen Außenministers, am 13. September unter den Tisch fallen, und um uns unsere Kaffeeknappheit zu erklären, verrenkt man sich zu Darstellungen wie z. B.: „Schließlich ist es nicht genau zutreffend, zu

sagen, daß es an Kaffee fehlt. An Kaffee fehlt es durchaus nicht, da man ihn schließlich ja doch findet. Nur weil man ihn nicht so findet, wie man will, sieht es so aus, als gäbe es keinen."

Der Wendepunkt am 13. März

All das ist kindisch und man errötet heutzutage, wenn man erneut dieses trügerische Geschreibsel liest, das uns morgens, mittags und abends vorgesetzt wurde.
In ihrer ungeheuren Mehrheit aber schluckte es die französische Bevölkerung mit Genuß ... bis zu dem Tage, an dem ...
Bis zum 13. März 1940 ...
Jener Tag ist nämlich einer der entscheidensten "psychologischen Wendepunkte" des ganzen Krieges.
Es ist der Tag, an dem die französischen und englischen Verbündeten die Nachricht von der Kapitulation Finnlands erhielten, dem sie ebenfalls eine sofortige Hilfe versprochen hatten.
Worte, wie sie bisher verboten waren, verhängnisvolle Worte, wie sie nun leider, leider in der Folgezeit zum Grundstock unseres Kriegswörterschatzes wurden, erschienen trotz Zensur in der Presse: Das Wort „Schlappe" – der Begriff „Niederlage" – der Ausdruck „Ohnmacht" – die Bezeichnung „Irrtümer" – die Feststellung „Fehler" usw.
„Frankreich fällt in eine abgrundtiefe Enttäuschung", gesteht Henri de Kérillis in der „Epoque".
„Wollen wir einen Krieg der versäumten Gelegenheiten führen?", fragt Herr Fernand Laurent im Pariser „Jour-Echo".
„Der gestrige Tag", stellt der „L'Intransigeant" traurig fest, „brachte eine schwere Niederlage für die Alliierten."
„Frankreich ist nicht zufrieden!", erklärt „Le Journal".

Die Gehirne werden klarer

Und so schreibt denn Marcel Déat im „Oeuvre" mit seiner üblichen Klarheit, das tatsächliche geistige Auftauen, dessen Zeugen wir sind, analysierend:
„Das eiswüstenartige Feld von Gemeinplätzen, abgedroschenen Redensarten, Beschönigungen, geheiligten Begriffen und überalterten Konzeptionen verschwindet jetzt völlig überraschend mit seinen Schlacken aus den bedauernswerten französischen Gehirnen. Ihre wieder normal durchbluteten Windungen werden einen geistigen Frühling, eine Blütezeit des Verstandes, erleben.
Im Bewußtsein vieler Menschen nistete sich eine schwere Unruhe ein. Diese Krise jetzt hat einen furchtbaren psychologischen Schock zur Folge, der die Geister zu einer Gesamtüberprüfung des Krieges zwingt. Eine dringende und notwendige Verpflichtung, der man jedoch ohne verständige Einsicht und Klugheit nicht nachkommen kann. Wie aber sollte man es nicht empfinden, wie verhängnisvoll sich auf die Dauer diese geistige Teilnahmslosigkeit gerade für ein Land wie das unsere auswirken müßte?
Die fromme Lüge, die gar zu amtliche Darstellung der Tatsachen, die Einflüsterungen immer gleicher Tendenz, die Vernebelung der Gehirne, um die Dinge wirklich beim Namen zu nennen, sind kein Ersatz für das persönliche, tätige und unterrichtete Nachdenken. Nichts von alledem eint in Wirklichkeit die Geister und sammelt die Herzen, insbesondere aber regt es nicht die Energien und spannt auch nicht die Willen an. Das ganze schöne Ergebnis dieser jämmerlichen Methoden besteht darin, daß der Durchschnittsfranzose nach dem Abhören des Heeresberichts abstellt, sobald der unbeschreibliche Kommentator seine gelehrte Predigt von Stapel läßt. Und der gleiche Franzose ist es auch, der keine Zeitungen mehr liest. Und statt des vorsichtshalber gestörten Radio Stuttgart bemüht er sich um einen Schatten objektiver Wahrheit bei Sendern des neutralen Auslands."

Schwarz in Schwarz gesehen

Diese Gesamtüberprüfung seiner eigenen Gedankengänge und Überlegungen über den Krieg will der normal eingestellte Durchschnittsfranzose nun allein vorzunehmen versuchen.
Die Zeitungen sind sich dessen auch bewußt, und aus rein kaufmännischen Gründen beginnen sie nun allmählich auch Ballast abzuwerfen.
„Die Auflage sinkt...! Die Leserschaft flüchtet...! Entnebeln wir die Gehirne!"
Herr Jean Mistler, Vorsitzender des Ausschusses für auswärtige Angelegenheiten, zieht in der „Revue de Paris" die Bilanz der vergangenen 6 Kriegsmonate und schreibt, daß „es ihm töricht erscheine, Deutschland als ein Land hinzustellen, das am Vorabend eines politischen, wirtschaftlichen und militärischen Zusammenbruchs stünde, und daß es vergeblich sei, das Kriegsende allein des einzigen Umstandes der politischen und wirtschaftlichen Schwierigkeiten wegen erwarten zu wollen, aus Gründen also, die den Ausgang des Konflikts höchstens mehr oder weniger beschleunigen könnten. Gewiß mag Deutschland durch die Blockade stark behindert sein, von ihrer Wirkung aber den Sieg zu erwarten, wäre ein Beweis allzu großer Leichtfertigkeit. Die Entscheidung müsse man allein auf militärischem Gebiet suchen."
Von der Kammertribüne aus spricht es als erster Jean Niel ganz offen aus, was der Franzose mit einigem gesunden Menschenverstand sich insgeheim bereits seit dem 3. September dachte:
„Wir haben uns auf ein Abenteuer eingelassen, das uns wahrscheinlich nicht sobald zu lösende Schwierigkeiten bringen wird."
Und plötzlich allgemeiner Farbenwechsel! Aus rosaroten Brillengläsern werden schwarze ...
Und nun gehört es auf einmal zum guten Ton, als nachdenklicher Mann anerkannt zu sein, der sich mit seinen Ansichten den gegebenen Umständen anpaßt. Der Optimist wird ohne weiteres einem

Dummkopf zur Seite gestellt, weil es dasselbe ist...,
Schwarz in Schwarz ist jetzt in Mode. Um in der
guten Gesellschaft willkommen zu sein, muß man
sich demgemäß „gedemütigt" vorkommen und zwar
wegen „der Schmach, die Frankreich in Finnland
erlitt", und man muß erklären, daß der 13. März ein
„Tag der Trauer" ist.
Man glaubt nichts und niemandem mehr. Unseren
Staatsmännern fehlt es an Phosphor! Man fordert
ein Genie!
Nachdem Daladier im Anschluß an die Geheimsitzung, die auf die Schlappe in Finnland hin stattfand, ausgeschifft worden war – genau so wie es
späterhin Chamberlain nach der Niederlage in Norwegen erleben sollte –, erklärt der neue Regierungschef Paul Reynaud, daß er in Übereinstimmung mit
dem Parlament und dem nationalen Empfinden Ausdruck gebend, die furchtbaren Wirklichkeiten in
ihrer ganze Weite und Bedeutung ermessen habe.
„Ein mächtiger, organisierter und entschlossener
Feind verwandelt und konzentriert alle menschlichen Kräfte und Betätigungsgebiete in Mittel zu
seiner Kriegführung, um schließlich den Sieg davontragen zu können.
Von der Politik der Sowjets unterstützt, verlagert er
den Kampf auf alle Gebiete und faßt alle Schläge,
die er mit einer geradezu genialen Zerstörungsveranlagung führt, die wir keineswegs verkennen wollen, und der wir etwas zugleich Grandioses als auch
Hassenswertes zuerkennen müssen, zusammen und
verbindet sie miteinander.
Infolgedessen ist gerade deshalb der Einsatz dieses
Krieges ein Totaleinsatz. Siegen heißt also alles retten, unterliegen alles verlieren."

Man lüftet den Schleier

Bald jedoch weitet man dem entsetzten Franzosen
den Gesichtskreis. Man lockert einen Teil der Binde,
die ihm bisher die „furchtbaren Wirklichkeiten" vor

seinen Augen verbarg! Ja, man gibt sogar zu, ihn belogen zu haben.
„Der polnische Feldzug? Jawohl, man belog euch, als man euch von den ‚Erfolgen der polnischen Luftwaffe' erzählte. In Wahrheit wurde die polnische Luftwaffe vernichtet, noch bevor sie ihre Flughäfen überhaupt hatte verlassen können. Ihre gesamten Anlagen waren sofort unbenutzbar geworden." („Le Temps.")
Und die bewundernswerte Persönlichkeit des Marschalls Rydz-Smigly? Welche Albernheit! In Wirklichkeit machte sich der Marschall Rydz-Smigly sehr schnell aus dem Staube und flüchtete nach Rumänien, ohne erst die ungeheure Niederlage seiner tapferen Truppen abzuwarten (700.000 Gefangene).
Die Loyalität des Obersten Beck? Sprechen wir nicht davon! Denn tatsächlich machte sich ja auch dieser „abscheuliche und teuflische Oberst Beck" gleichfalls nach Rumänien aus dem Staube, wo er sich nun in überwachter Freiheit befindet. Und dort muß man ihm auch das Handwerk legen, weiterhin Unheil stiften zu können." („Marianne.")
Und mit Genehmigung der Zensur gesteht der offiziöse Petit Parisien: „Man erwartete seitens Polens eine Verteidigung von mehreren Monaten ... Da es aber unzureichend vorbereitet war und teilweise aus den eigenen Reihen heraus verraten wurde, brach Polen rasch zusammen..."

Die Lüge

von der französisch-britischen Freundschaft

Und siehe da – oh, Schreck – plötzlich fängt man an, wenn zunächst auch der Zensur wegen ein wenig schüchtern, späterhin aber bereits beherzter, sobald man sich auf die Veröffentlichungen im Amtsblatt beziehen kann, zu sagen und zu schreiben, daß die französisch-britische Zusammenarbeit in Wirklichkeit doch nicht ganz so aussieht, wie man sie in den offiziellen Reden darstellte.

Schon am 1. März wandte sich Herr Buyat, auf Grund seiner Teilnahme an einer schwach besuchten Morgensitzung, die daher beinahe ebenso vertraulich wie eine des Geheimausschusses war, mit folgenden Worten an Herrn Daladier:
„Sie zogen etwa 6500000 Mann ein. In diese Zahl schließe ich wohlgemerkt auch die für die Fabriken mobilisierten Arbeiter mit ein. Sie führten in Frankreich die Mobilmachung bis zum Alter von 50 Jahren durch und selbst dieses Alter wurde für jenes recht umstrittene und zwitterhafte Wesen, „zivile Aushebung" genannt, überschritten.
Deutschland mobilisierte nur bis zu 36 Jahren und schuf sich dadurch im Hinterland eine 40prozentige Reserve.
Was England betrifft, über das ich wegen der durch die Verhältnisse gebotenen Zurückhaltung nur behutsam sprechen will, so mobilisierte es sogar nur bis zum Alter von 24 Jahren.
Da diese Morgensitzungen ein wenig vertraulicher sind, so daß man beinahe zu dem Glauben kommen kann, es handele sich um einen neuen Geheimausschuß, wird es mir wohl gestattet sein, Herr Minister, Ihnen gegenüber zum Ausdruck zu bringen, daß die Regierung einen energischen Schritt unternehmen muß. Warum macht man es diesem prachtvollen Bundesgenossen, der doch bereits derart beträchtliche Anstrengungen zu Wasser und in der Luft machte, nicht klar, daß er ein wenig mehr mobilisieren müsse, um uns die Entlassung der zweiten Klasse unserer Reserve zu ermöglichen?"
Am gleichen Nachmittag kommt Herr Besnard-Féron auf dieselbe Sache zurück:
„Heute morgen streifte einer unserer Kollegen in einer glänzenden Rede und mit der ganzen Umsicht, die ein solches Gebiet erheischt, die Dinge bereits.
Es ist Ihnen bekannt, daß Deutschland alle seine Leute bis zum Alter von 35 Jahren eingezogen hat. England beabsichtigt gegenwärtig, seine wehrfähigen Leute nur bis zum Alter von 27 Jahren einzu-

berufen, während man in Frankreich wegen des Bevölkerungsschwunds die Männer bis zum 48. Jahr mobilisierte."
Und der ehemalige Minister, Herr Lamoureux, der die Schlacht um Menschenkräfte in ihrem vollen Umfange anschaulich darstellt, die sich voller Erbitterung zwischen dem Generalstab der Armee, dem Rüstungsminister und dem Ernährungsministerium hinter den Kulissen und im Dunkel abspielt, und bei der wütend um die verfügbaren Männer sei es für die Front, für die Fabriken oder für die Landwirtschaft gerungen wird, schließt:
„Das sich zurzeit stellende Problem ist das der Verteilung der einsatzfähigen Menschen. Es wird sich solange nicht lösen lassen, bis auch die englische Armee in ausreichendem Verhältnis sich unseren militärischen Kräften zur Seite stellte, um gemeinsam mit ihnen die Wacht am Rhein zu übernehmen."
So lüftet man von diesem Zeitpunkt an einen Zipfel des Schleiers, der den Franzosen bisher schamvoll und züchtig eine der entscheidendsten Fragen des Krieges verbarg, jedoch nur, um diesen Schleier sehr bald wieder fallen zu lassen. Denn diesmal war England ja unser einziger Bundesgenosse!
Und so mußte erst der Zusammenbruch abgewartet werden, damit der Schleier zerriß und man offiziell erfuhr, daß England kurz vor Beginn des Krieges innerhalb kürzester Frist ein Expeditionskorps von 26 Divisionen entsenden sollte, auf dem Festland tatsächlich niemals mehr als zehn, 200 000 Mann also, unterhalten hatte; und so hörte man weiterhin, daß im Juni 1940, als die arg zersplitterten französischen Armeen eingeschlossen waren – sogar nach den Worten des Außenministers Baudoin – und diese nichts anderes mehr als nur noch Menschenleiber dem vordringenden Feinde entgegenzuwerfen hatten, England nur mehr zwei britische Divisionen, ganze 50 000 Mann, an unserer Seite mitkämpfen lassen konnte.

Schlagen wir uns an die Brust!

Wer aber ist nun für diese plötzlich entdeckte „Ohnmacht" verantwortlich?
Einige Leute schlagen jetzt an ihre Brust. „Haben wir ein gutes Gewissen? Ist es nicht unser aller Schuld?"
Die katholische Zeitschrift „Esprit" ermahnt alle Franzosen zur Prüfung ihres Gewissens, so grausam sie auch immer sein möge. „Man gewöhnte sich daran, unter frommen Lügen zu leben. Und man wunderte sich dann, die Ergebnisse nicht wirkungsvoller zu sehen. Wie kommt es, so hört man seufzen, daß so berechtigte Gedankengänge, wie wir sie haben, kein größeres Echo finden? Man weist auf die Bosheit unserer Gegner hin, während man sich an seine eigene Unzulänglichkeit halten sollte.
Wie sollte man nicht über den Gegensatz zwischen gewissen großsprecherischen Beteuerungen und einer Wirklichkeit erstaunt sein, die so gar nicht heroisch werden will? Gar zu viele Franzosen reden sich ein, daß „der von gegenüber" ein blutgieriger Kriegstreiber ist, auf dessen Schultern die ganze Last eines der schwersten Verbrechen der Geschichte fällt, während sie selbst mit all ihren Kleinlichkeiten, ihren Schwächen, ihren Vernachlässigungen rein und unschuldig sind. Mit Ruhe glauben sie den Sieg erwarten zu können, der schließlich ihre Tugenden zu krönen wissen wird. Und nichts reißt sie aus ihrer Verblendung, selbst wenn der Kaufmann mit falschen Gewichten arbeitet! Selbst wenn sich der Sohn von seinem Herrn Papa reklamieren läßt! Selbst wenn der Hauseigentümer die Miete von dem verlangt, der sie nicht bezahlen kann! Selbst wenn der Steuerpflichtige den Fiskus betrügt! Sind Sie wirklich des Glaubens, daß es zwischen all dem keine Beziehungen gibt? Wir müssen den Sieg verdienen. Es ist nicht wahr, daß der Krieg die Franzosen urplötzlich in ein fehlerloses Volk ohne jeden Tadel verwandelt haben soll. Man braucht sich nur selbst daran zu überzeugen und die Franzosen dort

zu betrachten, wo ihnen noch eine gewisse Freiheit belassen blieb. Wir müssen uns vor diesem Pharisäertum hüten, mit dem wir unsere Schwächen zu übertünchen und unsere Tugenden zu übertreiben suchen. Der Krieg stattete uns keineswegs plötzlich mit neuen Vorzügen aus. Er erhöhte vielmehr nur unseren Pflichtenkreis, und was er dem, der sehen will, zeigt, ist weit eher die Gesamtheit unserer Unzulänglichkeiten!"

Auf der Suche nach Sündenböcken

„Man machte die gleichen Fehler wie 1914, nur noch zahlreichere und empörendere", verkündete in jenen Tagen Herr Mourier im Senat, von Herrn Caillaux aufs nachhaltigste unterstützt.

Und dann ging man nach altem Brauch, den man nicht missen möchte, auf die Suche nach Sündenböcken.

Die Kommunisten sind allmählich schon etwas verbraucht, die Walze zieht nicht mehr, und so klagt man also Herrn Pierre-Etienne Flandin als den Hauptverantwortlichen an. In einer Ansprache, deren Wiedergabe von der Zensur verboten wird, stellt Herr de Kérillis, ohne ihn namentlich zu bezeichnen, enthüllend fest, daß ein „gewisser Herr", den er im Ausschuß für Auswärtige Angelegenheiten hörte, zu erklären gewagt hätte:

1. Daß dieser Krieg verfassungswidrig sei;
2. Daß wir keine Kriegsziele mehr hätten, da Polen heute bereits unter zwei Ländern aufgeteilt sei;
3. Und daß wir im übrigen keine Siegesmöglichkeiten mehr hätten, da die Blockade von jetzt ab wirkungslos sei.

... Was immerhin aber wenigstens beweist, daß es im Außenausschuß zumindesten einen klarblickenden Mann gab ...

FÜNFTES KAPITEL

Die Lügen Anastasias — (der Zensurbehörden: d. Übers.)

Aber der Sündenbock Nr. 1 — der Sündenbock seiner ganzen Natur, seinem Wesen und seiner Bestimmung nach — ist die Zensur! Sie ist es, die anläßlich der Gesamtüberprüfung unserer Gedankengänge über den Krieg im März 1940, ebenso wie ihre Geschwister und Tischgenossen vom Hotel Continental, unserem ersten Chef ausgeliefert wurde, gerade sie, der Rundfunk und der Nachrichtendienst waren ja verantwortlich für die tiefe Unruhe, welche die französische Seele bewegte.

„Genug endlich mit der Vernebelung der Gehirne!", ruft man von allen Seiten. Der Kronprinz enthauptet! Messerschmidt auf der Flucht aus dem Reich! v. Brauchitsch eingesperrt! Hitler völlig durcheinander! Die deutsche Armee am Verhungern! Das genügt uns! Wir sind keine Kinder mehr! Wir wollen die Wahrheit, wie sie auch immer sein mag! Wir werden ihr als Männer gegenübertreten und uns ihr männlich zu stellen wissen!

„Glauben Sie übrigens, daß Sie uns irgendwelche Illusionen machen können? Es gibt weit stärkere Mächte als es selbst die scharfsinnigsten und ausgeklügeltsten Auslegungen sein können, und das sind die Geschehnisse selbst. Wie kann man von einer Verwirrung des Führers sprechen, wenn er Polen besetzt und Rußland in sein Spiel einbezog? Wie kann man von seiner verzweifelten Lage reden, wenn ihm ein ganzes Volk gehorcht? Wie kann man behaupten, daß seine Bevölkerung verhungert, wenn sie über Vorräte verfügt und die Neutralen sie weiter beliefern? Wie kann man auch weiterhin steif und fest erklären, daß die Revolution alles umstürzen wird, wenn in Deutschland Armee und Polizei die Gewalt haben?

Und wenn Sie sich doch so sehr anstrengen und alle Kräfte aufbieten, uns glauben zu machen, daß Hitler am Ende ist, ohne Waffen, ohne Freunde und völlig machtlos, warum gestatten Sie uns dann nicht den Schluß: „Man braucht also den Dingen nur freien Lauf zu lasssen! Es genügt vollständig, die verhängnisvolle Entscheidung heranreifen zu lassen! Wozu soll man sich also erst noch schlagen?" Wenn ich eingreifen und tätig werden soll, muß ich den Glauben haben, daß mein Mitwirken zweckvoll und nutzbringend ist, das angestrebte Ergebnis noch keineswegs feststeht und ich infolgedessen durchaus bemüht sein muß, es im Rahmen meiner Kräfte mitzuerobern. Die Lage auf solche Weise auszuschmücken heißt also bestimmt nicht zum Kampf ermutigen. Im Gegenteil! Es heißt nicht zum Siege beitragen, sondern bedeutet vielmehr, ihn von Anfang an kompromittieren. Merken Sie denn gar nicht, wie Sie mit Ihrer Vernebelung der Gehirne dem Feinde in die Hände spielen?"

Lügen durch Unterlassungen

So lauteten allgemein die zahlreichen Kammer- und Senatsinterpellationen wegen der Lügen Anastasias, und alle Welt war sich über die Berechtigung derselben völlig einig.

Es gab zwei verschiedene Arten von Gehirnverneblern, positive und negative Vernebelungen.

Zur ersten Art gehören das Informationsbüro und der Rundfunk, die den Zeitungen lügenhafte und irreführende Nachrichten übermitteln; die negative Vernebelungsarbeit ist das Werk Anastasias, die zerstückelt, kürzt und entstellt.

Ihre Entstehung unter der Bezeichnung „Hauptnachrichtendienst" geht auf eine Verfügung vom 28. August 1939 zurück, auf die Zeit vor der Kriegserklärung also.

Nach dem Wortlaut dieser Verfügung „müssen Druckerzeugnisse aller Art, auch Zeichnungen und Schriften, die zur Veröffentlichung bestimmt sind, die Texte aller Rundfunksendungen und alle Film-

vorführungen einer vorherigen Prüfung durch den Hauptnachrichtendienst unterworfen werden, der ihre Veröffentlichung, Sendung oder Vorführung zu verbieten berechtigt ist."
Alles, was dem Ausdruck oder der Verbreitung von Ansichten und Nachrichten in geschriebener, gefilmter, gezeichneter, photographierter oder zur Rundfunksendung geeigneter Form dient, wird vor jeder irgendwie gearteten Veröffentlichung geprüft und zensiert, Artikel, Sendungen, Bücher, Photographien und Filme erscheinen nur mit dem amtlichen Stempel der Zensoren, der Herren Martinaud-Desplats, Jean Giraudoux usw. und unter der Aufsicht des Ministerpräsidiums.
Die Verhältnisse jedoch, unter denen diese „Nachrichtenkürzer" des Krieges von 1939 arbeiteten, waren immerhin weniger schwierig – wenigstens bis zum 10. Mai – als die des Jahres 1914.
Und doch haben sie noch größere Dummheiten gemacht und geben es auch zu.
Marcel Héraud, Abgeordneter und ehemaliger Minister, vom Auswärtigen Ausschuß mit einem Bericht über die Tätigkeit der Zensurstelle beauftragt, erzählt diese nette Geschichte:
„Die Presse nahm meinen Bericht ganz ausgezeichnet auf. Die einen billigten ihn, andere wiederum machten Vorbehalte. Zwei Tage lang konnte er ohne jede Schwierigkeit erörtert werden. Am dritten Tage aber will die Handelszeitung nachstehendes wörtlich wiedergeben: „Nicht die Männer müssen ausgewechselt werden, sondern die Maschine selber!"
Da greift der Zensor ein:
„Dieser Satz muß gestrichen werden."
„Aber er ist ja schon erschienen..." erwidert der Hauptschriftleiter.
„Das macht nichts!", antwortet der Zensor. „Man hat zwei Tage lang Dummheiten genug gemacht (wobei er übrigens einen militärischeren Ausdruck gebraucht), und man braucht sie nicht weiter fortzusetzen."

Einige Torheiten Anastasias

Der ehemalige Minister, Herr Jardillier, hatte auf einen Artikel von Wladimir d'Ormesson hin in seiner Zeitung „La Bourgogne républicaine" geschrieben:
„Herr d'Ormesson erinnert an die Bewunderung, welche die gute Gesellschaft des 18. Jahrhunderts für die aufgeklärten Selbstherrscher wie Katharina die Große von Rußland, Friedrich II. von Preußen und Joseph II. von Österreich hegte.
Er könnte sogar noch weiter zurückgehen. Der Franzose hat von jeher einen mit tausend Tugenden geschmückten Ausländer als Ideal verehrt. Im 17. Jahrhundert war es der Caballero Castellano, wie wäre sonst wohl auch der Erfolg des Cid und des Don Juan zu erklären? Späterhin hatte er doch Voltaire und die Lettres philosophiques."
Diese Bemerkung wird von der Zensur beanstandet, obwohl sie eigentlich doch recht harmlos erscheint und ziemlich weit entfernt von den militärischen Operationen des Jahres 1940.
Durchaus nicht! Dem Zensor war aufgegeben worden, ganz besonders auf alles zu achten, was Frankreichs Beziehungen zu Großbritannien und Spanien betreffen könnte.
Daher streicht er auch die Anspielung auf die Lettres philosophiques, da er zweifellos vermutet, daß sie Herrn Neville Chamberlain verletzen könnte, und er streicht weiterhin die Erwähnung des Cid in der Annahme, sie könnte bei Franco Anstoß erregen!

Der „Informateur Medical" hat den kühnen Einfall, unter der Überschrift „Übersicht über Epidemien" amtliche, von dem Minister für das öffentliche Gesundheitswesen der Medizinischen Akademie gelieferte Mitteilungen abdrucken zu wollen. Man zensiert sie, als wenn es unerhört sei, daß es gelegentliche Fieberanfälle im Kriege gibt und auch Hirnhautentzündungen weiterhin ihre normale Anzahl von Opfern fordern.

In einer Zeitung der Weltkriegsteilnehmer, dem Organ der Frontsoldaten „Le Flambeau", zensiert man nachstehenden eingeschobenen Satz:
„Unser Kamerad Walter aus Mülhausen bat uns um den Abdruck der Bitte seines Töchterchens, die gern Patin eines im Felde stehenden Kameraden sein möchte. Wir gaben ihm sofort die Anschrift eines unserer anhanglosen Legionäre. Dieses Beispiel verdient Nachahmung."
Die Zensur begründete ihr Eingreifen mit „Anreiz zum Laster".
In einem Artikel von Pierre Gaxotte unterdrückt die Zensur ein Zitat aus dem Gelbbuch, zu dessen Lektüre die Zensoren nicht verpflichtet waren, das aber immerhin zum größten Bucherfolg unserer Zeit wurde.
Herr Robert Brasillach schreibt in einem Artikel, in dem er sich gegen die Wiedereinsetzung des Herrn Viollet-le-Duc in sein Amt wendet: „Viollet-le-Duc, dieser öffentliche Übeltäter." Man streicht die Worte „öffentlicher Übeltäter".
Ein Journalist, der weder zu den Gegnern noch zu den Verleumdern von Léon Blum gehört, hatte geschrieben: „Herr Blum, dieser hinterlistige Betreuer der sozialistischen Partei." Man läßt „hinterlistig" aus.
Der Zeitung „La Scarpe", die in Douai verkauft wird, verbietet die Zensur die Aufnahme folgender Anzeige:
„Luftschutz! Herr Van Appelghem, Verbandzeugfabrikant, Saint-Jacques-Straße 34, Douai, empfiehlt Verbandpäckchen für erste Hilfe, Augengläser, Umschläge usw."
Im Gegensatz dazu läßt die Zensur in Paris nachstehende Werbeanzeige durchgehen:
„Kugelsichere Brieftasche, mit innerer Stahlblecheinlage -- 1mm – schützt gegen Herzverwundungen."
„Louis Belle, Spezial-Sargtischlerei, weist auf die Wiedereröffnung seines Geschäfts hin und sichert seiner Kundschaft günstigste Preise zu."

Kein Glatteis während des Krieges

Den ganzen Winter 1939/40 über sind Worte wie „Glatteis" – „Schnee" – „Eis", überhaupt alle auf die kalte Jahreszeit hindeutende Feststellungen, auch die Erwähnung von „Reif" von der Zensur strengstens untersagt.
In einer für die Kleinen bestimmten Schulzeitung befindet sich die nachstehende Schilderung der ersten Dezemberschneefälle:
„Als der Schuldiener die Treppen zum Dachboden hinaufgeht...", und dann folgt ein freigebliebener weißer Raum, weil die Zensur die Worte „um die Wasserleitung aufzutauen" gestrichen hat.
Weiter unten geht es weiter: „Und als inmitten dieses Schneetreibens, dieser Kälte... – dann gibt es wieder Zensurlücken, denn Anastasia verfügte eine unbeschneite Stelle im Schnee, da die Fortsetzung „dieses Eises, das uns das Herz nur noch höher schlagen ließ" fortgelassen werden mußte.
Schließlich handelt es sich um Blumenhandel. Auch diese beiden Zeilen: „Bis nach Südfrankreich hinein und in den Zügen, die sie uns brachten, waren sie erfroren."

Anastasia und die Erzbischöfe

Der Erzbischof von Chambéry reicht der Zensur den Hirtenbrief an seine Gemeinde ein. Anastasia streicht folgenden Satz: „Wie trostreich für uns der Gedanke, daß auch alles das, was letzten Endes darauf abzielt, das Reich Gottes allen Seelen näherzubringen, gleichfalls Dienst am Vaterlande ist!"
In einem anderen Hirtenbrief unterdrückt sie nachstehenden „umstürzlerischen" Gedanken: „Im Himmel herrscht größere Freude über einen reuigen Sünder als über neunundneunzig Gerechte."

Anastasia und Spanien

Die diplomatische Zensur streicht in einem Artikel den auf General Franco bezüglichen Satz:

„Nach der Neutralitätserklärung Spaniens hüllt sich General Franco in Schweigen und beseitigt die Ruinen in seinem Lande."
Einem „Die dritte Grenze" betitelten Artikel über dasselbe Thema wird folgender Schluß amputiert: „Mit gefesselten Händen und Füßen waren wir gleichzeitig zwei Geißeln ausgeliefert, denn wir mußten zur selben Zeit dem Krieg und der Revolution begegnen.
Wir hatten zwei Jahre hindurch die Ansicht aufrechterhalten, daß das nationale Spanien trotz allem nicht anti-französisch sein sollte.
Und wir nannten auch zwei Garanten dafür, das Interesse Spaniens nämlich und die Loyalität Francos."

„Hatten wir Unrecht?"

Bezüglich Italiens die gleiche Stellungnahme. Denn es ist verboten, den Duce zu seiner eingenommenen Haltung zu beglückwünschen. Und es ist weiterhin untersagt, die sich daraus für uns ergebenden Vorteile zu erwähnen!
Ein Aufsatz über unsere Beziehungen zu Italien, wie sie von dem ehemaligen Mitglied der französischen Regierung, Herrn de Monzie, beurteilt werden, verfällt auch der Zensur:
„Gerade diejenigen, die selbst in den dunkelsten Stunden sich nicht dazu entschließen konnten an den französisch-italienischen Beziehungen zu verzweifeln, werden beim Lesen des Briefes des Herrn de Monzie eine Genugtuung empfinden, die sie für ihre Sorgen reichlich entschädigt." Das Lob für diesen Brief des Herrn de Monzie wird gestrichen.
Als aber der Außenminister des Königreichs Italien, Graf Ciano, am 16. Dezember 1939 eine Rede hält, die ein beträchtliches Echo weckt, darf in der französischen Presse kein irgendwie ausführlicher Bericht hierüber veröffentlicht werden. Keine Wiedergabe etwa, sondern höchstens ein von der Havas-Agentur verbreiteter Auszug, der einige Sätze aus

dieser Rede fälscht oder unter den Tisch fallen läßt. Dadurch bekommt sie eine ganz andere Bedeutung, als sie dem Redner vorschwebte, wovon sich die auf genaue Nachrichten erpichten Franzosen beim Lesen der Times und des Journal de Genève überzeugen konnten.
Und die Zensur läßt weiterhin Mitte November ein Telegramm der Agence Radio durchgehen, das unter nachstehenden Umständen zustandegekommen war: Ein Schriftleiter dieser Agentur entnimmt den Inhalt seines Telegramms einem Artikel der Basler National-Zeitung. Es handelt sich um die italienische Autarkie. Er schmückt ihn mit unerfreulichen, ja sogar höhnischen und für Italien verächtlichen Zusätzen und datiert seine Depesche kaltblütig als aus Mailand stammend.
Es ist also eine Fälschung. Sie geht durch und hat eine Flut für Frankreich recht unangenehmer italienischer Artikel zur Folge.

Daladier zensiert!

Selbst die Erklärungen Daladiers, die er am Tage nach der Niederlage Finnlands von der Tribüne der Kammer am 15. März abgab, verfielen der Zensur.
Er hatte den Text der Botschaft verlesen, die er selbst im Namen Frankreichs dem finnischen Gesandten in Paris, Herrn Holma, zur Weitergabe an die finnische Regierung übergeben hatte.
Dieses diplomatische Dokument, dessen Bekanntgabe die amtlichen Vertreter und Journalisten der auswärtigen Staaten mitangehört und weiter gekabelt hatten, hatte folgenden Wortlaut:
„Seit mehreren Tagen warteten wir nur auf einen Appell Finnlands, um ihm mit allen unseren Mitteln zu Hilfe kommen zu können. Es fällt uns schwer, zu verstehen, daß dieser Appell wiederum aufgeschoben wurde.
Ganz gewiß kennen wir den von Schweden ausgehenden Druck, der Sie veranlassen soll, Frieden zu schließen. Befürchten Sie aber nicht, daß Rußland

in der Angst vor einer Intervention der Alliierten Sie überlistet, um Sie später doch zu vernichten?
Die Flugzeuge und das Expeditionskorps sind abfahrbereit.
Ich bitte Sie, uns Ihre Entscheidung so schnell wie überhaupt nur möglich mitzuteilen."
Und nun sehe man sich einmal den Wortlaut an, wie er nach dem Passieren des Hotels Continental nicht etwa nur in den Zeitungen, sondern auch im Journal Officiel aussah:
„Seit mehreren Tagen schon warteten wir nur auf einen Appell Finnlands, um ihm mit allen unseren Mitteln zu Hilfe kommen zu können. Es fällt uns schwer, zu verstehen, daß dieser Appell wiederum aufgeschoben wurde.
Ich versichere Ihnen nochmals, daß wir bereit sind, Ihnen mit allen unseren Mitteln unverzüglich zu Hilfe zu kommen. Die Flugzeuge sind startbereit; das Expeditionskorps steht zur Abfahrt bereit.
Ich bitte Ihre Regierung also, uns ihre Entscheidung so schnell wie überhaupt möglich mitteilen zu wollen."

Das Herzblättchen

Das Herzblättchen — man wird das auch sicher leicht begreifen — war England.
Alle auf England bezüglichen Instruktionen hatten entweder den Zweck, die englischen Schwierigkeiten oder Fehler zu vertuschen, oder in Frankreich das heilige Feuer für die leitenden Männer des britischen Empires zu unterhalten.
So wurde am 4. April also angeordnet: „Herrn Robert Hudson, dem neuen britischen Schiffahrtsminister, gegenüber liebenswürdig zu sein."
Am Abend vorher mußte man es „vermeiden, von dem Wiederaufleben der Agitation in Ägypten zu sprechen."
Am 6. April betrafen von sechs Anweisungen gleich vier England: „Die Unterredungen mit Lord Halifax; eine Demarche bei den Regierungen in Oslo und

Stockholm; Erklärungen des Generals Ironside; Churchill in Paris."
Am übernächsten Tage durfte auch kein Wörtchen über „die Kontrolle neutraler Schiffe durch englische Schiffe im Adriatischen Meer" verlauten.
Am 15. April erging die Verfügung, „den Bericht der englischen Admiralität über die Auslegung von Minen in der Ostsee auszuwerten. Um 18 Uhr folgte eine weitere Anweisung, die dazu aufforderte, den englischen Bericht so weit wie nur irgend möglich zu verbreiten.
Am 6. Mai mußten alle Register gezogen und möglichst viel Aufsehen erregt werden: „Die Bedeutung der Herrn Winston Churchill übertragenen militärischen Vollmachten ist besonders herauszustellen."
Einen Tag später war eine Unterredung zwischen Reynaud und Chamberlain zu dementieren. Nachdem Churchill die Zügel der britischen Regierung immer fester in seine Hand genommen hatte, mußte man am 17. Mai die Teilnahme des Herrn Churchill am Obersten Kriegsrat betonen.
Am 22. durfte nicht erwähnt werden, daß Herr Churchill in Paris ist. Am 26. war zu verschweigen, daß Samuel Hoare in Spanien und Stafford Cripps in Moskau waren. Am 2. Juni durften die Madrider Kundgebungen vor der englischen Gesandtschaft nicht erwähnt werden.
Und worauf war am 3. Juni, an dem Tage, an dem Paris einen Luftangriff erlebte, vor allem zu achten? Daß Duff Cooper in Paris ist, durfte unter keinen Umständen bekannt werden!
Am 4. konnte Herr Churchill seine Ansicht über die militärische Lage den Engländern sagen, jedoch durften die Franzosen sie nicht nennen. Bezüglich seiner Ansprache ergingen strengste Anweisungen: „Der Rede Churchills große Beachtung schenken. Alle militärischen Nachrichten werden jedoch gestrichen werden."
Am nächsten Tage hieß es dann: „Alle militärischen Nachrichten mit Ausnahme der Heeresberichte und derjenigen der Thomas-Konferenz – eine von einem

Obersten dieses Namens täglich mit den Pressevertretern abgehaltene Pressebesprechung – werden rücksichtslos gestrichen werden."

Die Zensur und unsere Kriegsziele

Deutschland gegenüber war das Verhalten der Zensur ganz besonders merkwürdig.
Im „Oran Républicain" wurde ein Artikel über Göring vollständig gestrichen. Nicht einmal die Überschrift ließ die Zensur stehen.
Die gleiche Tageszeitung veröffentlichte eine Artikelserie von Herrn Réal, die im übrigen von der „La Bourgogne Républicaine" abgedruckt wurde und zwar unter der Überschrift: „Ein Jahr in Deutschland. Was ich gesehen habe."
Vor der Veröffentlichung mußten die Dinge zunächst erst richtig zurechtgestutzt werden, was aber alles nichts half, denn die Zensur sagte schließlich doch: „Diese Artikel sind zu objektiv."
Als Herr von Ribbentrop eine Rede hielt, die in ganz Europa starken Widerhall fand, war das einzige Land, in dem diese Rede nicht bekannt und nicht veröffentlicht wurde, Frankreich! Als wir uns darum bemühten, die Worte, deren sich der deutsche Außenminister bedient hatte, ganz genau kennenzulernen, mußten wir sie erst in der Times nachzulesen suchen.
Besondere Phantasie aber zeigte die Zensur bei der Behandlung der uns am stärksten interessierenden Frage nach unseren Kriegszielen gegenüber Deutschland.

Sie haben uns Karl den Großen gestohlen!

Während der ersten beiden Kriegsmonate erfreuten sich alle französischen Journalisten größter Freiheiten bei der Zerstückelung Deutschlands und unsere „Schlächter" ließen es auch an Eifer dabei nicht

fehlen, das Reich aufzuteilen. Bayern, die Pfalz und das Rheinland flogen nur so in Fetzen herum!
Sie waren alle fanatisch daran, das linke Rheinufer zu annektieren, und gerieten hierbei geradezu in Raserei, insbesondere wenn es sich um die Zerschlagung der deutschen Einheit handelte oder um eine Neugestaltung der europäischen Landkarte nach ihrem Belieben, wobei sie dann als kleine Richelieus den Westfälischen Frieden wieder aufleben ließen.
Im Namen der Union der vereinigten Weltkriegsfrontkämpferverbände erließ Henri Pichot einen Aufruf mit dem Titel:
„Erste Friedensbedingung: Zerschmetterung der deutschen Einheit."
Ein westfranzösisches Blatt veröffentlichte einen sensationellen Artikel: „Die ewige deutsche Unverschämtheit!"
„Sie haben uns Karl den Großen gestohlen! Alles müssen wir uns wiederholen, alle und alles, Roland, Karl den Großen, das linke Rheinufer, die Arbeit unserer alten Dichter, den Ruhm unserer ehrwürdigen alten Helden, alles müssen wir wiederhaben und dann sorgfältig erhalten. Die Deutschen haben es uns weggenommen, also müssen wir es ihnen jetzt entreißen. Wir sind es Frankreich und der Wahrheit schuldig, unser Gut wiederzugewinnen."

Vom 30. Oktober, 10.40 Uhr ab

zerstückelt man Deutschland nicht mehr

Wenn man den Journalisten aber Vorhaltungen macht, erklären sie: „Aber wir bringen ja nur die allgemeinen Thesen Daladiers in konkretere Formen: „Frankreich wird materielle und positive Garantien verlangen."
Immerhin aber merkt man höheren Orts doch allmählich, daß es einigermaßen lächerlich wirkt, noch dazu in einer so schlechten Lage, das Bärenfell vorher zu verkaufen.
Und so ergeht denn am 30. Oktober um 10.40 Uhr

vom Continental-Hotel aus die gebieterische Anweisung des Ministerpräsidiums:
„Jeder Artikel über die Notwendigkeit der Zerstükkelung Deutschlands ist zu kassieren."

Die nette Arbeit unserer „Schlächter"

Es war aber zu spät! Das Unglück war geschehen. Alle Welt hatte verstanden... Die Pariser Korrespondenten der neutralen Zeitungen hatten es ja längst berichtet, daß Straßenhändler auf den Boulevards mit bezeichnenden Redewendungen und unter den wohlwollenden Augen der Polizei Karten vom künftigen Europa verkauften, welche die Aufteilung Deutschlands nach dem Kriege darstellten. Deutschland hatte nicht mehr viel zu bestellen...!
Es gab kein Preußen mehr. Berlin war ein kleiner Marktflecken der polnischen Republik. Es gab auch kein Sachsen mehr. Dresden gehörte als Unterpräfektur zum Elsaß, und der Gauleiter von Sachsen war nicht einmal mehr Unterpräfekt... Es gab auch keinen deutschen Rhein mehr, denn der aus der Schweiz kommende Rhein wurde sofort in Frankreich naturalisiert, dann erst konnte er in die Nordsee münden. Kurz, vom Reich blieb nichts anderes mehr übrig als ein ganz kleines Hannover und ein winziges Bayern."
Anläßlich einer Berichterstattung in der Schweiz sammelt Raymond Recouly die höchst unerfreulichen Früchte dieser „Feldzüge".
„Redet und schreibt unseretwegen von eurer Absicht, nach dem Siege euren Feind schwächen zu wollen, soviel ihr wollt, sagte man mir, denn nichts wäre ja natürlicher. Aber sprecht nicht soviel von seiner Zerstückelung! „Nach sicheren Mitteilungen, die mir zugingen, schlachtet die von Goebbels geschickt geleitete Propaganda dieses Thema wunderbar aus, um die Einigkeit des Landes zu stärken. Sie zeigt, wie England und Frankreich von dem Wunsche beseelt sind, Deutschland zu vernichten, seine Unabhängigkeit und nationale Existenz zu unter-

drücken, woraus sich dann die Notwendigkeit ergibt, zur Vermeidung dieser Katastrophe bis zum letzten Atemzug zu kämpfen."
Und der „Temps" stellt fest, daß die Sondernachrichtendienste von Dr. Goebbels alle Auszüge aus der französischen und englischen Presse, die Drohungen von der Zerstückelung enthalten, sorgfältig sammeln, um dem deutschen Volk Furcht vor einem neuen Westfälischen Frieden einzuflößen.
Donnerwetter! Das ist ein feiner Krieg!
Machen Sie sich selbst auf Grund nachstehender kurzer Auszüge aus deutschen Zeitungen, die in Frankreich natürlich streng verboten waren, ein Urteil über die Wirkung, die diese „vorzeitigen Bekenntnisse" unserer wahren Kriegsziele bei unseren Gegnern auslösten.
„Die Volkskraft und die wirtschaftliche Kraft Deutschlands zu vernichten", schreibt die Berliner Börsenzeitung, „die Grenze an den Rhein zu verlegen, stärker als jemals früher die Mainlinie und alle anderen endlich eingestürzten Mauern wiederaufzurichten, die sich trennend zwischen den verschiedenen Gliedern der großen deutschen Familie erhoben, die Hälfte Deutschlands den Händen des Herrn Benesch und seiner blutdürstigen polnischen Freunde auszuliefern und den Rest von einer ‚Deutschen Nationalversammlung' aus jüdischen Sozialdemokraten verelenden zu lassen, das sind ihre wahren Kriegsziele! Utopien und irrsinnige Phantastereien, gewiß! Was aber auf die Dauer unsere Verteidigung vor allem beherrschen muß, das sind keineswegs etwa die mehr oder weniger großen Aussichten der Verwirklichung der gegnerischen Pläne, sondern das Wissen um den verbrecherischen Willen, den ‚dolus', der sie beherrscht. Der Krieg kann und darf nicht früher enden, bevor nicht dieser verbrecherische Wille seine letzte reale Grundlage verloren hat."
Unter der Überschrift: „Das Testament Richelieus" schreibt die „Deutsche Allgemeine Zeitung":
„Deutschland zerstückeln, zum Weißbluten bringen,

den Zustand wieder aufzurichten, wie er um die Mitte des XVII. Jahrhunderts herrschte, so sieht das wahrhafte Kriegsziel der Fanatiker an den Ufern der Themse und in Paris aus. Dieses Kriegsziel ist im übrigen älter als der 1. September, denn es rief erst den Krieg hervor. Das deutsche Volk weiß es sehr wohl und weiß auch, worum es sich dreht. Es wird sich dagegen zur Wehr zu setzen wissen. Der deutsche Soldat wird es beweisen, daß seit 1933 das Testament Richelieus auch nicht die geringste Verwirklichungsaussicht mehr hat."

Und die „Frankfurter Zeitung" schließlich veröffentlicht unter dem Titel: „Der Schatten des Herzogs" folgenden Aufsatz:

„Wenn Herr Daladier, wenn Herr Vallat, wenn Herr d'Ormesson, Herr Blum, Madame Tabouis und viele andere von dem großen Herzog und Kardinal Richelieu sprechen, so übersehen sie allzu eilfertig, wie viel, wie Entscheidendes sich seitdem geändert hat. Das Frankreich von 1939 ist nicht mehr das Frankreich von 1639. Die zum Wagnis und zum Opfer bereite Nation mit ihren Familien von vier, sechs, acht Kindern ist abgelöst durch eine andere, die viel zu bewahren und darum viel zu verlieren hat und in der sehr viele Söhne die einzigen in ihren Familien sind. Millionen von Müttern müßten über den Tod dieser Söhne weinen, bevor die Epigonen Richelieus daran denken könnten, über die deutsche Grenze zu kommen. Nie würde die französische Nation diesen Blutverlust vertragen – und dennoch wäre der Sieg immer noch nicht da. Denn der Weg durch die Pfalz oder über den Rhein ist nicht mehr so bequem, wie er es einmal war. Es geht ja nicht nur darum, daß inzwischen dort der Wall von Beton und Menschenleibern steht, noch mehr hat sich in Deutschland geistig gewandelt. Die Dynastien und die Männer, mit denen Richelieu, mit denen die Ludwige, mit denen die beiden Napoleone verhandelten, sind nicht mehr da, sie sind längst verschwunden; an ihre Stelle ist ein Einheitsgefühl der Nation getreten, das Richelieu nicht einmal geahnt hat, und die Leiden-

schaft dieser Empfindung ist stärker noch als der Westwall. Es ist kein echter geschichtlicher Sinn, es ist nur die ohnmächtige Sehnsucht nach den leeren Schatten der Vergangenheit, die in dieser Woche in der französischen Kammer ihren Ausdruck gefunden hat. Wer sich von ihr nicht trennen kann, beschwört ein Meer von Blut und Tränen herauf."
„Was will Frankreich?", fragt sich bei dieser Gelegenheit Fritz Reipert in einer Broschüre, die im besonderen unseren Kriegszielen gewidmet ist:
„In Frankreich predigt man wiederum die Aufteilung Deutschlands in kleine Fürstentümer. Man hofft, durch künstliche Anschläge und Machenschaften und kunstfertige Ränke die bevölkerungspolitische Schwäche Frankreichs bemänteln zu können. Man will, daß 40 Millionen Franzosen über einen größeren Lebensraum als 90 Millionen Deutsche verfügen sollen. Dieses peinliche Unterlegenheitsgefühl kleidete Clemenceau in die Formel „20 Millionen Deutsche zuviel". Je stärker sich dieses Gefühl durchsetzte, je lauter sprach man in Paris von Sicherheit und Ehre, je mehr versuchte man, ganz Europa in den Dienst der Ansprüche eines Frankreichs zu stellen, das die Rolle einer Großmacht anstrebte.
Dieser Krieg ist in Frankreich unpopulär, und dennoch entfesselte man ihn. Das beweist aber gleichzeitig, wie wenig Frankreich eine Demokratie ist. Der kleine Klüngel von Kriegstreibern, der ihn führt, bemüht sich um die Aufstellung von Kriegszielen, die den Krieg in den Augen der Franzosen rechtfertigen sollen und im vorliegenden Fall nimmt man zu jener alten dünkelhaften Idee Zuflucht, die will, daß die Franzosen es demütigend finden, nicht allein das letzte Wort in europäischen Angelegenheiten zu haben, es im Gegenteil als ihr Hauptziel ansehen müssen, Deutschland ohnmächtig zu machen und aufzuteilen Wir leben aber nicht mehr in der Zeit des Sonnenkönigs und Napoleons. Frankreich wird in diesem Kriege die bittere Erfahrung machen."

SECHSTES KAPITEL

Die Stimme Frankreichs

Jeder Kritik gegenüber taub, die sich gegen sie richtete, setzte Anastasia stumpfsinnig ihre Scherenarbeit fort. Sie schien sich darüber gar nicht klar zu werden, daß sie nicht nur abgeschmackt, sondern auch gänzlich nutzlos war!
„Es gibt etwas, worüber sich die Zensur anscheinend keine Rechenschaft ablegt", erklärt Léon Blum anläßlich seiner Interpellation gegen den Nachrichtendienst, „und zwar anscheinend darüber nicht, daß die Dinge heutzutage nicht mehr in der gleichen Weise behandelt werden können, wie während des letzten Krieges.
Frankreich ist nicht mehr isoliert, wie es damals vier lange Jahre lang, einer belagerten Festung ähnlich, von allem abgeschlossen war. Der überall eingeführte Rundfunk hat alles von Grund auf geändert. Heutzutage gibt es kein Mauerwerk mehr, das man gegen die Wellen undurchdringlich machen könnte. Die Wellen dringen überall durch!
Die Absicht also, dem Lande die Wahrheit vorzuenthalten, das Bekanntwerden irgendeines Ereignisses zu verhindern, die Wirklichkeit zu vertuschen oder ihren Sinn willkürlich zu verfälschen, diese Absicht, die an sich schon verletzt und kaum erträglich ist, wurde völlig absurd, da sie nicht mehr durchführbar ist.
Von jetzt ab erfährt man früher oder später doch alles, und selbst dieses „später" kommt ziemlich rasch. Und dazu muß man Stellung nehmen, denn was man heute zu verheimlichen versuchen würde, wäre morgen zwangsläufig und in recht verhängnisvoller Weise doch bekannt.
Nur ein Beispiel: Im Dezember 1939 erhielten die Zeitungen eine Auflagenachricht mit der verstümmelten Inhaltsangabe der Rede des Grafen Ciano. Die Zensur unterdrückte in sämtlichen Zeitungen alle Artikel radikal, die sich mit dieser Rede, deren

Bedeutung ich der Kammer wohl nicht ins Gedächtnis zurückzurufen brauche, beschäftigten.
Wozu sollte das gut, und wem damit gedient sein? Welchen Sinn hatte das? Empfinden Sie es nicht, wie hochgradig absurd das gewesen ist? Und erlebten Sie es nicht – und Sie werden es unter den gleichen Verhältnissen immer wieder erleben – daß nach wenigen Tagen die Rede doch bekannt war? Was blieb daher übrig? Übrig blieb ein vergeblicher und denkbar schädlicher Versuch, denn die gegnerische Propaganda ließ es sich natürlich nicht entgehen, ihn gegen uns auszubeuten."

Die Macht der Wellen

„Heute kann man nicht so zensieren, wie man es 1914 tat", stellt Ernest Pezet, Vizepräsident des Auswärtigen Ausschusses, kurz und bündig fest, der sich in der Tat in der Zensur auskannte, da er ja von 1915 bis 1919 Gefolgschaftsführer Anastasias gewesen ist. „Man kann den Rundfunk nicht daran hindern, auch über die Grenzen hinaus zu wirken. Man kann auch nicht alle Radioapparate bis in die kleinsten und entlegensten Dörfer hinein beschlagnahmen lassen. Jeder möchte sich unterrichten, und alles kann in Erfahrung gebracht werden. Infolgedessen muß alles, was abgehört werden kann, auch gelesen werden können, nur erklärt, kommentiert und richtiggestellt."
Marcel Héraud, Berichterstatter über Zensurfragen beim Auswärtigen Ausschuß, tritt diesem Standpunkt bei:
„Es gibt", so erklärt er im wesentlichen, „eine ganze Reihe von Tatsachen, denen gegenüber es verständlich ist, daß sie die Zensur zu veröffentlichen verbietet: Französische Tatsachen und Zustände, französische Entschlüsse, Generalstabsgeheimnisse, Ereignisse in der Diplomatie, ich möchte sogar sagen, innenpolitische Geheimnisse.
Die sogenannten Auslandsgeheimnisse aber? Das sind schon keine Geheimnisse mehr. Was in Deutsch-

land, in England oder in den neutralen Staaten veröffentlicht wurde, erfahren wir auf anderen Wegen. Wenn man die französische Presse zwingt, diese Geschehnissse stillschweigend zu übergehen, müssen wir dieses Stillschweigen zwangsläufig Gründen zuschreiben, die uns um so schwerwiegender erscheinen, je sorgfältiger sie uns vorenthalten werden.
Warum veröffentlicht man beispielsweise den deutschen Heeresbericht nicht? Wir hören ihn täglich über die Sender Brüssel, Rom und London. Wenn er mit unserem nicht übereinstimmt, so soll man das, was interessant ist, uns nicht vorenthalten, sondern erklären! Damit würde man uns dann beweisen, daß der französische Heeresbericht zutreffend und der deutsche ein Märchen ist. Wenn ich eines Tages erfahren muß, daß sich die Deutschen damit brüsten, sich gewisser französischer Befestigungen bemächtigt, gewisse Verteidigungsstellungen besetzt oder eine große Zahl Gefangener gemacht zu haben, würde ich es lieber sehen, wenn es unser Nachrichtendienst übernähme, mir diese Eröffnungen zu machen, um hierbei die Nachrichten auf ihr richtiges Verhältnis zurückzuführen, als erst durch ausländische Rundfunksendungen unterrichtet zu werden.
Wenn uns der französische Ansager nach Verlesen des deutschen Heeresberichts sagt: „Das ist ein Märchen!" werden wir es um so eher glauben, wenn er sich die Mühe machte, uns selbst von der Lüge Kenntnis zu geben."

Das Abhören der deutschen Sender genügt

Diesen vernünftigen Wahrheiten fügt Louis Marin folgende Anekdote hinzu:
„In Orleans stürzte ein französisches Flugzeug auf die Hallen und setzte sie in Brand. Die Lokalzeitungen erzählten ausführlich alle Einzelheiten des Hallenbrandes, auf das Eingreifen der Zensur hin aber bemäntelten sie die Angelegenheit mit den Wor-

ten: „Infolge einiger Vorfälle, über die wir nicht sprechen können, entstand ein Brand usw."
„Nun", erklärt Louis Marin, „um sich über diese ‚Vorfälle' zu unterrichten, genügte es, am nächsten Tage die deutschen Sender abzuhören, die auf Französisch alle Einzelheiten, einschließlich des Alters des Fliegers und der Zahl seiner Kinder, durchsagten."

Man wollte unsere Empfangsgeräte beschlagnahmen

Das Abhören der deutschen Sender genügt! Man erinnert sich doch wohl noch daran, was während des letzten Krieges die Franzosen machten, die es überdrüssig geworden waren, sich ihren Verstand von den Zeitungen vernebeln zu lassen? Sie kauften sich das „Journal de Genève" oder die „Tribune de Lausanne".
Diesmal hörten sie die ausländischen Sender, so überdrüssig und angeekelt waren sie von der furchtbaren Eintönigkeit des französischen Rundfunks.
Das langweilige Geschwätz und das ewige Wiederkäuen der Sendungen waren für das Land sehr rasch unerträglich geworden. In seiner Eigenschaft als stellvertretender Ministerpräsident und „Propaganda"-Beauftragter interpelliert, muß Camille Chautemps am 27. Februar selbst zugeben:
„Man kritisierte die Sendungen, sowohl die des Hauptnachrichtendienstes wie auch die anderen gesprochenen Sendungen. In dieser Beziehung erscheint mir, und ich gebe es loyalerweise zu, die Kritik von allen jenen, die Radio hören, begründet. Es steht fest, daß man gezwungenermaßen gewissen Kritiken, die auf der Tribüne geäußert werden, recht geben muß, denn wenn man am Knopf dreht und hört unter gewissen Umständen einen betrübenden Vortrag, oder ein uraltes Gedicht, noch dazu schlecht vorgetragen, oder hört in einem kummervollen Augenblick unseres nationalen Lebens Scherze, die es manchmal an gutem Geschmack fehlen lassen, kann man dieser Kritik nur beipflichten."

„Das Ergebnis?", erwiderte Léon Blum, „kann man nur mit einem gewissen Gefühl der Demütigung aussprechen. Denn eine sehr große Zahl von Hörern hat es aufgegeben, die französischen Sender abzuhören, um statt dessen die französischen Sendungen der englischen oder gar italienischen Stationen einzuschalten. Viele Franzosen holen sich ihre französischen Nachrichten aus Rom und London."

Herr Jean Giraudoux macht einen Umschlag auf

Vor dem Kriege waren es die Militärs, die, wenn man es sagen darf, den Rundfunkbetrieb „organisiert" hatten.
Sie glaubten nicht mehr recht an jene Maschinerie! Bis zum Jahre 1938 bestand bei ihnen die Absicht, im Kriegsfalle ... die Empfangsgeräte zu beschlagnahmen, um sie bei den Bürgermeistern versiegelt abzustellen, wo man sie dann nach beendetem Alarm wieder hätte abholen können.
Die Militärbehörden legten der Nachrichtenverbreitung keinerlei Bedeutung bei, waren vielmehr der Auffassung, daß sich die Flugzeuge bei Tag und Nacht nach den Wellen der französischen Sender würden orientieren können. Daher interessierte man sich jahrelang nur mäßig für die Rundfunkpropaganda. Und wurde tatsächlich nicht erst Ende 1938 die nationale Rundfunksendung zu einem öffentlichen Dienst? Es mußte erst ein Krieg drohen, bevor man im Jahre 1939 das Generalkommissariat schuf. Und kam es zu dieser Gründung auch nicht erst im Juli 1939, so daß im Monat September noch nichts vorbereitet war?
Am 26. August morgens begab sich Herr Jean Giraudoux zu einer Besprechung mit dem Innenminister und einem seiner hervorragendsten Mitarbeiter bei der Ausübung seines Amtes als „Prophet" des Nachrichtendienstes.
Es war 11 Uhr. Und eine Minute vor 11 Uhr bestand das ganze Nachrichtenkommissariat nur aus Herrn Jean Giraudoux allein.

Man bringt ihm ein dickes Kuvert. Man macht es auf. Und in ihm steckt das gesamte Kommissariat. Es kam aus dem Umschlag heraus und war nun völlig gewappnet ... mit wessen Gehirn? Man weiß nichts darüber, jedoch ...
Eine Minute nach 11 Uhr stand Herr Jean Giraudoux an der Spitze von 400 Mitarbeitern, die er sich weder von nahem noch von weitem ausgesucht hatte, an der Spitze einer Einrichtung, die vom Keller bis zum Speicher von einer fremden Autorität geschaffen worden war.

Was wir hörten

Das war also der ganze Spaß? Und so mußte denn Herr Camille Chautemps ebenfalls zugeben, daß „der Einsatz des Rundfunks während eines Krieges so wenig vorgesehen war, daß sogar ganz im Gegenteil die Militärbehörden das Ausschalten aller Sender aus technischen Gründen ins Auge gefaßt hatten, was uns zu beurteilen zwar nicht zusteht, was andererseits jedoch nicht mit der modernen Wirklichkeit zu vereinbaren ist, nämlich mit der außerordentlichen Verbreitung und Entwicklung des Radios."
Hatten die Militärs aber nicht tatsächlich recht? Hätte man die Sender versiegelt und alle Empfangsgeräte beschlagnahmt, hätten wir damit wirklich soviel eingebüßt? Wenn man daran denkt, was sie damit gemacht haben ...

Erinnern Sie sich?

„Meine Damen und Herren! Wir erbitten Ihre Aufmerksamkeit für Herrn Jean Giraudoux, den Generalkommissar des Nachrichtenbüros. Herr Jean Giraudoux wird zu Ihnen sprechen: „Sie alle, die Sie in den letzten Jahren durch die Welt reisten, nehme ich zu Zeugen. Wir müssen auf dieser Erde eine Nation sein, die niemals mit dem nationalen Fanatismus paktieren wird, weil sie in ihm einen Mangel an Einbildungskraft und Vorstellungsvermögen sieht; die den wirtschaftlichen Egoismus ablehnt, weil sie in ihm einen Eingriff in wertvolle Eigenschaften und Freiheiten erblickt; die niemals einem geographischen Sich-Abschließen zustimmen wird, weil sie dadurch das Glück bedroht sieht; die hierdurch aber ganz unbewußt zum Gegensatz und zum Gegengift gegen diese nationalen Wunschbilder wird."

„Ach!", ruft der Ansager gewissermaßen erleichtert aus, und als ob er an sich halten müßte, um nicht „uff" zu sagen! „Und jetzt hören Sie den täglichen Ratgeber, Herrn Gandol!"

Gandol! Das ist etwas Seriöses! Das müssen Sie sich gut merken, denn das übrige ist nur Füllwerk. Denn Gandol ist unersetzlich für uns. Auch das Mittel gegen Würmer mit Namen Luna können wir nicht mehr entbehren. Das Verjüngungsmittel des Abtes Soury ist gleichermaßen unersetzlich für uns wie der leibhaftige Teufel, zu dem unsere Hühneraugen werden können. Und nun erst recht nicht das Kruschen-Salz vergessen, das uns mit der Tipperary-Melodie zusammen empfohlen wird. Und Palmolive! Besonders wirkungsvoll herausgebracht und dargeboten durch die Musik des „Chant de Départ"! Und die Dupuis-Pillen, über die in sogenannter ansprechender Art spritzig und nett dennoch die alte Leier nicht hinwegtäuschen konnte. All das aber folgte unmittelbar den patriotischen Rügen und Vorhaltungen des düsteren Daladier, um gewissermaßen die Erinnerung daran auszulöschen!

Das mußten wir nun zu jeder Stunde, zu jeder Minute dieses irrsinnigen Krieges mitanhören, an den unsere Herren und Meister zwar selbst nicht zu glauben schienen, in dessen Verlauf sie selbst jedoch alles taten, um auch uns nicht an ihn glauben zu lassen!

Ärgerten Sie sich nicht darüber, fühlten Sie sich hierdurch nicht gedemütigt, schämten Sie sich nicht bei dem Gedanken, daß dies die „Stimme Frank-

reichs" war, diese Mischung, die übergangslos von den verzweifelten Hilferufen des Ministerpräsidenten zu der niedrigsten Marktschreierei von Darm- und Verdauungsmitteln hinüberwechselte? Daß diese Stimme auch unsere Soldaten an der Front, unsere Landsleute im ganzen großen Frankreich und auch unsere ausländischen Hörer hörten?
Erinnern Sie sich? Sie haben ihn doch auch gewiß noch im Ohr, diesen unbeschreiblichen Sprecher, diesen amtlichen Ansager mit der verstopften Nase, der allabendlich in seinem „Weltüberblick" blödsinnig und frech die „Neutralen", die er noch nicht einmal richtig auf Französisch aussprechen konnte, tadelte und ihnen Lehren erteilte – in wessen Namen? In seinem Namen oder in dem Frankreichs? Schweden und Norwegen erteilte er Lektionen, hob die Siege der „Francès" und der „Anglès" in den Himmel und wies verachtungsvoll alle Versuche, zu einem „Pé" zu kommen, zurück.
Sie erinnern sich doch, nicht wahr?
Und jenes anderen, der mit seinen falschen Bindungen und Zusammensetzung der Worte zu einer Art Weltberühmtheit wurde. Mit welch' sadistischer Freude er unsere arme französische Sprache massakrierte! Denken Sie noch an den 20. „havril" und ähnliches?
Wenn er beim Durchsagen von Nachrichten erklärte, „daß die Russen mindestens zweitausend Menschen verloren hätten? Oder Wiborg sich kaum noch länger ‚bleiben' (statt ‚halten') könnte?..." usw. usw. Und die Fremdworte erst! Er begnügte sich mit seinem „Ouard Office", mit seinem „Grafen Spie", war zufrieden mit seinem „ouestfälischen" Frieden! Mit seinem Golf von Bosnien anstatt dem Bottnischen Meerbusen. Sprach selbstgefällig von Herrn Rochninge! Vom Dr. Manche an Stelle von Dr. Münch ... usw. usw.

Und andere Ungereimtheiten noch ...

Und die Sketche? Die Rundfunkberichte? Die Radiomontagen? Erinnern Sie sich? Sie waren genau so wütend wie ich, nicht wahr? Wegen ihrer niedrigen Abgeschmacktheit, ihres Mangels an Takt und des Fehlens jeglichen Feingefühls, war es nicht so?
Denken Sie noch an jene „Hörspiele", die zum Heulen und Davonlaufen waren, wo ein Hitler aus Papiermaschee einem weinerlichen Interviewer gegenüber in einer Art gutturalen Geräuspers der französischen Sprache, die zweifellos die Sprache Goethes mit ungebildeten Dienstboten heraufbeschwören will, seine Gefühle zum besten gibt?
Denken Sie noch an jenes „historische Hörspiel", das sich anmaßte, die „historisch gewordene Nacht vom 14. März 1939" noch einmal aufleben zu lassen, indes der Reichskanzler Hitler den neuen Präsidenten der Tschechoslowakei, Herrn Hacha, empfing?
Die Aufführung leitete eine Frau. Um die Szene wahrheitsgetreuer werden zu lassen ..., hatte sie sich ausgedacht, am Mikrophon nur in Befehlsform zu sprechen.
Und dabei kam folgendes heraus, was man uns vorzusetzen wagte (wörtlich):
„Lassen Sie für diese Herren und Damen hier die Uhr gehen" ... Tick-Tack-Geräusche ...
„Lassen Sie die Uhr schlagen!" ... (Geräusch einer schlagenden Uhr).
„Lassen Sie seinen Handschlag hören: den Handschlag Adolf Hitlers." (Hastige Schläge auf ein Brett.)
Nach 20 Minuten geht Hacha hinaus, um auf der Terrasse etwas frische Luft zu schöpfen. Und nun tritt unsere „Künstlerin" auf, die „belebend" eingreift und für ihn spricht: „Als ich klein war, las ich in meinem Bett Martergeschichten. Wie großartig doch die Nacht ist! Ich wollte, ich wüßte eine Insel! Eine verlassene Insel!"

Und die Viertelstunde des Soldaten? Und die Viertelstunde des Urlaubers?
Erinnern Sie sich noch, unter tausend anderen, an jene:
„Bevor Sie das Mikrophon verlassen, werden Sie uns doch noch eine Geschichte erzählen, nicht wahr?"
„Gern! – Also: da ist ein Flieger, ein Flieger, der auf Urlaub fährt. Also, nicht wahr, er sagt seinem Kumpel Auf Wiedersehen, und der antwortet ihm nun:
„Du fährst nach Paname? Schön! Also sag' auch meiner Frau Guten Tag..."
Der Urlauber besucht also die Frau seines Kumpels, und sie, nicht wahr, lädt ihn natürlich zum Mittagessen ein. Es wird neun Uhr, es wird zehn, es schlägt elf... Der Kumpel geht und geht nicht...; bis die Frau ihm schließlich sagt „Auf Wiedersehen also, und bis zum nächsten Mal."
„Sie schicken mich also fort, obwohl er's verlangt?"
„Aber natürlich!"
„Ach! Sie schicken mich fort! Und ich glaubte gerade, daß Sie Flieger gern haben!"
Das war alles. Tatsächlich alles. Und damit war's auch schon aus. Und das sendete man! Und zu einer Stunde, in der Frankreich in Todesgefahr den schwerwiegendsten Fragen gegenüber stand, die ihm die Geschichte seit langer Zeit gestellt hatte, diese unbeschreiblichen Plattheiten, dieses nichtssagende Zeug, diese ungereimten Mißlaute, all das nannte sich französischer Rundfunk!
Ich erinnere mich eines Tages, als wir der Wendungen wegen, welche die Ereignisse in Norwegen nahmen, ganz besonders besorgt waren. Es war Dienstag, der 9. April. Nicht ohne ein gewisses Herzklopfen und innerlich bewegt schalteten wir damals unser Gerät ein (und wir sollten in der Folgezeit noch ganz andere Tage kennenlernen!). Nun, und was hörten wir? Einen Herrn Professor, der mit einer Grabesstimme und einer Aussprache, die einige Zahnlücken vermuten ließ, von der Verbreitung... des Schimmelpilzes redete!

Ja und dann, ein anderer Professor, offenbar ein Neunziger, der uns etwas vom Darmkatarrh der Schleien erzählte. Dieses „Bildungszwecken dienende Erholungsstündchen" schloß mit der Wiedergabe des „Fröhlichen Frühlings" (wir waren damals ja auch im April) durch ein ausgezeichnetes Quartett.

Das war die Stimme Frankreichs! Hoffte man tatsächlich, erwartete man wirklich, mit solchen Albernheiten unsere Moral zu heben? Hielt man uns wirklich für so dumm, um uns mittels solcher verlogenen und lügenhaften platten Zerstreuungen irreführen und ködern zu können?

SIEBENTES KAPITEL

Die Lüge von der guten Moral

Franzosen, wer von euch erinnert sich noch an Herrn Albert Delfau?
Dieser Name erinnert euch an nichts? Ach, wie leichtsinnig und vergeßlich ihr seid!
Durch einen von Albert Lebrun am 18. Februar 1940 unterzeichneten Erlaß wurde auf Vorschlag des Herrn Ministerpräsidenten Edouard Daladier Herr Staatsrat Albert Delfau zu dem hohen Amt des „Direktors der Moral" berufen.

Der Posteingang im Elysée

Denn trotz aller Beteuerungen in amtlichen Reden war unsere Moral nicht gut.
Und zum Donnerwetter auch! Dieser Krieg entgegen jedem gesunden Menschenverstand erschütterte jeden von uns bis in die letzten Tiefen des Bewußtseins. Die Opfer, die er uns auferlegte, nahmen wir keineswegs gern auf uns. Wir kamen aus der schlechten Laune, aus dem Meckern und Schimpfen, gar nicht heraus. Wegen der Einschränkungen! Wegen der Steuern! Wegen der ungerechten Zuteilungen!

Wegen der unberechtigten Reklamierungen und Drückebergereien! Wegen der Kriegsschieber! Wegen der Verdunkelung. Wegen allem und jedem!
An einem freimütigen Tage gab es unser ehemaliger Präsident der Republik, Herr Albert Lebrun, ja auch ganz offen zu, „daß auch nicht ein Tag vergeht, an dem sich nicht Briefe auf meinem Tisch einfinden, die mir echoartig Klagen und Vorwürfe bringen, die man sich beizulegen bemühen muß".
Wir bombardierten das Elysée mit unseren „Bittschriften", das Palais Bourbon mit unseren „Gesuchen" und unseren „schriftlichen Anfragen". Unsere Abgeordneten mit unseren Aufträgen und unsere Beamten mit unseren Beschwerden.
Warum? Weil – wie man es ausdrückte – wir zwar körperlich im Kriege waren, seelisch jedoch gar nicht. Wir glaubten nicht an ihn. Niemals, und in keinem Augenblick, befanden wir uns psychologisch im Kriege.

Der Moral-Diktator

Deshalb stellte uns der schlaue und scharfsinnige Daladier Herrn Albert Delfau als Moral-Diktator zur Verfügung, den er beauftragte, uns den Puls zu fühlen und die erforderlichen Beruhigungsmittel zu geben.
„Es ist entscheidend", so lautet die Begründung des Beschlusses, der Herrn Albert Delfau in seine mißliche Stellung berief, „daß die verantwortlichen Amtsstellen laufend und genauestens mit allen jenen Schwierigkeiten vertrautgemacht werden, auf die diese oder jene Schicht von Bürgern stoßen könnte, mit den, gelegentlich unvermutet auftretenden Auswirkungen vertrautgemacht werden, die sich bei der Durchführung gewisser Maßnahmen herausstellen könnten, und über etwaige Umtriebe unterrichtet werden, die geeignet sein könnten, die Sicherheit unserer Fabriken, unserer Transporte und unserer Produktionsmittel zu gefährden oder die geistige

Einstellung zu erschüttern, zu beunruhigen und zu spalten.
In Kriegszeiten müssen für die Erfordernisse des öffentlichen Wohles Opfer gebracht, berechtigte Interessen aufgegeben und Leiden hingenommen werden. Ein großes Land aber, das stolz auf seine Freiheiten und Überlieferungen ist, hat das Recht, zu erfahren, welche Opfer von ihm verlangt werden und warum es sich ihnen unterziehen muß."
Ganz allgemein hatte Herr Albert Delfau den Auftrag, uns das Stückchen, das er uns vorspielen sollte, zu erklären, und er sollte daher auch – so schloß die Verfügung –: alle die Sicherheit und die Moral betreffenden Maßnahmen allgemeiner Art studieren und sie dem Ministerpräsidenten, dem Minister für die Landesverteidigung und Kriegsminister, unterbreiten."
Aber ach! Wie die meisten Reformen des ehemaligen Regimes blieb auch diese – die natürlich mit „lebenswichtig" bezeichnet worden war – auf dem Papier stehen.
Und so blieb Herr Delfau für uns stets im Gespensterzustand.
Und unsere bedauernswerte Moral ging immer weiter vor die Hunde...

Um eine gute Moral zu besitzen

Um uns nun aber auch ja gut an der Strippe zu haben, verfügten unsere leitenden Männer über eine sicherere Methode als die, mit der sich Herr Delfau begnügen mußte. Und das war das Gefängnis.
Auf Grund des Belagerungszustandes, des Artikels 10 des Strafgesetzbuches, denen vom 18. November 1939 ab eine ganze Reihe von „Verordnungen bezüglich der Behandlung von Verdächtigen" folgten, konnte die Polizei ohne die geringste Gewähr für eine sachliche und unparteiische Untersuchung, ohne die geringste Sicherung eines irgendwie gearteten Rechts auf Verteidigung, die Internierung jedes für gefährlich gehaltenen Franzosen in einer „Sammelstelle",

mit anderen Worten in einem Konzentrationslager, anordnen, gegen ihn ein Aufenthaltsverbot unter Zuweisung eines anderen Wohnorts aussprechen und ihn der Arbeitspflicht unterwerfen.

In Anwendung dieser Verordnungen wurden Tausende von „Schlechtgesinnten" zunächst ins Gefängnis geworfen, und zwar die Männer in das Gefängnis la Santé, und die Frauen ins „Petite Roquette", anschließend dann in Konzentrationslager für Verdächtige überführt: Roland-Garros in Paris, Rieucros für Frauen in La Lozère und für Männer das Lager von Vernet im Bezirk Ariège.

Daladier ist ein Genie

Aber das genügte noch nicht!

Daladier war eines Tages auf den Gedanken gekommen, daß wenn unsere Generale den Krieg nicht gewinnen sollten – diesen Krieg, den er selbst so dummerweise erklärt hatte – dies nur an der „Flüsterpropaganda" liegen könnte.

„Die Demoralisierungsmethoden sind vielfältig", erklärte er. „In Ermangelung von Flugblättern oder sonstigen verschiedenartigen Veröffentlichungen bedienen sich feindliche Agenten gern des ‚Verfahrens einer verbrecherischen Propaganda von Mund zu Mund'. Eine Bemerkung, ein Kommandowort, unbeabsichtigt scheinbar von einem Kommunisten und Angehörigen einer Geheimorganisation in einer Fabrik hingeworfen, können verheerend wirken. Der Defaitismus kann sich in harmlose Unterhaltungen einschleichen, Falschmeldungen können sich in Cafés und auf der Straße weiter verbreiten und schließlich die moralische Rüstung des Landes angreifen.

Die Flüsterpropaganda tritt bei allen sich irgendwie auswertbaren Ereignissen und allen kriegsbedingten Geschehnissen auf. Sie übertreibt unsere etwaigen Lücken und Mängel, übergeht aber stillschweigend die Ergebnisse unserer Bemühungen. Sie veranlaßt die Hausfrauen dazu, sich über die Einschränkungen aufzuhalten, sie geht darauf aus, unsere gesamte Tä-

tigkeit, alle unsere leitenden Männer, alle Verantwortung tragenden Menschen in Mißkredit zu bringen."
Verstehen Sie jetzt, worauf man hinaus wollte?
Es drehte sich nämlich darum, daß dieser „Staatsmann", dem man nachsagte, nur den Verstand eines Rindviehs zu haben, sich immerhin doch darüber klar war, daß sich nicht gerade alle Franzosen vor seinem Genie noch vor dem des Herrn Gamelin beugten. Und deshalb ließ er den gefügigen Albert Lebrun die Verfügung vom 25. Januar 1940 unterzeichnen, die nicht nur Mitteilungen, sondern auch subjektive Meinungen, die geeignet sein konnten, schädlich auf die Stimmung der Bevölkerung zu wirken, mit Strafe bedrohte.
Und so waren die ersten Opfer dieser ungeheuerlichen Maßnahmen ein schlichter Pariser Arbeiter, der keineswegs in böser Absicht die Ansicht ausgesprochen hatte, daß Rußland durchaus Finnland besiegen könnte, ein Bürger aus Bordeaux, der an seinem Tisch in einer Gaststätte die strategischen Fähigkeiten des französischen Oberbefehlshabers in Zweifel gezogen hatte, ein Schleusenmeister der Yonne, der von falschen Kumpanen in eine Kneipe geschleppt, nach dem ersten Liter Wein auf den Tisch geschlagen und ausgerufen hatte: „Mein Gott, ich frage mich, was dieser Krieg uns wirklich schon Gutes wird einbringen können!" – und schließlich ein Arbeiterehepaar – Mann und Frau – die sich dadurch schuldig gemacht hatten, daß sie sich in ihrem Briefwechsel zwischen dem Bezirk Bastille, wo die Frau wohnte, und dem Felde draußen, wo sich der eingezogene Gatte befand, ungünstig geäußert hatten!"

Die Moral der Armee

Die Moral des Soldaten war nicht besser. Ist es die Schuld der jungen Generation, die egoistischer, materialistischer und weit weniger gut für den Krieg ausgerüstet war als jene des Jahres 1914?
Der Soldat von 1940 war in einen Krieg geschickt

worden, den er nicht verstand. Für Polen! Für den polnischen Korridor! Für entlegene territoriale Ziele, die ihm fremd waren!
„Wir wurden nicht angegriffen!" Und fühlte dabei unbewußt, daß diese Sache nicht die seine war. War er Kommunist, so war er in seinem Innersten gegen den Krieg der Plutokratien. Gehörte er zur Rechten, so war er innerlich für die totalitären Mächte.
„Man muß ihm den Coup erst erklären!", sagte mit gutem Recht Drieu de la Rochelle. Früher wiederholte der französische Soldat ständig: „Das braucht man nicht zu verstehen suchen!" Eine alte abgedroschene Phrase zwar, aus der aber immerhin bereits eine, ich weiß nicht, wie ich mich ausdrücken soll, sagen wir eine gewisse heimliche Beklemmung sprach. Gerade aber deshalb, weil er „den anderen" schon erlebt hatte, wollte er dieses Mal den Krieg auch verstehen. Man muß den Soldaten auf die rechte Spur setzen, ihm eine vernünftige Erklärung der neuen Tatsache geben, gegen die er körperlich und seelisch anrennt.
Die führenden Persönlichkeiten mögen nicht sofort stets diese neuen Tatsachen eines neuerlichen Krieges erfassen können, die aber dafür die Phantasie und die Nerven der aktiven Kriegsteilnehmer voll beschäftigen. Sie müssen sich aber darum bemühen und sich anstrengen, um diese Tatsachen durch schnelle und menschliche Überlegungen verständlich zu machen, aufmerksam zu prüfen und sie zu beherrschen, damit sie jedem einzelnen eingehen und jeder einzelne sich auf einfachstem Wege einen einfachen, geraden und kurzen Vers machen kann..."
Ihm die Geschichte erklären? Tat man das? Man hat die Katastrophe vom 10. Mai abgewartet, um dann erst hier und da bei einigen Armeen gelegentliche Vorträge über die gebieterische und selbstverständliche Gewißheit unseres Sieges und die unabwendbare Niederlage Adolf Hitlers zu halten.
Darüber hinaus nichts!
Nichts als die zehntausend Empfangsgeräte, die ver-

spätet an die Front geschickt wurden, deren Knöpfe
aber – und das habe ich anläßlich einer Berichterstattung – (einer freien) – in Lothringen – festgestellt, von unseren Soldaten solange gedreht wurden, bis sie ... Stuttgart hörten!

Stichproben

Ach, die Berichterstattung in Lothringen! Welch abscheulicher Eindruck! Unterwegs auf den Straßen, die ich in Zivil durchfuhr und infolgedessen „verdächtig" war, war nicht ich derjenige, der auf vertrauliche Nachrichten ausging, nein, sie kamen von selbst zu mir.
„Was macht man hier denn für'n Blödsinn? Wird das nicht bald aufhören? Wenn man wie im vorigen September wieder angreifen sollte, um sich dann im Oktober wieder zurückzuziehen, möchte man sich lieber aufhängen oder die Offiziere erschießen!" Ich versuchte, ihnen wieder „Mut zuzusprechen", oder sie wenigstens zum Mundhalten zu bringen. Aber es war nichts zu machen, sie hatten ihren Kopf für sich.
Als Journalist einer großen Zeitung veröffentlichte ich Artikel, die für die zum Heeresdienst Einberufenen von Interesse waren: „Urlauber-Führer" – „Merkbuch für Dienstpflichtige" – „Fibel für Sonderbeschäftigte in Kriegsbetrieben", usw. usw. In dieser Eigenschaft aber erhielt ich während des Krieges Tausende und Abertausende von Briefen.
Welche Demoralisierung sprach aus allen! Alle, alle beschwerten sich! Alle forderten nur! Jeder pochte auf sein Recht! Jeder sprach von dem, was ihm zustand! Warum teilte man nicht auch mich einem Kriegsbetriebe zu? Warum holt man nicht auch mich nach hinten? Wie könnte auch ich mich reklamieren lassen?
So lautete das Leitmotiv und das war der Hauptinhalt dieses niederschmetternden und entmutigenden Briefwechsels.
Und sogar die Offiziere bewiesen eine beunruhigende

Geistesverfassung. Ältere und zur Ergänzung herangezogene Offiziere, die schon den letzten Krieg mitgemacht hatten, ärgerten sich darüber, von jüngeren aktiven Offizieren, die noch niemals Kanonendonner gehört hatten, kommandiert zu werden. Sie alle beneideten die unzähligen Intendantur- und Verwaltungsbeamten, die Mitglieder des Sanitätsoffizierkorps, die in der Rue Saint-Dominique, im Ministerium also, den Krieg erlebten, alle jene Sonderbeauftragten, die plötzlich zu Leutnants, Hauptleuten aufrückten, obwohl sie zuvor einfache Soldaten oder Ausgemusterte gewesen waren, die dafür aber Beziehungen hatten wie beispielsweise André Blumel, der ehemalige Kabinettschef von Léon Blum.

Vertrauliche Kriegsteilnehmerberichte

Ganz gewiß schlummerte in unserer Armee viel Mut, viel Gleichmut und Unerschütterlichkeit, viel Verzichtsbereitschaft und ich möchte daher nicht den frevelhaften Gedanken vertreten, sie sämtlichst und im Bausch und Bogen des Defaitismus anzuklagen. Aber – die Ereignisse zeigten es – es fehlte der Glaube. Stichproben von der geistigen Verfassung der Armee aus der Zeit kurz vor dem 10. Mai beweisen es. Es handelt sich um Briefe von Soldaten, Unteroffizieren und Offizieren, die über eine gewisse Bildung verfügten und gern selbst nachdachten.
Man empfindet ihren Zweifel, ihre moralischen Hemmungen und ihre Besorgnis. Sie sagen sich, daß nicht jeder Krieg notwendigerweise gerecht ist, und zwar aus der einfachen Tatsache heraus, daß er ihnen schon bei Ausbruch unberechtigt erschien, oder daß ihnen der Krieg vielleicht ursprünglich gerecht vorkam, ihnen, als sie ins Feld zogen, so vorschwebte, daß er es aber bei seiner weiteren Entwicklung oder schließlich gänzlich nicht mehr zu sein braucht. Wohin führt letzten Endes dieser Krieg? Welches sind seine „Ziele"? Die Aufteilung Deutschlands? Ach, davon wollen wir gar nichts

mehr hören! Die französisch-britische Militärvorherrschaft? Die endgültige Festigung des demokratischen Blocks? Nun, daran glauben wir nicht mehr.

Es änderte sich ja gar nichts!

Einer dieser Kriegsteilnehmer, der über den Krieg nachdenkt, zu dem man sie zwang, erinnert an eine Szene, bei der er erst erfuhr, daß der Krieg überhaupt erklärt worden war.
„Die Kriegserklärung ist da! Der Rundfunk meldete es! Ich hörte es mit einigen Kameraden im Hinterzimmer eines Cafés. Alle unsere Blicke richteten sich auf den schlecht erleuchteten und auf dem Billardtisch stehenden Empfänger. Keiner atmete. Die Zigaretten verbrannten zwischen den Fingern. Als die Marseillaise plötzlich ertönte, standen wir stramm. Jawohl, im ‚Stillgestanden!' standen wir vor dem Lautsprecher! Mich fröstelte es im Rücken. Die Menschen blieben unbeweglich und hatten die Augen gesenkt. Es war ein feierlicher Augenblick in unserem Leben. Niemand sprach beim Hinausgehen. Erst als wir den Platz langsam überquert hatten, murmelte mein Obergefreiter: ‚Das wird sich ändern!'
Aber nein! Nichts änderte sich. Mein Lastwagen (ich habe mit Verpflegungsdingen zu tun) rollt, wie er gestern und vor einem Monat rollte. Die Strecke bleibt die gleiche. Die große Kurve, die ein Schild vorher ankündigt, ist daher noch immer gefährlich. Die Baumgruppe von Pierrefitte wurde bei Nacht auch nicht versetzt. Auf dem Bahnsteig, dessen Lampen jetzt blau angestrichen sind, wachen Polizisten, warten Zivilpersonen. Sie warten auf ihre Zeitungen, ihr Futter. Sie sprechen kaum. Ihr Rückgrat ist gekrümmt. Warum sollte man glauben, daß die gestrigen Worte das Land hätten umwandeln können?"

Unsere Seele ist woanders

Und ein anderer seufzt schmerzlich:
„Man ist so müde, so matt! Aber nicht körperlich ist man so erschöpft. Nein! Man ist sogar voller physischer Energie, völlig einsatzbereit. Wie die Zeitungen es nennen, die Moral ist gut, in diesem Sinne ist sie wirklich gut. Aber die Seele ist schlaff. Sie begreift nichts und ist unempfänglich. Vor allem aber begreift sie, daß sie keine Rolle zu spielen hat!"

Dieser Krieg interessiert uns nicht

„Was mich am meisten überrascht, seitdem ich hier bin", schreibt ein Offizier, „ist die Tatsache, wie wenig im allgemeinen der Krieg die Soldaten interessiert. Jeder blickt stur auf seinen Abschnitt, seine Ablösung und seinen Stellungswechsel, seinen augenblicklichen Ärger und lebt im Grunde genommen von seinen elenden Lappalien. Was sich woanders abspielt, ist ihm völlig gleichgültig. Tagelang liest man keine Zeitung, wenn einem aber einmal eine in die Hände fällt, liest man nur das, was die Briefbeförderung betrifft und die ‚blauen Büchlein'!"

Überdruß vom Heldentum!

Alle empfinden einen wahren Schrecken vor dem rednerischen Gelobhudel und den gefühlvollen Ergüssen der Zeitungsleute, die ihren „Heldenmut" beschreiben.
„Diese Schreiberlinge", so wendet sich einer von ihnen an einen seiner Freunde, einen Journalisten, „... können doch unmöglich vom Kriege sprechen, ohne dabei nicht jegliches Heldentum über zu haben! Es ist doch wahrhaftig nichts Heldenhaftes daran, bei einem Marsch durch einen Wald von einer Kugel getroffen zu werden! Gestern oder vorgestern, als ich über gefrorene Sumpfgebiete lief, hätte mich durchaus auch ein kleines Stückchen Blei treffen können, ebenso als ich im Schnee lag

oder beim Laufen durch einen Verbindungsgraben mit einem anderen Soldaten zusammen, der sich nicht von mir trennen wollte. Glaubst Du etwa, daß dieser Marsch, dieser Spaziergang, dieses Hinwerfen, dieses Laufen irgendwie erhaben gewesen sind? Nein! Bestimmt nicht! Wenn Du aber für Deine Leser etwas Außergewöhnliches brauchst, so suche es nicht hier. Denn hier ist alles wundervoll einfach. Ach, nein! Wir Soldaten hier sehen nicht so aus, wie sie 500 Kilometer hinter der Front für Plakate gezeichnet und gemalt werden. Für den wirklichen soldatischen Kämpfer ist diese Art Kriegsberichterstattung eine ganz hinterhältige Literatur von Drückebergern. Sie ist einfach unerträglich. Ich weiß wohl, daß es Schriftsteller gibt, die an den Kämpfen teilnehmen. Und es gibt auch welche, die eine Kugel traf! Ihre Berichte aber klingen genau so falsch, wie die der anderen. Der Rhein und die Saar sind keineswegs mehr wert als Paris. Sobald jemand anfängt, über Soldaten etwas zu schreiben, habe ich den Eindruck, daß er lügt. Denn ich sage mir: ‚Du hast das ja gar nicht beobachtet, was Du da erzählst. Du übertreibst ja! Und dichtest 'was dazu!' Er bedient sich einer viel zu schwülstigen Sprache, wenn er glaubt, moralisch sein zu müssen, und einer viel zu ungezwungenen, wenn er glauben zu machen wünscht, Tatsachen zu beschreiben. Aber selbst wenn er in den Schützengräben zuhause ist, malt er nicht sein Leben, wie es wirklich ist, sondern er verfertigt dann Schützengrabenliteratur!"

Wir sind keine Kinder

Bei Frontkämpfern hat die Presse eine schlechte... Presse.
„Endlich bin ich, und wiederum, glücklich, etwas lesen zu können, was mich nicht abstumpft und mich nicht mit jenem ermüdenden Überdruß erfüllt, der mich unfehlbar überfällt, wenn ich einen Blick auf den Kohl werfe, den die Presse so verzapft. Mit der Zeit werden uns die Kerzen knapp. Es kommt

zuweilen auch vor, daß wir unseren Tabak verspätet bekommen und es keinen zu kaufen gibt. Die Zeitungen aber, die sind da! Du kannst beruhigt sein, sie erreichen uns immer mit ihrem albernen Gewäsch und ihren ordinären Geschichten. Neulich geriet uns eine Nummer einer Pariser Zeitung in die Finger: ‚Die ersten Urlauber bringen uns Frontluft!‘ Meine Kameraden und ich haben uns nur angesehen. Und wir waren entrüstet. Zwanzigtausend Teufel! Allen diesen erhebenden und erschauernden Damen und guten Leuten ziehe ich mir die soldatische Disziplin vor und unsere vielleicht ein wenig oberflächliche, aber feste Kameradschaft. Wir sind möglicherweise simple Soldatengemüter mit kindlichen Landsknechtsallüren. Wir sind aber keine Kinder!"

Wir verborgen unser Fleisch und Blut

Jener da hat den Eindruck, nicht mehr in der Wirklichkeit zu leben, seitdem er im Kriege ist.

„Soweit's mich angeht, so kann ich nur sagen, daß ich seit meinem Eintritt ins Heer bis heute ein geradezu verwirrendes, zuweilen etwas spaßiges, manchmal jedoch sich bis zu einer Art Beklemmung und bis zu einem Alpdrücken steigerndes, an Wahnsinn erinnerndes Leben führe. Es ist Verzichten und Ergebensein ohne jegliche Bitterkeit, hin und wieder jedoch mit einem Gefühl von Groll. Es ist ein einfaches Hinnehmen, das kein Verdienst bedeutet, aber auch keinen Sinn hat. Man ist eben hier, weil es weder auf dieser Welt, noch auf einer anderen würdig wäre, woanders zu sein oder sich zu wünschen, woanders sein zu können. Man könnte es wirklich nicht sagen, ob sich die Seele leicht vorkommt oder gequält fühlt, ob man eigentlich überhaupt unglücklich ist oder nicht. Hat man denn auch Zeit dazu, daran zu denken, oder auch nur ein hierfür geeignetes Plätzchen? Man findet sich damit ab, einzuschlafen und einen wunderlichen Traum zu erleben. Man leiht den kriegerischen Plänen der

Nation eben seine Maschine aus Knochen, Fleisch und Blut."

Ergibt sich aus diesen Briefen eine „gute Moral"? Eine „gute Moral" besteht doch anscheinend wohl darin, daß:
1. die Überzeugung vorherrscht, daß die Gerechtigkeit auf unserer Seite ist;
2. man mutig zu allen geistigen und materiellen Opfern bereit ist, die der Kriegszustand erfordert;
3. schließlich die feste Zuversicht in den Sieg unserer Waffen hat.
Wenn es wirklich das ist...! Nein: Man kann nicht behaupten, daß das kriegführende Frankreich an und hinter der Front eine gute Moral hatte.

ACHTES KAPITEL

Die Lügen Chamberlains und Paul Reynauds

Nachdem sich Anastasia von den heftigen gegen sie gerichtet gewesenen Angriffen erholt und sich eine Zeitlang Zügel angelegt hatte, nahmen die berufsmäßigen Hirnvernebler ihr einträgliches Geschäft wieder auf.
Die Niederlage in Finnland hatte man „verdaut". Man beglückwünschte sich schließlich sogar, daß die 50000 Franzosen, die dorthin hatten eingeschifft werden sollen, in unseren Heimathäfen geblieben und wieder in ihre Kasernen eingerückt waren. (Hatte man nicht übrigens in der Öffentlichkeit davon gesprochen, daß man sie alle Mann für Mann hätte durch Kühlräume marschieren lassen, um sie an das finnische Klima zu gewöhnen?)
„Vor eine große Landkarte Europas gestellt", schreibt Saint-Granier, „hätte ein zehnjähriger Junge das nahezu Unmögliche, Finnland zu halten, eingesehen. Alle Welt hätte das begriffen, wenn das Nachrichtenbüro uns nicht dummerweise ‚verblödet' haben würde!"

Offensive oder Defensive?

Wenn man nun aber in Finnland nicht Krieg führen kann, wo soll man ihn denn dann führen? Denn schließlich muß man ihn doch irgendwo führen, diesen absurden Krieg! Eben gelangte Paul Reynaud zur Macht: Das trifft sich ja gut! Gerade er war ja immer schon für eine Offensive gewesen. Schrieb er doch in seinem Buch: „Das militärische Problem Frankreichs": „Die Defensive ist eine Strategie, die stets die Zielscheibe des Spottes, des Ertragens gewesen ist. Bei Verdun verloren die Franzosen in der Defensive mehr Menschen als die Deutschen. Im Kriege genügt es nicht, Schläge zu parieren, man muß auch weiche austeilen. Kämpfen heißt ebensogut Angriff wie Verteidigung; allein aber die Offensive bringt die Entscheidung."
Worauf wartet man also noch, um aus der Lethargie herauszukommen, in die uns dieser Krieg der Langeweile stürzte?
„Wir alle fühlen", erklärt man in der Kammer, „die Gefahr des derzeitigen Zustandes. Man darf aber vor allem im Lande nicht den Glauben aufkommen lassen, daß wir niemals auch unsererseits dazu berufen sein könnten, zur Offensive überzugehen. Man sollte sich gleicherweise davor hüten, das Land in der Hoffnung zu erhalten, daß der Krieg allein schon dank der Blockade zu Ende gehen wird und daß wir einen Sieg ohne vorherigen Krieg, zumindesten aber ohne Schlachten, erringen werden. Das sind Phrasen, die nur zur Erschlaffung der Energien führen können!"
Wo aber? Wo? Es ist gar nicht so leicht, ein Schlachtfeld zu finden! Im Café du Commerce verschiebt man spielend nur Streichhölzer. Im Großen Hauptquartier dagegen handelt es sich um Menschen, die man in einem Orkan von Feuer nach vorn treibt..., und wir haben wirklich nicht zuviele davon!
Als Fernand Laurent Herrn Paul Reynaud schon am ersten Tage seiner Machtergreifung, am 22. März,

interpelliert, weist er ihn auf folgenden Punkt hin:
„Wenn das Land der vorigen Regierung dankbar dafür gewesen ist, daß sie mit dem französischen Blut bis zum äußersten sparsam hauszuhalten verstand, so muß man dem Lande versichern, daß es in dieser Beziehung keinen Bruch zwischen Ihrer Politik und der des früheren Kabinetts geben darf.
Weil sich unsere Grenze mit der Maginotlinie deckt, weil sich die Kräfte der kriegführenden Parteien hinter der Maginotlinie und hinter dem Westwall verschanzten und für die Dauer festsetzten, bleibt uns keine andere Möglichkeit, aus unserer Passivität herauszugehen und diesen totalen Krieg zu führen, als andere Operationsgebiete, andere Kriegsschauplätze zu suchen. Und Sie wollen doch Krieg führen."
Mit anderen Worten hieß das also: „Besteht Ihre militärische Politik stets in einer Offensivpolitik?"
Und Paul Reynaud, dessen Kabinett noch nicht so gefestigt ist, antwortet:
„Frankreich hat dieses Mal ganz im Gegensatz zu dem, was sich sonst leider in seiner Geschichte so häufig ereignete, sieben Monate hindurch einer Invasion die Stirn geboten. Es gibt Fehler, die wir nicht wiederum machen werden. Und das ist auch der Grund dafür, warum die Kammer dem Präsidenten Daladier so oft und so berechtigt Beifall spendete, eben weil er so haushälterisch mit dem Blut unserer Soldaten umging."
„Nun aber?", antwortet Fernand Laurent und versetzt dabei dem in Illusionen lebenden Paul Reynaud einen Hieb, der sitzt..., „der einfache und gesunde Menschenverstand beweist es uns doch, daß uns gar keine Möglichkeit, die Initiative zu ergreifen, übrigbleibt, wenn wir nicht entschlossen sind, bei der ersten sich bietenden Gelegenheit Sowjetrußland von Norden oder Süden her zu fassen. Wir verpaßten es, Rußland im Norden zu fassen, so daß also allein nur noch die Möglichkeit übrigblieb, es von Süden her anzugreifen. Bietet sich nun aber einmal eine solche Möglichkeit, werden Sie sie auszunutzen wissen, ja oder nein?"

Wenn man im Orient angreifen würde?

Aber haben wir nicht in der Tat da unten im Orient eine geheimnisvolle Armee, wie sie die Gebrüder Tharaud nannten, eine mysteriöse Weygand-Armee, die in Frankreich recht zahlreiche Hoffnungen aufkommen ließ? Und fiel die Entscheidung 1918 nicht auch im Orient?

Und so bringt nun die „Fata Morgana im Orient" die Gemüter durcheinander.

„Wir verfügen in Syrien über eine großartige Armee, an deren Spitze ein berühmter Mann steht. England hat in Palästina, so berichtet der „Paris-Soir", erstklassige Truppen. Eine halbe Million Franzosen im Nahen Osten, und dazu noch eine weitere halbe Million Briten, das sind doch wahrhaftig Kräfte, die zum Respekt gegenüber den Stellungen der Alliierten zwingen!"

„Immerhin", fragt sich der „Paris-Soir" ängstlich „werden diese Kräfte auch stark genug sein, dem Gegner schon jetzt Respekt einzuflößen?"

Wenn man Weygand einmal fragen würde?

„Vorsicht bei Gesprächen!" lesen die beiden Brüder Tharaud bei ihrer Ankunft in Beirut an der Wand des Hauptquartiers dieser geheimnisvollen Orientarmee.

Und Weygand gibt diese Vorsicht auch kaum auf, im übrigen aber nur, um die kriegerische Begeisterung seiner Besucher ein wenig zu dämpfen:

„Ich bin ein Feuerwehrmann!", erklärt er ihnen in der Tat, „und bereit, dorthin zu eilen, wo es brennt."

Auf gut Französisch heißt das soviel, daß er gegebenenfalls angegriffenen Ländern zu Hilfe kommen, selbst aber nicht zur Offensive übergehen wird. Von ihm ist also nicht zu erwarten, daß er dem Gegner die Initiative aus der Hand reißen wird ...

„Wir sind die Stärksten!"

Herr Sumner Wells kommt nach Europa ... Wie abfällig und mit welcher Geringschätzung nimmt man

seine Friedensmission auf! Schon wieder einer, der uns um unseren schönen Sieg bringen will!
„Das ist etwas, was Amerika nicht tun kann und nicht tun wird", entscheidet Oberst Fabry, „denn das hieße ja dem Konflikt Einhalt gebieten, indem man die Freiheit opfert."
„Der weiße Friede? Das wäre die Revolution!", setzt der „Paris-Soir" hinzu. „Für jeden Franzosen, für jeden Engländer, der seines Namens würdig ist, ist der weiße Friede gleichbedeutend mit dem Frieden Hitlers und Stalins, und mit der Niederlage der Alliierten, gerade jetzt, wo sie noch völlig unverbraucht sind und ihre Kräfte ständig wachsen. Das wäre Verrat. Und bei den freien Völkern heißt Verrat Revolution!"
Und so verhöhnt Herr Bertrand d'Aramon, Pariser Stadtverordneter, in einem offiziösen Blatt die Blitztour des Herrn Sumner Wells:
„Welche praktischen Ergebnisse wird diese unter Volldampf vor sich gehende diplomatische Rundreise haben? Auch nicht die geringsten!"
„Wir lassen uns nicht durch falsche Friedensträume ohne Sieg unvorbereitet einwiegen. „Worum handelt es sich?", sagte Marschall Foch. „Im Schutz und hinter unserer feuerspeienden Maginotlinie und nach Sicherung der Freiheit der Meere für unseren Handel und unsere Verpflegung handelt es sich für uns darum, während dieses Belagerungs- und Dauerkrieges unsere Moral aufrechtzuerhalten, tunlichst weitere Verbündete heranzuziehen und den Neutralen ein Gefühl des Vertrauens einzuflößen. Wie dies unser Finanzminister glaubwürdig und souverän aussprach: Wir sind die Stärksten!"

Wenn man nach Norwegen ginge?

Ja, aber wohin? Nach Norden? Vielleicht wird uns von Norden her das gleißende Licht des Sieges erstrahlen?
„Es gibt ein norwegisches Problem", schreibt bereits am 26. Februar der frühere britische Kriegsminister

Hore Belisha im „Paris-Soir". „Ganz gewiß verlagert sich der Schwerpunkt augenblicklich von der Westfront nach Nordeuropa. Deutschland richtet seine begehrlichen Blicke nach der norwegischen Küste. Ohne sich zwar die Gefahren einer schwierigen Besetzung aufzubürden, sicherte es sich dank seiner üblichen Einschüchterungsmethoden gewisse Vorteile, die ihm üblicherweise erst eine tatsächliche Besetzung gebracht haben würde.
Norwegen ist nicht in der Lage, die strikte Beobachtung seiner Neutralität zu wahren. Es könnte es den Alliierten nicht verübeln, wenn sie seine Hoheitsgewässer als einen Teil des Ozeans betrachten würden, auf dem sie sich schlagen.
Sofort aber würde sich Deutschland allmählich seines unzureichenden Nachschubs wegen an der Gurgel gefaßt sehen. Norwegen ist eine auf das Herz Großbritanniens gerichtete Pistole. Das britische Volk muß sich dagegen sichern, daß diese Waffe nicht gegen es losgeht."

Ist der Augenblick nicht günstig?
Am 1. April stellt Churchill nachstehende grundlegende Tatsachen fest:
„Wenn unsere materiellen und menschlichen Hilfsquellen ihre denkbar höchste Ergiebigkeit erreicht haben werden, werden sie die des Feindes gewaltig übersteigen. Die vereinigten britischen und französischen Volksrassen umfassen 110 Millionen Menschen gegenüber weniger als 70 Millionen Deutscher, denn man darf die 16 Millionen nicht dazu rechnen, die sie gegenwärtig ihrer brutalen Gewalt unterwerfen.
Dank der von uns ausgeübten Beherrschung der Meere, die jeden Tag wirksamer wird, stehen uns die Hilfsquellen der ganzen Welt in sehr weitgehendem Maße offen und wenn wir einen Blick auf den Kriegsschauplatz in seiner Gesamtheit werfen, können wir berechtigterweise sicher sein, nicht zu unterliegen, wenn wir unser Möglichstes tun."
Und selbstverständlich ist es wieder unsere Madame

Geneviève Tabouis, die im Brustton der Überzeugung hinzufügt:
„Von der zweiten Aprilhälfte ab wird es für die deutsche Stahlerzeugung keine Erzlager mehr geben. Das Reich wird von den täglichen Erzeingängen abhängig sein.
Mit dem Petroleum ist es nicht anders. Die Vorräte ermöglichen eine Offensive von nur 5 bis 6 Wochen. Man erklärt daher in militärischen Kreisen, daß sich das Reich in einer Sackgasse befindet, da die allgemeine kriegswirtschaftliche Lage einen schnellen Sieg der deutschen Heere erforderlich macht, einen Sieg, der davon abhängen würde, daß das Reich seine gesamten militärischen Kräfte aufs Spiel setzt.
Nun ist das aber in naher Zukunft nicht möglich, da Deutschland nicht Gefahr laufen kann, kurz nach Beginn einer Offensive an Kriegsmaterial knapp zu werden."

„Hitler hat den Omnibus verpaßt!"

Chamberlain aber, der am Morgen des 4. April, bevor er zur Versammlung des Zentralrates der konservativen und unionistischen Vereinigungen aufbrach, wo er das Wort ergreifen sollte, Radio gehört hatte, um schnell noch einmal festzustellen, ob sich nicht irgend etwas Sensationelles jenseits des Rheins ereignet hat, war in vollstem Maße beruhigt worden, da er nichts anderes als die alten abgedroschenen Drohungen vernommen hatte.
Und so entfaltete er denn auch an diesem Tage einen wirklich totalen Optimismus. War er zu Kriegsbeginn tatsächlich hundertprozentig überzeugt? Hatte er es gesagt, verkündet, geschworen? Wußte er es ganz genau, daß Frankreich und England siegen würden?
„Nun gut! Heute am 4. April, nach sieben Kriegsmonaten, fühle ich mich noch zehnmal siegeszuversichtlicher als jemals!

Bei Kriegsausbruch waren die deutschen Vorbereitungen den unseren weit voraus. Und daher war es seinerzeit sehr natürlich, zu erwarten, daß der Feind diese anfängliche Überlegenheit dazu benutzen würde, uns zuvorzukommen, um uns und Frankreich zu überschwemmen, noch bevor wir Zeit zur Beseitigung unserer Schwächen gehabt hatten. Ist es nicht geradezu erstaunlich, daß nichts Ähnliches dieser Art auch nur versucht wurde?
Was aber auch immer der Grund hierfür sein mag, ob Hitler geglaubt haben mag, sich jetzt mit dem, was er kampflos erwarb, aus der Affäre ziehen zu können, oder ob seine Vorbereitungen letzten Endes doch noch nicht so völlig abgeschlossen gewesen sind, eins steht fest: Den Omnibus hat er verpaßt!"
„Hitler verpaßte den Omnibus", wiederholte man und rieb sich dabei die Hände. „Jetzt hat er auch nicht mehr die geringste Aussicht, ihn wieder erreichen zu können!"
Drei Tage später, am 7. April, versichert General Ironside feierlich: „Hätten die Deutschen ihren Angriff zu Beginn des Krieges durchgeführt, hätten sie uns immerhin schaden können. Jetzt aber sind wir bereit, auf alles zu antworten, was sie sich auch nur ausdenken mögen!"
Welch beißender Hohn und welcher Spott daher, welch hemmungsloser Sarkasmus in der gesamten französischen Presse vom Dienstag, den 9. April, beim Eintreffen eines Telegramms aus Berlin, das ankündigt:
„Paris wird am 15. Juni, Bordeaux am 1. Juli besetzt sein."
„Es steht Goebbels ja frei", schreibt das „Oeuvre" in seinem Leitartikel, „uns für einen der nächsten Tage den großdeutschen Schlag gegen unsere Befestigungen vorauszusagen und uns den von Ludendorff im Jahre 1918 so bezeichneten „Friedenssturm" anzukündigen. Mag sich Deutschland, das nicht mehr zappeln kann, den Kopf an der Maginotlinie einrennen!"
Nun besetzte an jenem Tage und zu jener Stunde

Deutschland Dänemark und landete in Norwegen. Dänemark leistete keinen Widerstand, obwohl der Ministerpräsident, Herr Stauning, getreu den technischen Gepflogenheiten, „schöne Versprechungen" zu machen ... vorher geschworen hatte: „Dänemark wird sich mit all seinen Kräften wehren."
Bezüglich des Königs Haakon meldet uns eine Havas-Depesche, daß er völlig ruhig sei, seine Schuhe nicht ausgezogen habe und nach seinen feierlichen Versicherungen auf keinen Fall und trotz aller Gefahren norwegisches Gebiet nicht verlassen würde.

„Der Weg zum Eisen ist endgültig versperrt!"

„L'Allemagne sans ferre – s'enferre" – erklärt eine geistreiche Schlagzeile des „Paris-Soir". Und Zeichnungen, Zahlenaufstellungen und graphische Tabellen beweisen es unwiderlegbar, daß die Versorgung des Reichs skelettartig zusammenschrumpft und ihm von nun an der Weg zum Eisen abgeschnitten ist.
Nichts anderes wird übrigens Herr Paul Reynaud zwei Tage später wiederholen, jedoch voll rasenden Stolzes und von dieser Gewißheit geradezu berauscht!
An jenem Tage muß er nämlich die Angriffe des Geheimen Senatsausschusses über sich ergehen lassen.
„Worin besteht Ihre Rüstungspolitik? Wie gedenken Sie das Oberkommando zu reorganisieren? Wie lautet Ihr Aktionsprogramm und wie denken Sie sich dessen Durchführung? Beabsichtigen Sie die Schaffung neuer Ausbildungslager für Flieger?", fragten ihn die Senatoren Dormann, Reibel, Bénazet und Lourties.
Und in letzter Minute hatten sich noch weitere indiskrete Fragesteller vormerken lassen. Jean Fabry wünschte Aufklärung über unsere Kriegführung, Maroselli forderte eine Stellungnahme zur Frage der Kampfwagen, J. P. Rambaud erbat Zahlen zum Problem unserer einsatzfähigen militärischen Kräfte, Robert Delmont legte erheblichen Wert darauf, über

die Rüstungsindustrie unterrichtet zu werden, während Bardoux die Bedingungen kennenlernen wollte, unter denen die von den Alliierten den Staaten auf dem Balkan und im Baltikum gegebenen Garantien wirksam werden sollten, usw. usw.
Die Entwicklung sah für die Regierung gefährlich aus ...
„Hören Sie sich meine Antwort an!", rief Herr Paul Reynaud, „was sich künftighin auch immer ereignen möge, das eine kann man bestimmt von jetzt an behaupten: für die gesamte Dauer des Krieges wird auch nicht eine einzige Tonne Erz von Narvik aus nach Deutschland mehr verfrachtet werden, denn der einzige Transportweg, der ständig benutzbar ist, wurde gesperrt. Es handelt sich für die Alliierten hierbei um einen seiner Bedeutung nach gar nicht abzuschätzenden Gewinn, der sich dauernd auswirken wird und von grundlegender Wichtigkeit ist."
Und weiterhin erklärt er noch:
„Aber auch vom wirtschaftlichen Standpunkte aus ergibt sich ein völlig neues Bild und ein nun endgültiger Zustand, sobald sich einmal der Eintagserfolg unserer Besetzung ausgewirkt haben wird. Deutschland wird sich nunmehr durch und über Dänemark und Norwegen nicht mehr versorgen können. Zwei ins Weite führende und bisher offene Fenster schlossen sich. Die Durchführung der Blockade seitens der Alliierten wird sich von morgen an in ihrem ganzen Umfang und mit ihrer gesamten Kraft wirkungsvoll auf die bisher der deutschen Kontrolle unterliegenden Gebiete erstrecken. Aber auch militärisch befindet sich Hitler jetzt, nachdem er sich sooft großsprecherisch gerühmt hat, seine Kräfte nicht zu verzetteln und nur eine Front zu haben, in der Zwangslage, Menschen und Material abziehen zu müssen, um sich gegen die Abschnürung des Eisenweges zu wehren."

Ein ungeheurer strategischer Fehler

Am nächsten Tage wird Reynaud in der Kammer noch ausführlicher:
„Schon jetzt, und ich sagte es gestern bereits im Senat, ist eins sicher: der ständige Transportweg für das schwedische Eisenerz nach Deutschland ist unterbrochen und wird es bleiben. Deutschland, das Stahl braucht, um uns angreifen zu können, sieht sich in einer lebenswichtigen Frage bedroht und setzte soeben alle seine bisherigen Maßnahmen, seine ganze Kühnheit und sein ganzes Prestige aufs Spiel. Es lieferte uns das Schauspiel eines Ausbruchs aus einem belagerten Land. Nun lehren uns aber alle früheren Geschehnisse der Seekriegsgeschichte, daß der massierte Zwangsdurchbruch eines zur See Schwächeren zwar vereinzelte und persönliche, in ihrer Auswirkung aber völlig bedeutungslose Heldentaten auslösen kann. Ein Beispiel dagegen, daß eine solche Operation nicht zwangsläufig zum Scheitern verurteilt ist, gibt es nicht.
Zur See bestehen die Schwierigkeiten nicht darin, Operationen einzuleiten, sondern gerade darin, sie auch zu Ende zu führen! Schon jetzt kann man die Ergebnisse des deutschen Ausfalls voraussagen und sich ein Urteil bilden: anfängliche taktische Erfolge und ungeheure strategische Fehler!"
Diese entschiedenen, klaren, bestimmten und endgültigen Erklärungen ließen die „Spannung" der allgemeinen Stimmung, die bisher recht gedrückt und matt gewesen war, die höchsten Gipfel des Optimismus erklimmen.
Man traf nur noch auf frohgelaunte und heitere Menschen. Das Kriegsende stand nahe bevor! Es konnte sich nur noch um ein paar Tage handeln! Und große Anstrengungen und Mühen würde uns der Krieg dann auch nicht gekostet haben.
Man begegnete sogar Leuten, die soweit gingen, sich darüber zu beklagen, daß Deutschland sich zu solchen Torheiten habe hinreißen lassen. Bestätigte uns nicht ein Havas-Telegramm aus Washington, daß

den Amerikanern drüben das deutsche Unternehmen so gewagt erschiene, daß man es nur der Verzweiflung zuzuschreiben geneigt sei? Die armen Deutschen! Schon wieder besiegt! Irgendwelche Aussichten haben sie bestimmt nicht mehr! Und brave Leute wurden ganz gerührt und spielten die Großmütigen: „Dieses Mal wird man nicht zu hart mit ihnen umspringen, sondern ihnen vernünftige Bedingungen machen!"

Die Deutschen umzingelt!

Mehrere Tage hindurch genoß man schon im voraus die ganzen Freuden des errungenen totalen Sieges, indem man die weitere Entwicklung des „ungeheuren strategischen Fehler Hitlers" verfolgte.
„Das ist der Wendepunkt des Krieges", erklärt uns der Leitartikel des „Temps" vom 14. April. „Der brutale Schritt des Reichs ist der größte Fehler, den Hitler machen konnte. Gesenkten Hauptes und mit geschlossenen Augen stürzte sich Deutschland in das tollkühnste Abenteuer. Die erste Erkenntnis, die sich aus den in Nordeuropa entwickelnden Ereignissen ergibt, zeigt, daß Deutschland über die politischen und militärischen Möglichkeiten nicht verfügt, auf die sich seine Einschüchterungspropaganda ununterbrochen stützte. Wären Deutschlands Möglichkeiten wirklich so, wie sie die Hitlersche Propaganda gerne glauben machen möchte, hätte sich Hitler niemals dazu verstanden, seinen Gegnern eine Frist von sieben Monaten einzuräumen, die es den Feinden des Reichs erst ermöglichte, ihre Kräfte zu konzentrieren und die ungeheuersten Kriegsvorbereitungen zu vollenden, welche die Welt jemals erlebt hat; und er hätte sich auch nicht so blindlings in das irrsinnige Abenteuer einer Landung in Norwegen gestürzt, ohne die Seeherrschaft zu besitzen."
Und der Leitartikler, Jean de Pierrefeu, übertreibt dann die unbegrenzten Einsatzmöglichkeiten, die sich uns aus der norwegischen Front ergeben werden:

„Beim Blick auf die Karte wird es niemandem entgehen können, daß eine bis zum Skagerrak reichende norwegische Front eine Operationsbasis gegen Norddeutschland ergeben würde, die auch nicht im geringsten unserer Hauptfront im Nordosten zum Nachteil gereichen könnte. Darüber hinaus entstünde für England eine Art vorgeschobenes Bollwerk, von dem aus es durch von hinten gestartete Gegenschläge die gegen seine Küsten gerichteten Luftangriffe meistern könnte, und dies um so leichter, als sich eine solche Front dank ihrer Heimatnähe sogar ohne weiteres reichlich versorgen lassen würde."
Verkündete Churchill nicht soeben im Unterhaus, daß Narvik „der Weg sein kann, der wie von ungefähr zum endgültigen Kriegserfolg führen kann?"
Und so beginnt man denn, allerdings auf dem Papier, die deutschen Nachschubstraßen abzuschneiden, die überallhin zerstreuten Reste der unvorsichtigerweise ausgeschifften Truppen gefangenzunehmen, um endlich in riesigen und über sechs Spalten gehende Überschriften zu melden:
„Am Ende ihrer Hilfsquellen angelangt, sollen die Deutschen in Norwegen von den Alliierten umzingelt worden sein!"
Diese Sensationsnachricht wird zwar erst gewissermaßen bedingt veröffentlicht. Um so schlimmer! In einem solchen Augenblick allgemeinen Wohlbefindens und höchster Freude wird man sich doch wohl nicht an derart unwichtigen Dingen wie kleinlichen Satzbildungslehren stoßen! Es ist aus! Sie sind erledigt! Jetzt haben sie nichts mehr, womit sie sich brüsten, nichts womit sie noch Krieg führen können! Also?

Langsamer Rückzug ...

Man weiß, was geschah.
Vom 17. April an blasen die Lügner zum Rückzug.
Die französisch-britischen Expeditionskorps auch.
Oberst Fabry, der früher Feuer und Flammen vom Himmel hatte regnen lassen, richtet nachstehende

kluge und vernünftige Anfrage an die Staatsgewalt: „Ich bin sicher, die Meinung der meisten Franzosen zum Ausdruck zu bringen, wenn ich frage, ob die Heeresberichte, Veröffentlichungen und Reden diesseits der Wahrheit bleiben."
Diesseits der Wahrheit? Wie leicht das ist, wenn man sich so weit von ihr entfernte!
Immerhin, versuchen wir es!
„Jeder sieht ein", erklärt „Paris-Midi", „daß der Krieg in Norwegen lang, mühsam und hart sein wird und sich jetzt bereits in seiner kritischen Phase befindet. Dennoch aber wird man sich wappnen müssen, gegebenenfalls mit einem Mißgeschick zu rechnen."
Nach Maßgabe des deutschen Vormarsches in Norwegen versucht man wiederum die schon so wohlbekannten Erklärungen anzubringen:
„Um so besser! Sie entfernen sich immer weiter von ihren Ausgangsstellungen!" Was wird aus der fliegenden deutschen Kolonne werden, die im Blitzmarsch auf Dombas vorrückte? Sie operiert mit nur unbedeutenden Kräften auf einem weit ausgedehnten Gelände. Eine große Offensive der Alliierten kann und muß sie zurückwerfen oder in eine schwierige Lage bringen.
Der Trick zieht aber allmählich nicht mehr und wirkt auch kaum noch. Als die Alliierten Namsos aufgeben, erklärt der britische Rundfunk:
„Der Rückzug der Alliierten aus Mittelnorwegen beendet eine Phase des Krieges, der zukünftig durchaus noch einmal eine größere Ausweitung annehmen kann. Jedenfalls gehört der Krieg in Norwegen noch nicht der Vergangenheit an."

„Ihr habt uns belogen!"

Ein paar Tage später war es nicht mehr wahr. Der Krieg um das Eisen schien für Frankreich und England doch der Vergangenheit anzugehören...
Sogar einer sehr wenig glorreichen und mit Niederlagen schwer belasteten Vergangenheit. Wie Polen! Wie Finnland! Man mußte räumen... Der „endgültig

versperrte Weg zum Eisen" war neuerdings wieder offen. Den ungeheuren strategischen Fehler aber machten Frankreich und England. Ein riesiger – und erneuter – Riß im Blockadering war geschaffen. Doch half man sich jetzt wieder mit jenem anderen wohlbekannten technischen Verfahren, mit der Verherrlichung glänzend gelungener Räumungen!

„Wie prachtvoll dieser hervorragend durchgeführte Rückzug wiederum gelang! Wie bewunderungswürdig sich unsere Truppen doch wieder zurückzogen! Welchen Schneid, welch klaren Blick, welches Genie beweist dieser weise Entschluß unseres Oberkommandos! Der Feind wird sich schön genarrt vorkommen, niemanden mehr vor sich zu haben!"

Die „Times" selbst ist von diesem plumpen Verfahren unangenehm berührt:

„In ihren ersten Kommentaren über die Räumung erwecken gewisse Leute den Eindruck, als hätte England in dieser Affäre einen bedeutenden Erfolg errungen. Es ist aber ganz sicherlich keiner.

„Aber", so beeilt sich das City-Blatt zum Trost hinzuzusetzen, „schließlich ist er nicht so schwerwiegend als der Rückzug von Mons 1914 oder der von Gallipoli."

„Ja, immerhin aber werden Kriege nicht durch noch so glänzend durchgeführte Räumungen gewonnen", meint Herr Arthur Greenwood am 8. Mai vor dem Unterhaus, wo man Churchill und Chamberlain auffordert, ihre „dummen optimistischen Erklärungen" zu begründen.

„Wie dem aber auch sei", ruft seinerseits Major Atlee aus, „ein Rückzug war es trotzdem! Und er stellt auch einen Rückschlag dar! Der Ton des Premierministers am letzten Donnerstag war zu optimistisch und zu selbstgefällig. Er erklärte, daß wir durch die Geschehnisse außerordentlich begünstigt worden wären und sich der Vorteil auf die Seite der Alliierten neige. Ich glaube, daß es hinsichtlich der Ereignisse bei Lichte gesehen doch recht schwierig ist, behaupten zu wollen, daß dieser Feldzug bisher zu unseren Gunsten verlief.

In seiner heutigen Rede hat der Premierminister meiner Ansicht nach einen etwas anderen Ton angeschlagen, eher einen entschuldigenden und erklärenden. Wir müssen bei der Wirklichkeit bleiben, und die besagt, daß wir eine Schlappe erlitten."
Und der Führer der Opposition hält es für bedauernswert, daß die Ministerreden, die Presse und der Rundfunk bei der Öffentlichkeit so große Hoffnungen erweckt haben:
„So wurde das Volk stets dazu veranlaßt, diese Expedition für im höchsten Grade bedeutungsvoll anzusehen und zu der Auffassung gebracht, daß die allgemeine Lage jetzt daher recht enttäuschend ist."
Der Führer der liberalen Opposition, Sir Archibald Sinclair, erklärt in einer Anspielung auf die Haltung der neutralen Länder, daß man sich nicht zu wundern brauche, daß sie sich den Alliierten nicht anschlössen, wenn diese nicht selbst bereit und fertig seien.
„Sie werden sich uns nicht anschließen, bevor wir nicht selbst einsatzbereit sind. Die Hauptsache ist nicht, die Neutralen zu warnen und von ihnen das Eingehen gewisser Risiken zu verlangen, um andere späterhin zu vermeiden. Welche Maßnahmen trafen unsere Minister, um unsere Kräfte darauf vorzubereiten, diesen Gefahren entgegenzutreten?"
Herr Morrison seinerseits wirft der Regierung vor, es auf diplomatischem Gebiet an Phantasie und Einfühlungsvermögen fehlen gelassen zu haben und beschuldigt den Premierminister, Sir John Simon und Sir Samuel Hoare „ihrer Aufgabe nicht gewachsen und verantwortlicher als irgend jemand anders dafür zu sein, den Krieg zu vermeiden nicht verstanden zu haben".
Chamberlain selbst aber trägt die persönliche Verantwortung für die Vernebelung der englischen und französischen Gehirne. Denn war er es nicht, der am 4. April, vor kaum einem Monat also erst, erklärte, daß er zehnmal zuversichtlicher als zu Kriegsbeginn sei und Hitler den Omnibus verpaßt habe?
„In Norwegen hat uns Hitler soeben wieder einmal

bewiesen, daß er den Omnibus keineswegs verpaßte! Das eine steht fest, entweder sind Sie ein abgefeimter Lügner oder ein alter Irrsinniger!" Das sagt, mit Billigung der Zensur, nur etwas akademischer, der „Temps" in einer aus London stammenden Depesche vom 8. Mai:

„Was augenblicklich bei der verändert laufenden Entwicklung der politischen Stimmung in England bemerkenswert ist, ist die Feststellung, daß es eigentlich gar nicht die Regierung ist, die man kritisiert, sondern vielmehr nur Herrn Chamberlain, als wäre er selbst verantwortlicher als seine Kollegen. Man erinnert sich seiner Friedensbemühungen seit 1937, denkt an die Münchner Vereinbarung und auch an gewisse unglückliche Äußerungen wie ‚Hitler hat den Omnibus verpaßt' oder ‚ich bin zehnmal zuversichtlicher als zu Kriegsbeginn'. Es liegt eine gewisse Ungerechtigkeit in der Gegenüberstellung der gegenwärtigen Lage mit diesen Worten, die am 4. April fielen, nach sieben Monaten Krieg und vor der deutschen Besetzung Dänemarks und Norwegens. Mit seinen Bemerkungen hatte der Premierminister eigentlich sagen wollen, daß uns Hitler dadurch einen Dienst erwies, uns nicht machtvoll an der Westfront angegriffen und hiermit den Alliierten gestattet zu haben, sieben Monate hindurch ihre Vorbereitungen fortzusetzen. Die Öffentlichkeit aber hält sich nicht an Daten und an die optimistische Rede vom 4. April erinnert man sich jetzt nur noch mit einem gewissen Gefühl der Bitterkeit."

Am nächsten Tage lag Neville Chamberlain als Opfer der norwegischen Niederlage genau so am Boden wie Daladier nach der Schlappe in Finnland. Und am übernächsten Tage folgte der furchtbare Donnerschlag des 10. Mai.

NEUNTES KAPITEL

Der 10. Mai:
Ein unsinniger Fehler Hitlers!

8. Mai 1940! Zwei Tage vor dem verhängnisvollen Datum, jenes Datum, das künftigen Geschichtsschreibern zum Ausgangspunkt dienen wird, den Anbruch einer neuen Zeit festzustellen...
Während dieser strahlenden Frühlingstage ist in Frankreich alles ruhig... Im bezaubernden Schmuck rhetorischer Blumen und inmitten blütenhafter Phrasen, voll strahlenden Optimismus und voller Hoffnungen, bestätigt uns Madame Geneviève Tabouis in der Zeitschrift „Marianne", daß „Hitler tagtäglich immer mehr außer Atem kommt und sich inzwischen immer mehr verausgabte... Je größer der Führer sein Reich macht, je schwächer werden seine Kräfte".
Rechneten die verschiedenen Abteilungen des Großen Generalstabes des Reichs, dessen Geheimberichte Madame Tabouis natürlich kennt, etwa nicht aus, daß der skandinavische Feldzug in bezug auf Truppen und Kriegsmaterial die von den zuständigen Stellen vorgesehenen Mengen weit übertrafen, beispielsweise wurde allein an Betriebsstoff 500 Prozent mehr verbraucht, und 600 Prozent bei der Truppe und 800 Prozent bei der Luftwaffe?
„Der Sieg in Norwegen ist ein Pyrrhussieg! Am Tage des Entscheidungskampfes – eines Kampfes übrigens, den Hitler bisher noch nicht zu entfesseln wagte – werden die Kräfte des Reichs bereits empfindlich geschwächt sein...! Im Gegensatz dazu aber wuchsen die Kräfte seiner Gegner jeden Tag, während er noch an seinem Endsieg zu arbeiten glaubte."

Deutschlands hoffnungslose Zukunft

Lassen wir also unsere zuverlässigen Bundesgenossen, die Zeit und die Blockade, für uns arbeiten!

Ein „hervorragender Spezialist", Herr René la Bruyère, beweist uns wieder einmal und zwar in der pariserischsten aller Zeitungen, im „Petit Parisien", daß die Blockade „unser bester Trumpf" ist. Es fehlt in Deutschland an Baumwolle, an Petroleum und Gummi. Und an Leder natürlich auch. Fragen Sie in dieser Beziehung doch nur die italienischen Chauffeure nach ihrer Ansicht, die Ribbentrop und seine Leute während ihrer letzten Mission in Rom herumfuhren! Sie werden Ihnen schon erzählen, daß auf der Rückreise von Italien das deutsche Diplomatengepäck mit diesen rot gegerbten Fellen, die man „Rohleder" zu nennen pflegt, nur so vollgepropft gewesen ist.

„Aus dem deutschen Mangel werden sich Armut, Not und Teuerung ergeben", prophezeit unser Blockademinister Georges Monnet beim Verlassen seines Londoner Flugzeugs.

Und unsere Fachleute rechnen fast auf den Liter genau aus, was Deutschland an Brennstoff übrigbleibt. Deutsche Sachverständige sollen den Bedarf des Reichs für den Fall bedeutender Luftunternehmungen auf fünfzehn bis zwanzig Millionen Tonnen Petroleum geschätzt haben. Und dabei reicht die innerdeutsche Erzeugung noch nicht einmal an drei Millionen Tonnen heran! Und hierbei handelt es sich außerdem noch größtenteils um synthetisches Petroleum! Hinsichtlich der russischen Lieferungen sind sich die leitenden Männer des Reichs durchaus darüber klar, daß Rußland keine bedeutenden Brennstofflieferungen durchzuführen beabsichtigt, da es ihn für seine Armee und seine landwirtschaftlichen Traktoren selbst zu sehr braucht. Die paar Quellen in Galizien, die Deutschland vor der Eroberung der Sowjets haben retten können, liefern nur ganz unwesentliche Mengen, da sie sowieso größtenteils beschädigt sind.

Diese Stärkung und Sicherheit bringende Besichtigungsreise rund um den Horizont und rund um die Not unserer Feinde beschäftigt das „Oeuvre" vier Spalten lang unter der Überschrift:

„Infolge der russischen Zurückhaltung führt die Blockade Deutschland in eine hoffnungslose Zukunft."

Wir sind auf alles vorbereitet

Freuen wir uns also!
Man spricht von deutschen Truppenzusammenziehungen zwischen der Nordsee und dem Rhein...? Das mag sein, jawohl, man spricht aber nicht zum ersten Mal davon! Und in dieser Beziehung beruhigt man uns auch. Man spricht in gewissen Hauptstädten davon, daß Deutschland daran denken soll, mehrere Flottenstützpunkte zu besetzen, um die Einheiten der britischen Flotte bequemer fassen zu können. Denn nach den Gedankengängen des Führers handelt es sich stets um England, auf das man zuallererst abzielen muß!
„Unsererseits aber und auch von unseren Nachbarn wurden alle Vorsichtsmaßnahmen getroffen. Unter diesen Umständen würde Berlin Gefahr laufen, einen neuen taktischen Fehler zu machen.
Einen Fehler, so schließt Herr XX lehrhaft, der nicht mehr gutzumachen wäre!"

Angriffshandlungen sind nicht zu befürchten...

„Aber", so fragen sich einige Beunruhigte, „von unserer Seite her? Von seiten der verlängerten Maginotlinie her? Könnte man von dorther nicht befürchten...?"
„Aus der Richtung der verlängerten und gar verdoppelten Maginotlinie? Wo soeben gerade neue Befestigungslinien mit Betonbunkern, Stollen und Befehlsstellen entstanden...? Wo eine ganze Reihe tiefgestaffelter Werke – – – unsere Grenzen gegen Norden und gegen den Jura wirkungsvoll schützen...? Heutzutage kann man wohl behaupten, daß die Maginotlinie sich verdoppelt hat und daher kein Blitzangriff zu befürchten ist! Alle nationalen Hilfsquellen befinden sich unter zuverlässigem Schutz. Aller

derartiger Besorgnisse ledig, kann unser Generalstab künftighin zu jeder von ihm bestimmten Zeit alle ihm zweckmäßig erscheinenden Entscheidungen treffen, sich zu jeder Operation entschließen."
„Schau, schau...!", sagt sich der stets in „schöne Angriffe" verliebte Durchschnittsfranzose, „dann werden wir unsere Frühjahrsoffensive schon starten!"
Und man beweist ihm, daß wir selbst nicht nur gegen jede Überraschung des Gegners gefeit sind, sondern daß wir darüber hinaus sogar eine schöne für ihn reservierten, schon für die allernächste Zeit.
„Unsere Jagdflugzeuge", versichert ihm Herr Delesalle, Senator und gleichzeitig Major der Luftwaffe, „erwarten ihre Gegner. Die Bilanz der ersten acht Kriegsmonate bestätigt unsere unbezweifelbare Überlegenheit. Die Technik unseres Flugwesens übersteigt die unserer Feinde, das wird die allernächste Zukunft zeigen!"
„Bei unserem Gegner", bestätigt Herr Georges Oudard am 8. Mai in der „Marianne", „gibt es eine Fliegerkrise. Nirgendwo im Westen zeigten die Flieger des Reichs ihre Überlegenheit. Der Nachwuchs an Flugschülern stößt allmählich auf ernste Schwierigkeiten, denn die Nazi-Jugend fühlt sich keineswegs mehr zur Fliegerei hingezogen."
Und was schließlich die Fallschirmjäger anbetrifft..., so erinnert man nur ironisch an ihr erstes Auftreten in Karelien während des finnischen Krieges..." Die Finnen schossen sie wie die Hasen ab, oder pflückten sie von den Bäumen, in denen sie sich verfangen hatten.
Auch nicht einer erreichte lebend die Erde!"

Vorausgesetzt,

daß die Deutschen überhaupt angreifen!

8. Mai... 9. Mai... Wie immer strömen Urlauber heimwärts... Sie erzählen nicht viel, denn es ereignen sich ja nur einige Handstreiche, die von gewissen Heißspornen der Freiwilligenformationen

durchgeführt werden... Man berauscht sich an Worten. Man berauscht sich an Hoffnungen. Wenn Hitler angriffe? Keine Gefahr! Das wäre zu schön! Man wünscht sich mit der Zeit sogar, er möge diese „Dummheit", diesen „neuen strategischen Fehler" machen.
Mitunter jedoch, und vor allem auf seiten der Frontoffiziere, wehrt man sich gegen solche Auffassungen. Und zuweilen hört man auch Alarmrufe:
„Wir haben den Eindruck", schreibt einer dieser Frontoffiziere im „Aux Ecoutes" vom 8. Mai, „daß man mangels jeglicher Phantasie den großen und totalen Schlag in seinem vollen Ausmaß anscheinend nicht in Rechnung setzte und daher nicht alles Erforderliche veranlaßte, um zu unbedingten Sicherheitswerten zu kommen ... Diese Leichtfertigkeit drückt sich in Tatsachen aus, wie sie aus ‚mangelnden Vorsichtsmaßnahmen' sprechen, die über ein gewisses striktes Mindestmaß hinausgehen... Will man Hitler aber entmutigen, so muß man ihm die Gewißheit geben, daß eine Durchbrechung der Maginotlinie nicht nur sehr schwierig, sondern völlig unmöglich ist. Es ist die Aufgabe unserer militärischen Führer, nicht allein nur jeden gegen unsere Front etwa möglichen Angriff vorausschauend machtvoll gewappnet zu sein, sondern auch gegen jede überhaupt nur vorstellbare Offensive."
Derart lästige Mahner aber schiebt man beiseite! Man hört nicht auf sie! Bevor deutsche Armeen nach Frankreich kommen können, müßten sie zuvor erst die belgischen und holländischen Armeen vernichtet haben!
Man zweifelt tatsächlich keinen Augenblick daran, daß Deutschland bei einem etwaigen Angriff dieses Mal den vollständigen Schlieffen-Plan zur Anwendung bringen würde. In einer glänzenden Artikelreihe bewies es uns ja der „Temps", daß die vorteilhafteste Lösung für die Deutschen in einer großangelegten Operation gegen Holland, Belgien und die Maginotlinie bestehen müßte. Auch Schlieffen

hatte ja die Möglichkeit ins Auge gefaßt, gegebenenfalls den schmalen Streifen holländisch Limburgs vom äußersten rechten deutschen Flügel durchstoßen zu lassen. Er hatte diese Lösung aber nur für den Fall in Aussicht genommen, daß es der deutschen Diplomatie zuvor gelang, Holland zum Anschluß an die Mittelmächte zu bringen. Der wesentlichste Unterschied, der sich zwischen dem Aufmarsch der gegenwärtigen deutschen Kräfte und dem des Schlieffen-Plans ergibt, besteht also in einer erheblichen Erweiterung des deutschen rechten Flügels, dem die Aufgabe gestellt sein würde, durch die südholländischen Provinzen zu marschieren.

Das „Überschwemmungsmythos"

Dieser neuen Bedrohung gegenüber aber ist man vorausschauend völlig gewappnet, versichert man uns. General van Toorst Tot Voorst, Generalissimus der holländischen Armee erklärt im Brüsseler „Soir":
„Wir sind ‚wild' entschlossen, jede Gebietsverletzung zu verhindern."
„Sie würden sich also an der Grenze bereits schlagen?"
„Jawohl!"
„Würden Sie Ihren etwaigen Rückzug auf die ‚Festung Holland' unverzüglich durchführen?"
„Nein! Wir würden notfalls zurückgehen, aber nur schrittweise. Wir verfügen über vier, fünf endgültig ausgebaute Stellungen, in denen wir uns halten zu können glauben."
„Und dann", fügte der Generalissimus hinzu, „gibt es ja auch noch einiges Wasser bei uns ... und das beherrschen wir ... In einer Nacht steigt oder fällt der Wasserspiegel um einen Meter. Und wenn man Straßen, Eisenbahnen und Brücken sprengen muß, wird eben alles in die Luft gehen!"
„Alles wird in die Luft gehen! Und die Hitler-Armeen dazu!", denkt sich der Durchschnittsfranzose vergnügt.
... diejenigen wenigstens, die den Gefahren des Was-

sers entrinnen konnten... Ach, diese holländischen Gewässer! Haben sie nicht die zum Träumen gebracht, die sich den Krieg erträumten? Für immer haben sie die „teutonischen Horden" in diesen Wassern versinken sehen.
Vorausgesetzt natürlich, daß Hitler Holland angreift!
Er ist sich klar darüber, was ihn dann erwartet!
Die „France militaire" selbst erklärt es uns:
„Das Wasser ist das beste Verteidigungsmittel Hollands. Die Holländer stehen heute zwischen Tausenden von neu gegrabenen Kanälen konzentriert, deren Spiegel sie nach Belieben erhöhen oder senken können. Ihre gesamten Verteidigungsanlagen, ihre Bunker, ihre Maschinengewehrnester, ihre Unterstände, ihr ganzes Schützengrabennetz usw. usw. ist sozusagen unsichtbar und sämtliche Durchgangsmöglichkeiten wurden so verlegt, daß auch Generalstabskarten keinerlei Gewähr mehr bieten. Schließlich wurden auch die Küstengrenzen durch Vernebelungsanlagen und Ferngeschütze verstärkt."
Na, dann werden die Deutschen ja bestimmt, so folgert der Durchschnittsfranzose, wenn sie wirklich so dumm sein sollten, Holland anzugreifen, wie die Ratten ersaufen, vorausgesetzt natürlich, daß sie überhaupt angreifen!

10. Mai: „Im Westen nichts Neues!"

Aber leider, leider scheinen sie nicht bereit zu sein, anzugreifen!
Als die Franzosen am Freitag, den 10. Mai, den „Paris Soir" aufmachten, fanden sie lediglich die enttäuschenden Zeilen:
„In Mittel- wie auch in Osteuropa gibt es nichts Neues. Alle über Holland und den Balkan umlaufenden Gerüchte, die sämtlichst, wie man genau weiß, von Berlin ausgingen und von einem englischsprachigen Pressevertreter in die Welt gesetzt wurden, beruhen auch nicht auf einer irgendwie ernsthaften Grundlage."

In einer anderen Zeitung behauptet ein hervorragender Militärkritiker kurz und bündig:
„Es wird viel zu viel von Angriffen geredet, als daß solche wirklich und unmittelbar bevorstehen könnten."
Das lesen die Pariser am 10. Mai morgens in der Untergrundbahn, während das Schicksal seit 5.35 Uhr zum Beginn der größten Schlacht der Geschichte, die mit der größten Niederlage unserer Geschichte enden sollte, an unsere Türen pochte!
Und nachmittags stellte der „Paris Soir" gleichzeitig mit der Meldung auf der ersten Seite, daß die große Offensive begonnen habe, auf der vierten Seite in einer Depesche, die er „vergessen" hatte, fest, daß „in Holland eine gewisse Entspannung eingetreten sei"...

Die Stunde Gamelins ist da!

Also, endlich...!
So lautet der – leider fast einstimmige... – Ruf, mit dem Frankreich die Meldung von der großen Schlacht im Westen begrüßte. Endlich haben wir ein Schlachtfeld! Endlich werden wir uns jetzt messen können!
Mut? Seelenstärke? Zuversicht? Ja, gewiß, aber auch Mangel an Einsicht, und Unwissenheit und Blindheit. Paris sah genau so wie an den Tagen vorher aus. Man sah kaum hier und da einige kleine Gruppen, die sich auf den Bürgersteigen bildeten und ihre Eindrücke austauschten.
„Muß es nicht schlecht um sie stehen, daß sie sich zu diesem hoffnungslosen und verzweifelten Angriff entschlossen?", erklärte man. „Warum griffen sie uns nicht im September an? Warum warteten sie erst acht Monate, während der wir uns gründlich vorbereiten konnten? Weil sie in die Enge getrieben wurden!"
Das denkt sich jeder einzelne dieser Durchschnittsfranzosen und wiederholt dabei die Phrasen „seiner" Zeitung.
„Der Brand", verkündet souverän der Militärkriti-

ker, Herr Charles Morice, der weiß, was andere nicht wissen, „brach genau dort aus, wo ihn unser Generalissimus voraussah und erwartete. Er brach mit einer Verzögerung von mehr als acht Monaten aus und diese Frist wurde glücklicherweise von Frankreich und Großbritannien ausgenutzt."
„Gamelin erwartete diese Offensive? Gamelin erhoffte sie!", berichtigt Edouard Helsey, ein anderer Kriegsberichterstatter, der gleichfalls seine Informationen unmittelbar aus dem Hauptquartier bezieht. Vergeblich drängten ihn die Ungeduldigen, das Schicksal des Landes durch tollkühne und ungestüme Unternehmungen aufs Spiel zu setzen. Selbst auf die Gefahr hin, sich übelwollenden Kritiken ausgesetzt zu sehen, wartete er. Zehnmal, zwanzigmal, hundertmal wälzte er im Geist das Problem, dachte er, über die Karten gebeugt, wägend über die Dinge nach... Heute zeigt es sich, daß er sich nicht getäuscht hat. Er begegnet den Ereignissen mit der wunderbaren Ruhe eines wahrhaft großen Mannes. Denn Gamelin, der zu dieser Stunde mit dem Leben Frankreichs und der Welt spielt, mit dem Ruf seines Namens in kommenden Zeiten, Gamelin ist ruhig, Gamelin ist schlicht und einfach, Gamelin ist stumm.
Er stellt sich dem Gegner, handelt nachdrücklich, überlegt, aber nicht fieberhaft, er, der die Niederlage der Nation nicht nur wie jeder andere seelisch und körperlich empfinden, sondern, mit der Führung des Steuers beauftragt, Jahrhunderte der Geschichte hindurch der Unfähigkeit bezichtigt werden würde, falls sich seine Berechnungen als falsch herausstellen sollten."
Falls sich seine Berechnungen als falsch herausstellen sollten? Fort mit dieser gotteslästerlichen Annahme! Von der anderen Seite der Grenze versichert uns ein Zeuge, der immerhin einen Namen hat, das päpstliche Organ, der „Osservatore Romano": „Gehört der verschlossene Gamelin nicht zur Schule von Joffre, der Frankreich durch den Sieg an der Marne rettete? Die Stunde Gamelins hat geschlagen."

Ist Gamelin aber nicht gleichfalls auch ein Anhänger Fochs? „Er ist der geistige Sohn Fochs, der harte und weise Gamelin! Wie sein Meister Ludendorff besiegte, so wird er Brauchitsch besiegen. Man wird gewinnen, weil man obsiegen muß, denn es kann gar nicht anders sein!"
Wie könnte es auch anders sein bei einem Generalissimus, in dem die Genien Joffres und Fochs zusammentreffen?
Was aber den Chef der zivilen Regierung anbetrifft, Herrn Paul Reynaud, so ist er – nach einer Feststellung des „Matsch" – das Lächeln selbst und genau so sorgfältig angezogen wie gewöhnlich.
Daladier dagegen scheint besorgt zu sein, denn erstmalig vergaß er seine Zigarette anzuzünden.
Warum sich Sorgen machen? Versichern uns genau 36 Stunden nach dem Losbrechen der Offensive die Zeitungen etwa nicht, daß die Holländer und Belgier dem Feind einen Widerstand entgegensetzen, der von Stunde zu Stunde anwächst?
Erklärte uns der erste belgische Heeresbericht etwa nicht, daß es den Belgiern gelang, den deutschen Vormarsch aufzuhalten?
Stand in einer an ihr Volk gerichteten Botschaft der Königin Wilhelmine etwa nicht, daß der deutsche Vorstoß als gebremst betrachtet werden kann?
Und enthüllte uns schließlich nicht auch Madame Geneviève Tabouis die geheimsten und in den Köpfen der „unterrichteten französischen und englischen Kreise" schlummernden Gedankengänge? Diese Kreise sind mit der Entwicklung der Operationen im höchsten Maße zufrieden und haben vollstes Vertrauen in die Zukunft.

Blumen... Küsse... Lächeln...

Kurzum, überall herrscht von oben bis unten eine freudige Erregung. Als sich die französischen Truppen mit unvorstellbarer und noch nicht dagewesener Geschwindigkeit zur Unterstützung Belgiens in Marsch setzten, waren ihre Fahrzeuge und ihre Ka-

nonen mit Blumen geschmückt, bemerkt der Sonderberichterstatter des „Temps". Die französischen Soldaten trugen Fliederzweige und hatten solche auch an ihren leichten Maschinengewehren befestigt. Ein entschlossener und lächelnder Gesichtsausdruck belebte aller Züge. Und auf allen Straßen drängte sich die belgische Bevölkerung, um Frankreich und England, diesen altbewährten Freunden, diesen loyalen, treuen und mächtigen Helfern zuzujubeln.
Blumen! Lächeln! Das sah auch er, Paul Beucher, der Kriegsberichterstatter der „Daily Mail".
„Er fuhr dreißig Kilometer an den ungeheuren Marschkolonnen entlang", telegraphiert von London aus ein Pariser Sonderberichter, „und blickte überall nur in lächelnde Gesichter. Nirgends sah er auch nur eine Spur von Besorgnis. In allen Städten und Dörfern, durch welche die französisch-britischen Armeen marschierten, hätten die jungen Mädchen auf den nahgelegenen Feldern und Gärten blühendes Bohnenkraut und Flieder gepflückt und damit und noch anderen Blumen die Panzerwagen und Geschütze überschüttet und den Soldaten Küsse zugeworfen. Über das ganze Gesicht hätten die Männer gelacht.
Monatelang faßten wir uns in Geduld. Jetzt haben wir, worauf wir solange warteten!, rief ein Infanterist und sprang voller Freude auf einem Lastwagen herum, der ihn zur belgischen Grenze brachte. Es gibt hier einfach keinen Menschen, der nicht überglücklich darüber wäre, die Armee auf dem Marsch zu sehen!"

Unsere Panzerwagen!

Unsere Flugzeuge! Unsere Ausrüstung!

Und wir gehen vor! Nichts hält unseren Vormarsch in Belgien auf!
„Der Marsch vollzieht sich mit aller Schnelligkeit", teilt uns der französische Heeresbericht vom 11. Mai mit. „Unsere Truppen setzen ihren Vormarsch durch Belgien fort und unterstützen hierbei verschiedent-

lich die alliierten Verbände durch den Einsatz vorgeschobener Einheiten."
Alle Zeitungen begeistern sich an der Schnelligkeit, mit der die motorisierten französischen und englischen Kräfte in den Kampf eingriffen.
„Die französische Panzertruppe ist der deutschen überlegen", schreibt „Aux Ecoutes", „Deutschland weiß jetzt, daß wir ihm eine kleine Überraschung zudachten, die Überlegenheit unserer Kampfwagen nämlich."
Nach den ersten Gefechten unserer Panzer mit den gegnerischen erklärt Vicomte Gort:
„Was wir soeben sahen, macht viele Schlappen wieder gut!"
Diese Behauptung unterstützt einer unserer besten Chronisten, Herr Albert Bayet, in „La Lumière" durch die zusätzliche und aufklärende Darstellung:
„Bereits in der Umgebung Tirlemonts stießen Deutsche und Franzosen erstmalig aufeinander. Hitler hatte gerade dort ultramoderne Panzerwagen eingesetzt, vor deren gewaltigen Ansturm unsere belgischen Freunde schrittweise zurückgingen. Plötzlich aber lichteten sich die belgischen Reihen, denn die französischen Tanks waren eingetroffen, die sich nun in kühnstem Schwung auf die feindlichen Panzerkräfte stürzten. Ein furchtbarer Zusammenstoß, bald aber war der Sieg bei den Franzosen.
Ich beabsichtige nicht, aus dieser Panzerwagenschlacht strategische Schlüsse zu ziehen; die ganze Welt aber hat das Recht zu der Feststellung, daß gerade eben jene deutsche Ausrüstung, die man für unüberwindlich gehalten hatte, einer überlegenen Bewaffnung gegenüber versagte."
Im „Temps" kann man folgende Zeilen des Generals Brossé nachlesen:
„Wenn unsere Panzerwagen denen des Feindes glatt überlegen sind, so beherrscht in vielleicht noch stärkerem Maße unsere Jagdfliegerei die gegnerische. Zahlreich sind hier die Siege der britischen und unserer Maschinen, die zudem mit äußerst geringen Verlusten erzielt wurden. Wo aber die englischen

Bomber auch nur erscheinen, verbreiten sie Furcht und Schrecken. Sie werden viel zur endgültigen Entscheidung beizutragen haben."
Und wo bleiben die deutschen Flugzeuge eigentlich?
„Hoch oben in des Himmels Blau ziehen sie ihre Kreise!", schreibt uns der Berichterstatter des ‚Paris-Soir", „vergeblich aber versuchen sie, an unsere marschierenden schnellen Kolonnen heranzukommen. Die Armee Gorts setzt ihren Vormarsch fort, ohne auch zum Himmel aufzusehen, und die an der Bevölkerung vorüberziehenden Soldaten machen sämtlichst ein und dieselbe optimistische und zugleich vertrauensvolle Handbewegung, die darin besteht, den rechten Daumen gerade in die Luft zu strecken."

Gar kein Vergleich mit 14!

Kurz und gut, mit 14 gar nicht zu vergleichen. Ein zweites Charleroi ist nicht zu befürchten!
Der König der Belgier erläßt einen stolzen Aufruf:
„Wie mein Vater im Jahre 1914 stellte ich mich mit dem gleichen Glauben und demselben Vertrauen an die Spitze der Armee. Dank den von der gesamten Nation bewilligten Aufwendungen ist die Macht unseres Landes heute unendlich größer als 1914."
„Diesmal", erklärt der Geschichtsprofessor Albert Bayet kurz und bündig, „waren Belgien und Holland auf der Hut, denn sie verteidigen sich glänzend. Zweitens aber sind auch die englischen Truppen auf dem Festland weitaus zahlreicher als vor 25 Jahren, und schließlich ermöglicht uns die unverletzbare französische Grenze eine Bewegungsfreiheit, wie wir sie bis vor kurzem noch nicht hatten."
„Aber das ist noch gar nichts! Auf unserer Seite", meint ein schwärmerischer Professor, „stehen vor allem die moralischen Kräfte! Schon zeigt sich bei den Neutralen lebhafter Unwille! Schon erhebt sich die große amerikanische Demokratie! Alle diese Anzeichen deuten auf einen großen Umschwung hin, der 1940 eintreten muß, wie er nach 1914 eingetreten

ist. Weil es der Welt glaubte trotzen zu können, brach das alte kaiserliche Deutschland zusammen. Desselben Attentats schuldig, wird daher auch das Hitler-Deutschland dem gleichen Zusammenbruch entgegengehen.
Auch die Zahlen sind auf unserer Seite! Die Ausrüstung besitzen wir! Die Seeherrschaft gehört uns! In wenigen Tagen konnten wir vierhundert deutsche Flugzeuge abschießen! Eisen haben wir, und auch Blei, Getreide und Petroleum. Uns steht ein England zur Seite, das noch niemals so zähe und noch niemals entflammter als heute gewesen ist. Uns gehören auch die Sympathien der Vereinigten Staaten, die sich bereits sehr fühlbar bemerkbar machten.
Wie wechselvoll künftige Schlachten aber auch immer sein mögen, über den Endsieg sind keine Zweifel möglich!"

Der 10. Mai?

Ein Akt verzweiflungsvollen Wahnsinns!

Einer derart erdrückenden Überlegenheit gegenüber kann man sogar so weit gebracht werden, mit dem Kopf gegen die Wand zu rennen: „Warum machte Deutschland eine derartige geradezu irrsinnige Dummheit?"
„Weil", so erklärt es wenigstens ein akademisch gebildeter Stratege, Herr Chaumeix, „es dazu gezwungen war. Die Nachricht platzte wie eine Bombe herein. Kann man aber etwa behaupten, daß sie diejenigen überraschte, die sich seit Beginn der Norwegenaffäre ihre gesunde Urteilskraft hatten erhalten können? Von dem Augenblick an, wo die Deutschen ihre Vorräte anzugreifen gezwungen waren, schien es doch sehr klar, daß sie mit dem Ausspielen ihres letzten Trumpfs nicht solange würden warten wollen, bis eine langsame aber ständige Abnutzung sie schließlich daran hindern würde, mit allen ihren Kräften den Endstoß zu führen."
„Warum haben sie angegriffen? Weil Hitler", fügt ein anderer Kommentator hinzu, „dazu gezwungen

war, den Stier bei den Hörnern zu packen. Zwei Probleme vor allem nämlich sind es, die eindeutig alle anderen beherrschen, das Rohstoff- und Ernährungsproblem; gerade sie aber werden sich in diesem Herbst und diesem Winter in der empfindlichsten Weise bemerkbar machen.
Nachrichten aus sicheren Quellen zufolge werden die Ernten dieses Jahres in Rumänien, Ungarn und Jugoslawien, den drei Ländern also, die zum größten Teil Deutschlands Ernährung ergänzen, sehr mittelmäßig und in gewissen Fällen sogar ausgesprochen schlecht sein."
Warum hat Hitler angegriffen?
„Weil Hitler", antwortet Henri de Kérillis, „von Sorgen, Furcht und Angst gequält und gemartert wird. Er weiß sich durch die Blockade an der Gurgel gefaßt und sieht die seinem Volk drohende Hungersnot. Auch die Russen beunruhigen ihn, die sich hinter ihn stellten, solange aber nur, bis er sich im Kampf gegen unsere Armeen erschöpfte. Jawohl, der Hitler, der uns angriff, ist ein Hitler, dessen Pläne sämtlich zu Scherben wurden, dessen Strategie über den Haufen geworfen wurde."
„Warum dieser irrsinnige Fehler?", fragen sich die „Aux Ecoutes", ein Provinzblatt, „warum unterlag er diesem entscheidenden Irrtum? Hitler, der zu Kriegsbeginn infolge seiner weiter fortgeschrittenen Vorbereitungen und seiner Möglichkeiten, unsere Mobilmachung zu verhindern, unsere Verteidigungsstellungen hätte überfallartig erreichen und unsere Flughäfen zerstören können, wagte die Entfesselung der totalen Offensive wegen der sich für ihn ergebenden zu großen Gefahren nicht und sieht sich nun dazu gezwungen, sich ihnen jetzt auszusetzen. Gerade jetzt, wo es mit seiner Überlegenheit vorbei ist! Ausgerechnet in dem Augenblick, wo sich unsere militärischen Vorbereitungen derart beträchtlich erhöhten! Heute, wo ihm die Blockade bereits schwächte! Zu einem Zeitpunkt, wo jeder bereit und entschlossen ist!
Der Irrtum ist so groß, daß man nur sagen kann,

Hitler wurde deshalb zu ihm gezwungen, weil er infolge seiner völligen geistigen Verwirrung und Verblendung hierzu gebracht worden ist."
Und der Chronist windet sich vor Lachen.

ZEHNTES KAPITEL

Wie man die Fehler des Generalstabes verheimlicht

Der Heeresbericht vom 11. Mai lautet völlig beruhigend: „Unsere Bewegungen in Belgien wurden die Nacht über fortgesetzt."
Am 12. Mai meldet er, daß „sich die Lage in Holland besserte ...; der Marsch unserer Truppen in Mittelbelgien vollzieht sich auch weiterhin normal."

„Sie" und wir

Der Kriegsberichterstatter von Havas meldet uns die Absicht des deutschen Generalstabes, den Alliierten durch Schnelligkeit zuvor kommen zu wollen... General Keitel versucht aus seiner Offensivstellung ein Höchstmaß von Vorteilen zu ziehen, um möglichst große Gebiete zu besetzen, solange hierzu noch Zeit, die englisch-französisch-belgisch und holländischen Gefechtsvorbereitungen noch nicht völlig durchgeführt und noch im Gange sind und die Koordinierung der alliierten Armeen vor allem noch nicht vollendet ist. Diese geht indessen mit äußerster Geschwindigkeit vor sich. Treu den Grundsätzen der deutschen Taktik will General Keitel den Krieg mit den Beinen seiner Soldaten führen.
„Sie" haben nur ihre Beine! Wir aber!
„Wir?", ruft André Foucault im „Candide" aus, „wir?"
„Material: ausgezeichnet und häufig dem des Feindes qualitätsmäßig überlegen.
Truppenverbände: in ihrer Gesamtheit besser als die hastig zusammengestellten einer deutschen Armee, die zum großen Teil improvisiert werden mußte.

Luftwaffe: Unvergleichbare Jäger, die bei allen Begegnungen mit ihren großdeutschen Rivalen die Luftherrschaft überlegen erkämpfen.
Nachschub: Unbegrenzt gegenüber Armeen, die sehr bald vor den geräumten Verpflegungslagern die Zunge aus dem Halse hängen zu lassen gezwungen sind."

Bald beginnt unser Gegenstoß!

„Kurzum, wir fliegen pfeilschnell", übertrumpfen die „Aux Ecoutes" alle, „auf den Endsieg zu! Vergessen wir nicht, daß Deutschland die Blockadewirkungen schon fühlte und die vergangenen Kriegsmonate es wirtschaftlich bereits dorthin brachten, wo es im Jahre 1918 war. Während des letzten Krieges mußte man zunächst seinen Vormarsch aufhalten, Verteidigungsstellungen bauen und ihm den Beweis unserer strategischen Überlegenheit aufzwingen. Heute dagegen würde es an Stelle eines raschen Sieges, den wir uns wünschen, schon genügen, Deutschland zum Stellungskrieg zu verurteilen, um dann sehr bald die Anzeichen seiner bevorstehenden Niederlage klar hervortreten zu sehen. Die tobsuchtsartige Raserei, mit der Hitler seine besten Truppenverbände in die alles verzehrende Glut wirft, beweist nur zu deutlich, wie dringend nötig er eine unverzügliche Entscheidung braucht. Wir brauchen, um siegreich zu sein, weiter nichts als nur Widerstand zu leisten. Hitler hat die beiden mächtigsten Weltreiche vor sich. Und sie werden die Stärkeren sein!"

Wir brauchen nur Widerstand zu leisten! Jawohl, aber Sie werden wohl verstehen, daß wir uns mit solchen Trümpfen in der Hand nicht damit zufrieden geben werden, nur Schläge entgegenzunehmen und uns an die „Strategie der Zielscheibe des Spottes" zu halten, wie sie nach einem Ausdruck Paul Reynauds die Defensive ist.

Der Kriegsberichterstatter von Havas gibt es uns auch in seinem Telegramm vom 12. Mai klar zu verstehen:

„Offensichtlich richtet sich nach dem feindlichen Kriegsplan der Hauptstoß gegen die Nahtstellen der alliierten Armeen. Durch bereits durchschaute Scheinoperationen versucht er die Aufmerksamkeit der französischen und britischen Führungsstellen abzulenken. Schon jetzt setzt sich der deutsche Angriff, der sich zwangsläufig über eine übermäßig ausgedehnte Front, die von Groningen bis nach Mülhausen reicht, erstrecken muß, den Schlägen der alliierten Gegenoffensive aus."

Erste Geständnisse

„Tout va très bien."
Alles geht also sehr gut, Madame la Marquise...
Indessen macht sich doch bereits am 12. Mai abends in wohlunterrichteten Kreisen eine verdächtige Unruhe über die Kämpfe an der südluxemburgischen Grenze bemerkbar ... Was bedeutet das...? Sollte zufällig etwa gerade dort der Hauptoffensivstoß erfolgen? Und soll die Offensive gegen Holland tatsächlich nur eine Ablenkung sein?
„Aber keineswegs!", antwortet der „Temps" diesen beunruhigten Gemütern. Wir hatten lediglich einige simple Vorhuten mit verhältnismäßig viel Kavallerie in das Großherzogtum einmarschieren lassen, die keine andere Aufgabe hatten, als den Feind aufzuhalten. Nach Durchführung ihres Auftrages bliesen sie nun zum Rückzug und stehen jetzt in der Nähe der Grenze mit den Spitzen der feindlichen Kolonnen in Berührung. Unsere Hauptkräfte besetzen dort jene Werke, die in westlicher Richtung die Maginotlinie verlängern."
Eine einleuchtende und unwiderlegbare Erklärung, nicht wahr?
Sie bestätigt auch der Heeresbericht vom 13. Mai morgens: „An der luxemburgischen Grenze von Longwy bis zur Mosel trotz heftiger Beschießungen keine bemerkenswerten Veränderungen."
Am 13. Mai abends aber geht das so nun wirklich nicht mehr! Der für die Offensive in den Ardennen

im Heeresbericht bestimmte Raum schwillt plötzlich an und zum ersten Male bieten sich dem, der zwischen den Zeilen amtliche Lügen zu lesen versteht, beunruhigende Geständnisse:
„Die Deutschen führten einen ganz besonders wirkungsvollen Stoß gegen die belgischen Ardennen, wo sie Fortschritte machen konnten.
Nach Durchführung ihres Auftrages, feindliche Kräfte hinzuhalten, zogen sich unsere Kavallerieeinheiten auf die Maas zurück, die der Feind stellenweise erreichte."
Der Feind erreichte also die Maas... Hat er sie bereits überschritten? Die Heeresberichte vom 14. Mai ermöglichen uns dieses Wissen nicht:
„An der Maas, südlich von Namur, versuchten die Deutschen verschiedentlich den Übergang. Wir leiteten Gegenangriffe ein, die besonders in der Gegend von Sedan noch andauern, wo der Gegner erbittert und trotz hoher Verluste sehr bedeutende Anstrengungen macht."
Und erst am 15. Mai abends erreicht uns die verhängnisvolle Nachricht:
„An der Maas zwischen Mézières und Namur gelang es dem Feind, den Fluß an mehreren Stellen zu überschreiten. Die Kämpfe gehen weiter."

Der verhängnisvolle Tag

Das ist alles. Drei Zeilen – und der Krieg war entschieden!
Der 14. Mai ist für Frankreich ein Tag der Trauer und Unglücks. Es ist der Tag, an dem wir den Krieg militärisch verloren. In wenigen Stunden durchbrach die deutsche Armee unsere Stellung an der Maas, und zwar an der Nahtstelle mit der Maginotlinie, überflutete unsere gesamten Feldbefestigungsanlagen, und in schräger Richtung nach Westen abschwenkend, wandten sich die deutschen Panzertruppen nach Durchbrechung unserer Verteidigungsstellung in allgemeiner Richtung auf Amiens: die Partie war verloren.

Die Fehler Gamelins

Gamelin war in die Falle gegangen! Der Reichskanzler sprach darüber am 19. Juli 1940.

„Zum Unterschied des Schlieffen-Planes vom Jahre 1914 ließ ich das Schwergewicht der Operation auf den linken Flügel der Durchbruchsfront legen, allein unter scheinbarer Aufrechterhaltung der umgekehrten Version. Diese Täuschung ist gelungen... Im Vertrauen auf die Standfestigkeit aller eingesetzten deutschen Infanteriedivisionen mußte aber damit ein Stoß in die rechte Flanke der französisch-englischen motorisierten Heeresgruppe zur vollständigen Zertrümmerung und Auflösung, ja wahrscheinlich zu ihrer Einschließung führen."

Der Irrtum unseres Generalissimus war also zumindest ein dreifacher.

Zunächst glaubte er nicht an die deutsche Offensive. Er glaubte an die Maginotlinie und glaubte weiterhin auch, daß die deutsche Armee bereits beim geringsten Versuch einer Aktion ihren Angriffsgeist und ihren Atem verlieren würde, bevor sie überhaupt die verlängerte Maginotlinie an der französischen Nordgrenze erreicht hätte.

Für unsere Strategen sah die Sache etwa so aus: „Wenn die Deutschen gleich zu Kriegsbeginn es nicht gewagt hatten, anstatt gegen Polen zu marschieren, eine Offensive im Westen zu unternehmen, wenn sie einen Einfall in Belgien und Holland in der Richtung auf Nordfrankreich nicht riskiert hatten, wie sollten sie sich dann heute dazu entschließen, wo ihre Truppen doch durch die 55 polnisch-norwegischen Divisionen dezimiert waren und andererseits die weiten Gebiete Polens und Norwegens zahlenmäßig bedeutende Besatzungskräfte erforderten. Hätten sich die Deutschen an den strategischen Grundsatz gehalten, nach dem ein Koalitionskrieg dazu zwingt, zunächst die Vernichtung des Hauptgegners anzustreben, da dies die freiwillige Kapitulation seiner Trabanten zur Folge hat, hätte sich dieser Grundsatz in allererster Linie durchgesetzt, so hätte zuerst Frankreich angegriffen werden müs-

sen. Nach der Kapitulation Frankreichs hätten die Polen dann schnell die Waffen gestreckt. Entgegen allen Erwartungen griffen die Deutschen zuerst aber das schwächste Mitglied der französisch-englisch-polnischen Koalition an. Dies mußte sie erschöpfen. Anschließend wandten sie sich gegen die Norweger: erneute und nicht weniger riesige Verluste. Was sollte ihnen also für den Westen übriggeblieben sein?
Der Einmarsch in Belgien und Holland, die Offensive gegen Frankreich, soviel Hindernisse, soviel neue Aderlässe für die Deutschen. Die belgischen und holländischen Armeen zählten 35 Divisionen, und es mußte daher erst mit ihnen abgerechnet werden, ehe es möglich wäre, sich auf die französischen und britischen, gutausgebildeten und gutausgeruhten und keineswegs durch überflüssige Operationen erschöpften Armeen zu stürzen."

Der zweite Irrtum bestand darin, nicht an die entscheidende Rolle der Luftwaffe geglaubt zu haben. Vom ersten Tage, dem 10. Mai, an war es offensichtlich, daß sich die deutsche Luftwaffe nicht damit begnügen würde, die bisher der Kavallerie zugeteilte Rolle der Aufklärung zu spielen. Sie säte Unordnung hinter der Front, besetzte dort wichtige Punkte und trug machtvoll, besonders im Norden Lüttichs, zur Einnahme von Befestigungen bei, die für uneinnehmbar gehalten worden waren.
Wenn unsere Front bei Sedan durchbrochen wurde, so nach Angabe von allen, die Mitspieler oder Zeugen des Dramas waren, nur deshalb, weil die Truppen, die davonliefen, Opfer einer unbeschreiblichen Panik wurden. Diese aber war durch die ungeheure Wirkung der massierten Luftangriffe ausgelöst worden, durch jene Flugzeuge, die in 25 bis 50 Meter Höhe über sie hinweggeflogen waren und deren natürlicher Lärm durch den abgeworfenen Bombenregen und durch das Heulen der an den Maschinen angebrachten Sirenen noch weiter erhöht worden war.

Im Schutz dieses Himmels aus Eisen, aus dem es
Tod und Verderben regnete, stießen die Panzerdivisionen Mähmaschinen ähnlich vor, mähten die Front
ab, ohne daß sie auch nur irgend etwas aufhielt.
Diese Angriffe erschienen ihnen unwiderstehlich.
Jeder einzelne Soldat hatte den Eindruck, vom Flugzeug aus erkannt und aufs Ziel genommen zu sein.
Darauf waren sie nun allerdings nicht vorbereitet
gewesen! Niemals hatte man bei den Manövern auch
nur annähernd ähnliche Angriffe vorgeführt.
Die Luftwaffe wurde zur rechten Hand des deutschen Oberkommandos. Die Aufgabe, die an einer
mehrere hundert Kilometer langen Front vom taktischen Gesichtspunkt aus der Artillerie zufällt, diese
Aufgabe übernahm die Luftwaffe, aber vom operativen Gesichtspunkt aus, und auf einer Front von
einigen hundert Kilometern. Am 10. Mai bereits
schnitten deutsche Luftlandetruppen stromabwärts
von Rotterdam die holländische Armee von ihren
Verbündeten im Süden ab, sprengten die belgischen
Forts oberhalb Lüttichs und erzwangen so für die
nachmarschierenden Armeen auf breiter Front den
Maasübergang.
An den Stellen, wo die deutsche Luftwaffe das Vorgehen der Landtruppen unterstützte, ersetzte sie die
schwere und schwerste Artillerie, wobei sie sich dazu noch als viel schneller und wirksamer erwies.
Die „Stukas" waren gleichzeitig Munitionszüge, Munitionskolonnen und Artillerieabteilungen. Sie beförderten die schwersten Bomben über Entfernungen von mehreren hundert Kilometern und fielen
über ihre Ziele her, während die Artillerie erst nach
einigen Tagen dorthin gelangt wäre.
Der – unverzeihliche – Fehler unserer Führer bestand eben darin, die Luftwaffe für eine Nebensache
(quantité négligeable) gehalten, zur Verteidigung der
Befestigungen auf die schwere Artillerie gerechnet
und gegen die Angriffe der Stukas eine nur ungenügende Flotte von Kampffliegerverbänden eingesetzt
zu haben. Tausende von Flugzeugen mit dem Hakenkreuz hatten alle Nervenzentren lahmgelegt, die

wirksam eingreifen und Verstärkungen und Nachschub hatten nach vorn bringen sollen. Eisenbahnbrücken, Straßen, Kolonnen, Straßenkreuzungen in Dörfern und Flußübergänge waren durch die schweren Lufttorpedos unbrauchbar gemacht worden und blieben es auch weiterhin durch immer neue Angriffe von Bombenflugzeugen, die im heulenden Sturzflug auf ihre Ziele herabstießen. Und wenn dann die deutsche Infanterie eintraf, brauchte sie die Ortschaften nur noch zu besetzen und Widerstandsnester zu vernichten. Die Front war zerrissen, die Armeen waren voneinander getrennt.
Zur Abwehr solcher Angriffe hätte man sehr große und sehr mächtige Kampffliegerverbände haben müssen. Man hätte die Sturzkampfmaschinen vernichten müssen, welche die Panzerdivisionen begleiteten, während andere Sturzkampfflugzeuge (diesmal aber unsere ...!) ihre Bomben auf die motorisierten Kolonnen geworfen hätten, so wie es die Deutschen in Flandern mit unseren Panzerwagen machten.
Es wäre erforderlich gewesen, daß unsere Jagdflugzeuge den Zerstörungen der Verbindungswege, der Sprengung der Kolonnen hinter der Front wirkungsvollen Widerstand entgegensetzten.
Es wäre erforderlich gewesen, den Luftraum zu beherrschen ... dann hätten wir auch den Krieg nicht verloren.
Der schwerste Vorwurf, der Gamelin, dem für die gesamte Wehrmacht verantwortlichen Generalissimus, gemacht werden wird, besteht darin, die Kriegserklärung zugelassen zu haben, obwohl er genau wußte, daß unsere Luftwaffe so gut wie wertlos war.

Der dritte Kapitalfehler Gamelins war, Opfer einer Hypothese geworden zu sein, die er „Weltkriegslehren" genannt hatte.
Als im Jahre 1914 die Deutschen in Belgien einmarschierten, erwartete der Generalstab keinen derart starken Kräfteeinsatz nördlich der Sambre. Er glaubte

an ein Scheinmanöver mit dem Zweck, unsere Reserven auf die Linie Sambre–Namur–Lüttich zu ziehen, um dem deutschen Gros eine Durchbruchsmöglichkeit durch die Linie Trier, Sedan und Laon zu erschließen.

Joffre glaubte also an einen Durchbruchsversuch in Südbelgien, während den Deutschen in Wirklichkeit ihre Umgehungsbewegung von Norden her gelang. Nun war aber das französische Oberkommando im Mai 1940 von einem noch viel weitergehenden Umgehungsversuch der französisch-belgischen Befestigungen über Holland und Nordbelgien überzeugt. Es erwartete keineswegs den Durchbruch der Front in Südbelgien, den es 1914 so sehr gefürchtet hatte.

Daher faßte General Gamelin den Entschluß, vor dem sich Joffre im August 1914 gescheut hatte. Er warf nämlich seine Reserven unverzüglich nach Nordbelgien, in dem Glauben, auf diese Weise die Wiederholung jener Umgehungsbewegung zu verhindern, die den Deutschen im Jahre 1914 gelungen war.

Als er einsah, daß sich die Deutschen, weit davon entfernt, unseren Nordflügel auf der Linie Antwerpen–Lille–Amies umgehen zu wollen, ganz im Gegenteil anschickten, die Front Sedan–Amiens zu durchbrechen, war es zu spät! Er hatte seine Reserven aus der Hand gegeben. Er hatte sie im Abschnitt nördlich der Somme, der Sambre und der mittleren Maas eingesetzt!

Und noch dazu in so starkem Umfange, daß zum Widerstand gegen die urplötzlich aus den belgischen Ardennen unterhalb Namurs hervorbrechenden deutschen motorisierten Einheiten keine Kräfte mehr vorhanden waren! Im Handumdrehen waren unsere nördlich der Somme und Aisne eingesetzten 80 Divisionen von der übrigen Armee abgeschnitten. Und das war der Augenblick, in dem die Deutschen Abbeville, die Sommemündung und das Meer erreichten... Von der Zange gefaßt, die einerseits die von der Somme nach Norden vorstoßenden motorisierten deutschen Korps, andererseits die gegen

Westbelgien anmarschierenden Truppen bildeten, gelang es unseren Armeen nicht mehr, dieser Umfassung zu entgehen und so schlossen sich denn mit der Präzision eines Uhrwerks diese Zangen, bis der Fall von Dünkirchen der verzweifelten, bejammernswerten Irrfahrt der drei französischen Armeen und der Trümmer der britischen Armee ein Ende machte.

Kindische Erklärungen

War sich der Franzose dieses namenlosen Unglücks bewußt?
Zuerst erzählte man ihm zur Unterhaltung kleine romantische Geschichten. Wenn der Albertkanal, eine an sich gänzlich unpassierbare Wassersperre..., wie sie es vorher doch gewesen war..., nun doch so leicht hatte überschritten werden können, so nur allein deshalb, weil der Offizier, der zur festgesetzten Zeit mit der Zerstörung der beiden nächsten Brücken im Maastrichtbogen beauftragt worden war, gerade im Augenblick des hervorbrechenden Angriffs von einer Fliegerbombe getötet wurde. Dieser mit einem so wichtigen Auftrage versehene Offizier hatte also gar keinen Stellvertreter?
Wenn die vorher doch auch so gerühmten holländischen Überschwemmungen, die gleichfalls die deutschen Vormarschmöglichkeiten hatten verhindern sollen, zu nichts geführt hatten..., so lag das, wie man uns später sagte..., daran, „daß die Deutschen diese Verteidigungsmaßnahmen genau so gut wie die Holländer kannten". Unser Nachrichtendienst wußte es also nicht?
Wenn die Fallschirmjäger, über die man vorher so laut gelacht hatte, sich dann doch als so überaus kühn und wirkungsvoll erwiesen, dann auch nur deshalb, weil sie, wie man uns später auseinandersetzte, deutscherseits massenweise eingesetzt worden waren. Unser Nachrichtendienst wußte also auch das nicht?

Man sucht und findet...

Um dem Durchschnittsleser die deutsche so überaus neuartige und auch so kühne Strategie zu erklären, sucht man – – und findet man auch sehr schnell – – bildhafte Ausdrücke und wiederholt sie inbrünstig. Man sagt vor allem:
„Dieser Krieg ähnelt dem Blatt einer mit Zähnen versehenen Säge, es ist ein ausgesprochener Sägezähnenkrieg, der also aus abwechselnden Vor- und Rückziehern besteht."
Daher, so rät uns wenigstens der „Paris Soir", braucht man sich keineswegs so plump irreführen und „verdummen" zu lassen.
„Die deutsche Panzerwagenkolonne, welche die Maas überschritt, ist in Z...", verkündeten gestern ernstzunehmende und gutunterrichtete Leute bedeutungsvoll.
„Rief man daraufhin wenigstens den Bürgermeister von Z... an? Ach, am anderen Ende des Drahts hatte man einen Mann vor sich, der über soviel Dummheit und einen derart plumpen Schwindel ganz entsetzt war."
Nach alledem geht's also gar nicht so schlecht, sagt sich daher der Durchschnittsfranzose. Und erklärt nicht eine doch als ernst geltende Zeitung wie der „Temps", deren militärische Artikel zudem auch noch von einem „richtigen" General verfaßt werden, am 15. Mai, als in Wirklichkeit unsere Front bereits durchbrochen und das geschehene Unglück vollkommen war, „daß die feindlichen mechanisierten Vorhuten eine ausgesprochene Rückzugsbewegung durchführten und der Gegner zur Verstärkung seiner motorisierten Truppen *gezwungen* wurde, seine Kolonnen über die Maas und den Albertkanal zu führen. Nun wurden aber die 3 Brücken bei Maastricht von der Royal-Air-Force zerstört und nur eine einzige über den Albertkanal blieb benutzbar, so daß jetzt die französischen und britischen Geschwader die feindlichen Kolonnen unausgesetzt bombardieren. Der Luftkampf ist außerordentlich heftig, der

Vorteil jedoch ganz klar auf seiten unserer Flieger."
Nach der gleichen Zeitung hat sich auch die Lage in Holland wesentlich gebessert. Die Deutschen hatten in der holländischen Armee eine Truppe mäßigen Wertes anzutreffen vermeint. Gegenwärtig scheint jede Gefahr behoben zu sein.

... Leider gab am gleichen Tage, am Mittwoch, den 15. Mai, die niederländische Gesandtschaft um 1 Uhr morgens in einer Note, die der „Temps" in seiner nächstfolgenden Nummer vom 16. Mai veröffentlichte, bekannt:

„Der Oberkommandierende der holländischen Armee erließ an alle Truppen, die es angeht, einen Aufruf, die Waffen zu strecken."

„Holland läßt uns im Stich!" — — stellte daraufhin der Durchschnittsfranzose mit dem vernebelten Gehirn ohne irgendeine innere Bewegung fest. Die anderen, die schlechten Geister, die Miesmacher, sagten sich zwar, daß nach Polen, nach Finnland, nach Norwegen ...; aber man hörte nicht auf sie! Übrigens sagten sie es ja auch nicht laut! Denn die Unterdrückung „subjektiver demoralisierender Nachrichten" war inzwischen immer härter und härter geworden.

Man überwachte im besonderen die allmählich hereinströmenden Flüchtlingszüge, in die sich Agenten der Fünften Kolonne eingeschlichen haben sollten. Und als unglückliche Leute aus den Ardennen es zu erzählen wagten, was sie gesehen hatten, die Panik unserer Truppen nämlich, den Durchbruch durch unsere Front, die deutsche Luftherrschaft, die offensichtliche Unterlegenheit der französisch-britischen Luftwaffe, schob man sie in das nächste Gefängnis ab.

Während die Zensur die formelle Anweisung an die Zeitungen herausgehen ließ:

„Nichts über die Massenflucht!"

ELFTES KAPITEL

Wie konnten wir so weit kommen?

„Die Kühnheit und der gefährliche Charakter der deutschen Taktik", erkennt die große Zeitschrift „Aux Ecoutes" an, von der man überzeugt ist, daß sie gern vertrauliche Nachrichten des Zweiten Büros entgegennimmt, „sind nicht zu leugnen. Aber gerade eben diese Kühnheit, aus der sich gleichzeitig auch ihre Stärke ergibt, ermöglicht blitzartige Gegenschläge und gestattet strategische Manöver, wie sie sich nur ein wahrhaft großer Führer ausdenken kann.
Wir aber haben Vertrauen zu unserem Gamelin, dessen Können und Verdienste die des deutschen Generalstabs noch übertreffen. Die Maas wird die Marne von 1940 sein...!"

Die Front ist durchbrochen!

Die Maas wird die Marne von 1940 sein! Alle guten Patrioten sind hiervon überzeugt. Alle diejenigen nämlich, die (fälschlicherweise) diesen Krieg unter dem Gesichtswinkel von 1914 beurteilen!
Aber gemach! Der Heeresbericht vom 16. Mai (morgens) beweist es uns erneut: „Die Schlacht nahm im Raum von Namur bis Sedan den Charakter des Bewegungskrieges an, an dem auf beiden Seiten motorisierte Verbände und die Luftwaffe teilnehmen."
Bewegungskrieg also! Und kein Stellungskrieg mehr! Es kann kein Zweifel mehr bestehen, daß es sich jetzt um das von Havas bereits angekündigte großartige Gegenoffensivmanöver handelt. Nun schlug Gamelins große Stunde! Jetzt begann das Vorspiel zum Sieg an der Marne...!
Und ungeduldige Menschen tadeln das Oberkommando, weil es ihnen unter dem Vorwand „eines höheren Interesses der Operationsführung" die erwarteten guten Nachrichten vorenthält.
Ach, leider, leider begann jetzt jedoch die Wahrheit

allmählich und Schritt für Schritt ans Licht zu kommen.
Den 16. Mai kann man als endgültigen Ausgangspunkt für die „grausamen Überraschungen" und „furchtbaren Wirklichkeiten" bezeichnen. Den Schleier voller Illusionen, den man im vergangenen März nach der Schlappe in Finnland, späterhin im April anläßlich der Niederlagen in Norwegen zu lüften begonnen hatte, muß man nun unter dem Zwang der Ereignisse vollends beiseite ziehen und den zunächst erstaunten, dann entsetzten, schließlich schamerfüllten, zornbebenden und entrüsteten Franzosen die Wahrheit gestehen.
Diesmal muß die Zensur noch mehr Ballast als seinerzeit bei den „Alarmen" abwerfen.
Zunächst versucht sie die der wahren Lage entsprechenden Worte zu untersagen: „... Durchbruch..." – „... Frontdurchstoß..." – „... Lücke bei Sedan...", bald aber kann sie auch das nicht mehr! Und so läßt sie im „Candide" die nachstehende überraschende Darstellung durchgehen, die den von den Parisern erlittenen seelischen Schock schildert:
„Donnerstagmorgen, am 16. Mai, waren die Pariser so ruhig wie immer seit Beginn der deutschen Offensive zur Arbeit gefahren, durch die Überschriften ihrer Zeitungen für den ganzen folgenden Tag beruhigt. Die Nachricht vom deutschen Durchbruch durch die französischen Stellungen war gleichzeitig unter den Journalisten und in den politischen Kreisen bekanntgeworden. Nichts aber war für die Eingeweihten herzergreifender, als auf der Straße neben jenen gehen zu müssen, die noch gar nichts wußten.
Ihnen gegenüber hatte man stets unter Aufbietung eines gewaltigen Wortschwalls in immer neuen Einzelheiten die Unantastbarkeit unserer Befestigungsanlagen im Anschluß an die gewaltigen Werke der Maginotlinie bis nach Dünkirchen hinauf geschildert.
Seit acht Monaten hatten sie in der Überzeugung gelebt, daß dieser unüberwindbare Wall unseren Bo-

den jedem Zugriff verschloß und die Deutschen sich an der Westfront nur deshalb kaum bemerkbar machten, weil sie es nicht wagten, gegen unsere Befestigungslinien anzurennen.

Nach und nach aber und entsprechend den Heeresberichten und der Verfolgung der Ereignisse auf Karten, die sie nicht immer gut zu lesen verstanden, begriffen die Pariser die erneute schwere, dem Lande auferlegte Prüfung.

Sie mußten eine grausame Überraschung ‚einstekken'."

Der „Temps" vom 17. Mai gibt zu, daß es dem Feinde gelang, mehrere Breschen in unsere Stellungen zwischen Mézières und Namur zu schlagen. Es gelang ihm anscheinend auch, schwere Panzerwagen über die Maas vorzuführen, gegen die unsere gewöhnlichen Panzerabwehrgeschütze offensichtlich machtlos sind. Durch diese nun offenen Durchbruchsstellen stürzten sich leichte und auch gepanzerte Divisionen unter dem Schutz tieffliegender Flugzeuge auf die vor ihnen liegenden Vormarschstraßen.

Auch de Kérillis gesteht, daß diese Schlacht nicht der entspricht, an die er am ersten Tage geglaubt hatte:

„Hier handelt es sich nicht um den Kampf um Holland, es ist auch nicht die Schlacht um Belgien, die große Schlacht um Frankreich begann!

Die deutschen Armeen greifen über Luxemburg die Nahtstelle der Maginotlinie mit der sich nach Norden verlängernden Befestigunglinie an. Sie greifen mit ungeheuren Kräften an. Eine Angriffswelle folgt der anderen. Die Flugzeuggeschwader fliegen ganz niedrig über unsere Infanterie, die sie fast an ihren Gewehrläufen streifen. Die Panzerwagen folgen sich dicht aufgeschlossen und unter einem wahren Höllenlärm. Der Schock ist unbeschreiblich. Es handelt sich um die in Polen angewandte Gefechtstaktik, um den Versuch eines blitzartigen Durchbruchs mit dem gleichzeitigen Versuch gigantischster Auswertung."

Die Brücken wurden nicht zerstört!

Jean de Pierrefeu gibt zu (auch Plutarch könnte jetzt nicht lügen...!), daß die deutsche Methode sich „allen Hindernissen gegenüber durchsetzte" und er unterstreicht „die beinahe ans Märchenhafte grenzende Seite dieses geradezu unglaublichen Erfolges". Immerhin aber sagt er doch, daß „wir uns vor dem Glauben hüten müssen, als verfügten die Nazis über übernatürliche und unbesiegbare Verfahren. Seit Beginn ihres Vormarsches sahen wir sie überall die Fehler und die Nachlässigkeit ihrer Gegner ausnutzen. Seien wir sicher, daß es hier wieder genau dasselbe ist. Wir werden später erst einmal erfahren, auf wie vielen unzerstörten Brücken der Feind über die Maas gelangte."
Was geht eigentlich vor? Und was verheimlicht man uns?
Und so schreit der jäh aus seinem blindesten Vertrauen aufgescheuchte und jetzt zu äußerstem Mißtrauen übergehende Franzose „Verrat!" Das unheilvolle Gerücht, das stets Niederlagen ankündigt und aufdeckt, macht sich breit! – „Wir sind verraten und verkauft worden!", ruft man im Handumdrehen überall im Lande, vorn und hinten hört man nichts anderes mehr. In allen Unterhaltungen, in allen Gesprächen, in Zügen und auf den in die Verbannung führenden Straßen kehrt immer das gleiche Leitmotiv wieder. Man will es einfach nicht glauben, daß die Niederlage bei Sedan ganz natürliche Ursachen haben soll. Man glaubt immer noch, eine schöne Armee, uneinnehmbare Befestigungen, eine unangetastete Moral und unübertreffliches Material gehabt zu haben. All das aber nutzte nichts. Auch das Sedan von 1940 hatte also seinen Bazaine...
Wir sind eben verraten worden!
Paul Reynaud versucht durch den Rundfunk die Öffentlichkeit seelisch wieder aufzurichten, die steuerlos abtreibt. Er leugnet die umlaufenden „absurden Gerüchte" und häuft ... Gegen-Wahrheiten!
„Man erklärte, der Feind ist in Reims...! In Meaux...!

Während es ihm lediglich gelang, südlich der Maas eine breite Bresche zu schlagen, die unsere tapferen Truppen gerade jetzt zu stopfen bemüht sind. Im Jahre 1918 stopften wir ganz andere!
Man sagte, daß sich der Feind ganz neuartiger und unwiderstehlicher Waffen bedient hätte, während sich unsere Flieger mit Ruhm bedecken und unsere Panzerwagen die deutschen Panzerwagen gleicher Klasse übertreffen.
Man behauptete, daß die Regierung Paris verlassen wollte. Das ist falsch! Die Regierung ist und bleibt in Paris."
Den großen Zeitungen aber läßt er Richtlinien zugehen, die das Volk auf die Katastrophe vorbereiten sollen.

Auf dem Wege zu Geständnissen

Und so ist es tatsächlich kein Zufall, daß sich vom 18. Mai an die wesentlichsten Organe der öffentlichen Meinung in manchmal identischen Ausdrükken über die gleichen Themen auszusprechen beginnen.
Der Hauptschriftleiter des „Petit Parisien", Herr Elie Bois, der selbst nur auf Befehl der Regierung und bei besonderen Gelegenheiten zur Feder greift, bemüht sich, seinen treuherzig-harmlosen Lesern, die auch nicht im geringsten darauf vorbereitet waren, zu eröffnen, daß Frankreich auf den Krieg viel unvorbereiteter war als Deutschland (obwohl man uns doch immer versichert hatte, daß Frankreich seit September Deutschland gegenüber ständig vorausgewesen sei!), daß die französische Armee der deutschen gegenüber zahlenmäßig unterlegen wäre (nachdem sich die Zensur bisher stets gegen die Veröffentlichung von Vergleichen der beiderseitigen Armeestärken und sogar der nationalen Bevölkerungszahlen gewehrt hatte). Außerdem aber weist Herr Elie Bois darauf hin, daß die französische Armee noch nicht über ebenso große Mengen von Angriffsmaschinen verfügt, wie sie der Angreifer anhäufte,

und gesteht schließlich auch, daß die britische Armee noch nicht den Kräftehöhepunkt erreichte, den sie erreichen wird, weil unsere Verbündeten zu lange dazu gebraucht hätten, sich der Notwendigkeit der allgemeinen Wehrpflicht zu fügen.
Kurzum, alle diese Geständnisse sollen der Vorbereitung der Leser auf den deutschen Einmarsch dienen. „Wenn wir morgen von einigen unglücklich verlaufenen Operationen Kenntnis nehmen müßten, wie sie im Jahre 1914 zeitweise den Sieg zugunsten des Angreifers herbeizuführen schienen..."
Muß man also verzweifeln? Nein! Der Sieg ist uns gewiß. Und Herr Elie Bois erklärt es uns auch, warum... mit unwiderlegbaren Argumenten und so großen Buchstaben, daß man gegen sie nicht ankann!
„Was die Wechselfälle der nächsten Tage, der kommenden Monate und vielleicht auch Jahre aber immer bringen mögen, wir wissen es – und auch die Franzosen sind sich dessen sicher – daß die Geißel schließlich doch besiegt, die Materie am Ende doch zermalmt und das Übel zu Boden geschlagen werden wird."

Gamelin abgesägt!

Um die Materie zu zermalmen und das Übel zu Boden zu schlagen, bieten die französischen Armeen alle Kräfte auf, um „die Bresche zu stopfen" und die Hoffnungen Frankreichs beginnen, sich verzweifelt an diese allerletzte Aussicht zu klammern.
Schon am 17. Mai fördert man diese Aussichten, steigert man die Hoffnungen und mit welchem Erfolg noch dazu! Die eingeleiteten Operationen bezwekken, die Bresche zu stopfen und zu schließen. Größte Geheimhaltung über die im Gange befindlichen Unternehmungen ist natürlich unerläßlich, genau so, wie auch über ihre Entwicklung nichts gesagt werden kann. Die von den französischen Kräften durchgeführte und angestrebte Schließung der Durchbruchsstellen zielt auf eine zusammenhängende, ununterbrochene und möglichst kurze Frontlinie, die

dann die bisherigen Bewegungsoperationen ersetzen soll.

Am 19. Mai gibt Paul Reynaud am Radio schlechte Nachrichten über die Bresche:

„Ich sagte Ihnen vorgestern, daß es dem Feind gelungen sei, südlich der Maas eine breite Bresche zu schlagen. Diese erweiterte sich inzwischen nach Westen. Die Lage ist ernst. Sie ist aber keineswegs verzweifelt."

Und er verkündet seine Entscheidungen. Pétain wird Staatsminister, Mandel zum Innenminister ernannt. Daladier aber, der aus der Rue Dominique ausgeschifft wird, wechselt zum Quai d'Orsay über.

Am gleichen Tage veröffentlicht das Amtsblatt der Französischen Republik die nachstehenden beiden Dekrete:

Ministerium für die Landesverteidigung und des Krieges, Kommando-Organisation

Der Präsident der Französischen Republik

verordnet auf Vorschlag des Ministerpräsidenten, des Ministers für Landesverteidigung und Krieg:

Art. 1: Die Stellung des Oberbefehlshabers der Landstreitkräfte wird aufgehoben.

Art. 2: Der Ministerpräsident, der Minister für Landesverteidigung und Krieg wird mit der Durchführung der vorliegenden Verordnung beauftragt, die im Amtsblatt der Französischen Republik erscheinen wird.

Ausgefertigt in Paris, am 19. Mai 1940.

Albert Lebrun.

Für den Präsidenten der Republik:

Der Ministerpräsident,
Landesverteidigungs- und Kriegsminister

Paul Reynaud.

Zweites Dekret:

Der Generalstabschef für die Landesverteidigung und Oberkommandierende über die gesamten Kriegsschauplätze.

Der Präsident der Französischen Republik.

Auf Vorschlag des Ministerpräsidenten, Landesverteidigungs- und Kriegsministers

verordnet:

Art. 1: General Weygand wird zum Chef des Generalstabes für die Landesverteidigung an Stelle des Generals Gamelin, bisherigen Oberkommandierenden über die gesamten Kriegsschauplätze ernannt.

Und nach einigen Tagen wird dieses Dekret folgendermaßen ergänzt:

Art. 1: General Weygand erhält mit Wirkung vom 19. Mai 1940 den Rang des „Oberkommandierenden".

Das Unheil der Armee Corap

Am 20. Mai versucht Paul Reynaud den Senatoren zu erklären, wie die Panzerdivisionen die Maas hatten so leicht überschreiten können:

„Sie wissen, daß die das Land deckenden Befestigungen in zwei Abschnitte eingeteilt werden konnten:

In die Maginotlinie, die sich von Basel bis nach Longwy an der luxemburgischen Grenze hinzieht, und in eine Linie leichterer Befestigungsanlagen von Longwy bis zum Meer.

Da Holland, Belgien und Luxemburg besetzt worden waren, ragte nun der linke Flügel der französischen Armee aus ihren Befestigungsanlagen zwischen Sedan und dem Meer heraus und zog sich, mit Sedan als Angelpunkt, bis nach Belgien auf einer Linie hin, die von Sedan bis Antwerpen, ja sogar bis nach Bois-le-Duc in Holland reichte.

Was tat der Feind gegenüber dieser Lage, die er vorausgesehen und mit der er gerechnet hatte?

Er entfesselte einen in seinen Ausmaßen ungeheuren Angriff gegen das Scharnier der französischen Armee hinter der Maas, zwischen Sedan und Namur.
Die Maas, die ihrem Aussehen nach ein schwer zu überwindender Fluß zu sein schien, hatte man zu Unrecht für ein besonders schweres Hindernis für den Feind gehalten.
Aus diesem Grunde waren die zu ihrer Verteidigung eingesetzten Divisionen zwar zahlenmäßig sehr stark, jedoch am Flußlauf entlang weit auseinandergezogen.
Andererseits hatte man gerade dort die Armee Corap eingesetzt, die sich aus weniger gut zusammengefügten und weniger gut ausgebildeten Divisionen zusammensetzte, da die besten Truppen dem in Belgien operierenden linken Flügel zugeteilt worden waren.
Wenn es nun aber auch wahr ist, daß die Maas rein äußerlich betrachtet, sehr schwierig aussieht, so gerade eben deshalb, weil sie reich an Windungen, von steilen Ufern und von Wald eingerahmt ist, was ihre Verteidigung sehr erschwert. Flankierendes Maschinengewehrfeuer ist dort unmöglich. Ein Eindringen geschickt sich vorarbeitender Truppen dagegen ist leicht.
Bedenken Sie weiterhin, daß mehr als die Hälfte der Infanteriedivisionen der Armee Corap die Maas noch nicht erreicht hatte, obwohl sie an sich die geringsten Entfernungen zurückzulegen hatte, da sie dem Angelpunkt ja am nächsten stand. Das ist aber noch nicht alles, denn infolge unglaublicher Fehler, die ihre Bestrafung finden werden, waren die Maasbrücken nicht zerstört worden. Über diese Brücken aber stießen nun die Panzerdivisionen vor, denen Kampfflugzeuge vorausgeflogen waren, um die verstreut eingesetzten, schlecht zusammengesetzten und auf solche Angriffe auch schlecht ausgebildeten Divisionen anzugreifen. Sie werden jetzt das Unheil und die gänzliche Zerschlagung der Armee Corap verstehen.

Und so zersprang denn das Scharnier der französischen Armee."
„Wie Keulenschläge sausten diese anklagenden, furchtbaren und vom Chef der Regierung selbst vorgetragenen Erklärungen Schlag um Schlag auf eine atemlose und keuchende Versammlung herab, die sich fragte, wie unser Vaterland so weit hatte kommen können", berichtet der „Petit Parisien".

Die Warnungen!

„Wie hatten wir so weit kommen können?", fragte sich in der Tat Paul Reynaud und mit ihm ganz Frankreich.
Er aber antwortete mit einer Auswahl kluger Beschönigungen und geschickter Ausreden, die für die Mehrzahl der Franzosen tote Buchstaben blieben:
„In Wahrheit scheiterten unsere klassischen Kriegführungsauffassungen an völlig neuartigen. Diese gehen davon aus, daß es sich nicht nur um den Masseneinsatz von Panzerdivisionen handelt, nicht allein nur um die Zusammenarbeit der Panzerkräfte mit Kampfflugzeugen, sondern auch um den unbedingten Willen und um das Ziel, das feindliche Aufmarschgebiet und Hinterland durch Fernangriffe und durch Einsatz von Fallschirmtruppen zu zerschlagen und in Unordnung zu bringen, wie es in Holland durch die Besetzung des Haags und in Belgien durch die Eroberung des stärksten Forts von Lüttich der Fall gewesen ist.
„Wie hatte es so weit kommen können?", fragte auch ich in einem Aufsatz mit der Überschrift: Dokumente zur Geschichte des Krieges von 1940. Die Zensur erlaubte dem „Journal des Mutilés et Anciens Combattants" jedoch nur den Abdruck des Titels und der Unterschrift:
„Vor drei Jahren", so sagte ich im wesentlichen, „am 2. Januar 1937, erklärte Herr André Beauguitte, Abgeordneter Ostfrankreichs und Mitglied des Heeresausschusses, von der Kammertribüne aus:
‚Heute brachte die im wesentlichen bestimmende

militärische Kunst eine weitgehende Strukturwandlung unserer Heere mit sich.
1914 war es die Schiene — 1937 die Motorisierung!
Wir wissen, daß wenn es unglücklicherweise zum Kriege kommen sollte, unsererseits mit einem plötzlichen und blitzartig erfolgenden Angriff gerechnet werden muß, der uns dazu zwingen würde, wenn wir unseren kräftemäßigen Vorteil wahren wollen, selbst binnen kürzester Frist zu handeln.
Die Schnelligkeit wurde zu einem Kampfelement.
Ich wundere mich über die, die da behaupten: „Frankreich besitzt zwar keine Autostraßen, es verfügt aber über bewundernswerte Befestigungen, die Deutschland nicht hat."
Hier handelt es sich um einen kindlichen Optimismus! Neben seinen Befestigungen muß Frankreich genau wie Deutschland Autobahnen für den Großverkehr haben.
Und Herr André Beauguitte lenkte die Aufmerksamkeit der Regierung darauf, was man in der Militärgeographie das „Loch von Montmédy" nennt.
„In allen Epochen der Geschichte, auch im Kriege von 1914, gab es das große Einfallstor zwischen der Mosel und den Ardennen, die Lücke von Montmédy!
Diese Durchgangsstelle ermöglicht den Angriff auf einen der empfindlichsten Punkte unserer Grenze, auf die Gegend von Longuyon-Carignan mit Montmédy als Mittelpunkt, das unmittelbar in nächster Nähe einer der gefährdetsten und schwächsten Stellen der Grenze liegt.
Und deshalb muß gerade hier der Hebel sofort angesetzt werden."

Die Maginotlinie kann umgangen werden

Am gleichen Tage fragte sich der gleichfalls aus Ostfrankreich stammende Abgeordnete, Herr Jean Quenette, besorgt, ob die Maginotlinie umgangen werden könne.
Und geradezu prophetisch die Geschehnisse voraus-

sagend, die wir jetzt leider erleben mußten, antwortete er:
„Durch die Anlage der Maginotlinie zwischen den Ardennen und dem Rhein erschwerten wir unbestreitbar die Benutzungsmöglichkeit der Einfallstraße Straßburg–Paris.
Wenn der eindringende Gegner jedoch unter Verletzung der neutralen Gebiete Hollands und Belgiens nördlich der Ardennen vorbeiziehen sollte, so kann er sich dann auf einen Landstrich stützen, der leicht zu überwinden und gut mit Verkehrswegen ausgestattet ist. Es ist der traditionelle Einfallsweg nach Frankreich, den die Deutschen auch 1914 wiederum benutzten.
Im übrigen aber wird der Angreifer durch das Vorhandensein unserer Verteidigungsanlagen, dem hierdurch bedingten Aufmarsch und Entwicklung unserer Kräfte und infolge der Tatsache, die man noch ganz besonders hervorheben muß, daß Lüttich und Maastricht näher an Paris liegen als Straßburg, zu einem solchen Vorgehen auch noch angeregt. Von Lüttich aus sind es 300 Kilometer, von Straßburg aus aber 480 Kilometer bis Paris.
In diesem ebenen Gelände ohne irgendwelche ernstzunehmenden Hindernisse aber führen alle Flußläufe, sobald die Maas erst einmal überwunden wurde, ins innere Frankreich. Die Schelde führt von Antwerpen nach Lille, die Demer und Senne von Maastricht nach Valenciennes, die Sambre von Lüttich über Namur, Maubeuge nach Paris.
Berücksichtigt man nun den Umstand, daß große neuzeitlich motorisierte Verbände täglich 200 Kilometer zurücklegen können, Lüttich aber ungefähr nur 200 Kilometer von Paris entfernt ist und kein irgendwie ernsthaftes Hindernis diese Einheiten aufhalten könnte, so muß man folgerichtig zu der Erkenntnis kommen, daß ein motorisierter Gegner bei überraschendem Eingreifen nach zwei Marschabschnitten vor den Toren von Paris sein könnte.
Sind nun mangels natürlicher Schranken künstliche Hindernisse angelegt worden?

In Holland geschah meines Wissens gar nichts. Die Gegend um Maastricht ist schwer zu verteidigen, und zwar wegen des Sumpfcharakters der holländischen Landspitze.
Die leichten belgischen Befestigungsbauten würden einen deutschen Vorstoß nicht hemmen können; Belgien aber verfügt nicht über die finanziellen Mittel, eine Befestigungslinie zu bauen, die der unseren an unserer Nordostgrenze vergleichbar wäre."
Und so erklärte denn Herr Quenette abschließend: „Aus nachstehenden 4 Gründen:
1. eine leichtpassierbare Gegend,
2. spärliche ständige Befestigungen,
3. schwierige Verteidigung unserer Nordgrenze,
4. Erschwerung für den Angreifer, einen anderen Weg zu wählen,
kann die Maginotlinie von Norden her also umgangen werden. Gewiß, Frankreich befestigt seine Nordgrenze zwischen Mézières und Maubeuge, es kann dasselbe aber unmöglich westlich von Maubeuge tun, zumindesten dann nicht, wenn es nicht die zahllosen Höhenzüge abtragen will, die sich ohne Unterbrechung an diesem Grenzabschnitt hinziehen.
In Wirklichkeit kann unsere Nordgrenze also nur in Belgien verteidigt werden."

(Daladier:) „Ich bin keineswegs beunruhigt"

Am nächsten Tage, dem 28. Januar 1937, stellte der Abgeordnete und ehemalige Minister, Herr de Chappedelaine, dem Landesverteidigungsminister Edouard Daladier nachstehende Fragen:
„Das Paradestück Frankreichs, dessen Wehrmacht der deutschen zahlenmäßig unterlegen ist, besteht aus unserer Maginotlinie, aus unseren Ostbefestigungen also. Es handelt sich bei uns um die Verhinderung eines überraschenden Angriffsschlages. Wenn heute noch oder in der nächsten Nacht die deutschen Panzerdivisionen einen Einbruchsversuch in unser Land unternähmen, würden sie an unseren Befestigungswerken zerschellen?

Verfügen Sie über zahlenmäßig ausreichende Menschen zum Einsatz der Abwehrwaffen und zum Widerstand gegen einen etwaigen Durchmarsch?
Welchen Zeitpunkt nehmen Sie für die Vollendung der Befestigungsarbeiten in Aussicht, die Sie an unserer Nordgrenze einleiteten, seitdem Belgien seine Einstellung änderte?
Schließlich gibt es eine verwundbare Stelle an unserer Ostgrenze: die Hüninger Lücke! Ich glaube, daß Verhandlungen zur Abänderung dieses Grenzpunktes im Ganges sind, der noch auf frühere Verträge zurückzuführen ist. Diplomatische Verhandlungen dauern zuweilen aber lange. Erscheint es nicht auch Ihnen, daß wir mit dem Bau von Befestigungen an drei weiter zurückliegenden Stellen, entsprechend dem Wortlaut des noch in Kraft befindlichen Vertrages, damit Anlagen errichten würden, die gleichzeitig unsere Achtung vor dem internationalen Recht mit den allerersten Erfordernissen für unsere Sicherheit durchaus in Einklang bringen könnten?"
Edouard Daladier, der Landesverteidigungsminister, antwortete:
„Diese Werke befinden sich bereits seit mehreren Jahren im Bau."
Woraufhin Herr de Chappedelaine erklärte:
„Um so besser! Und wie steht's um die gegenwärtigen Besatzungsstärken in unseren Befestigungen?"
„Ich bin keineswegs beunruhigt", erwiderte Herr Edouard Daladier, „über diesen Punkt, Herr de Chappedelaine. Ich bin überzeugt, daß die Befestigungswerke mit ihren derzeitigen Besatzungsstärken zu jeder Zeit in der Lage sind, einen plötzlichen und blitzartigen Angriff aufzuhalten."

Ein eindrucksvolles Zwiegespräch

Der nordfranzösische Abgeordnete und Reserveoffizier der Panzertruppen, Herr André Parmentier, erklärt sich durch diese Ausführungen nicht beruhigt:
„Im Gegenteil!", sagt er. „Diese Ausführungen kön-

nen die Sorgen der nordfranzösischen Vertreter nur noch weiter erhöhen. Was Sie veranlaßten, Herr Minister, ist gut. Aber es genügt noch nicht. Und nur deshalb ergreife ich heute das Wort, um alle unsere Kollegen, insbesondere aber die Abgeordneten der innerfranzösischen Departements, an unseren berechtigten Sorgen teilnehmen zu lassen.

Bis jetzt beschränkt sich die Grenzverteidigung auf einen Tankabwehrgraben, von dem Sie eben sprachen, über dessen Anlage und Wert ich mich aber nicht äußern möchte, obwohl ich zu den Panzertruppen gehöre, die man jedoch möglicherweise für nicht technisch genug halten könnte.

Der unsichere Charakter – und ich möchte hoffen, einstweilen nur unsichere Charakter – der in Angriff genommenen Arbeiten steigert unsere Beunruhigung noch, und unsere Bevölkerung glaubt, wenn sie die Eile sieht, mit der man diese Arbeiten durchführt, deren Zuverlässigkeit und Güte durch die winterlichen Unbilden beeinträchtigt werden wird, daß die Gefahr vielleicht näher ist, als man es sagen oder glauben will.

Es wäre mir lieb gewesen, Herr Minister, wenn Ihre Erklärungen unsere Sorgen behoben haben würden. Sie sind dagegen leider nur noch gewachsen.

Als Sie von der Nordgrenze und den südlich der Schelde aufgenommenen Arbeiten sprachen, sagten Sie uns, daß sie auch nördlich des Flusses fortgesetzt werden würden."

„Westlich der Schelde", erwiderte Edouard Daladier, worauf André Parmentier fortfuhr:

„Mit dem Ziel, die großen Arbeiter- und Industriestädte Lille, Roubaix und Tourcoing durch gewiß schwierig herzustellende Befestigungen, die dennoch aber auf dem Wege der Verwirklichung sind, zu schützen.

Sie werden einem der ‚nördlichsten' Abgeordneten Frankreichs gestatten, Sie darauf aufmerksam zu machen, daß noch mehr zu tun übrigbleibt. Unsere flandrische Gegend nördlich der Schelde und im Norden des Industriegebiets Lille–Roubaux–Tour-

coing ist nur 250 Kilometer von Aachen entfernt. Nord- und Westbelgien aber bieten nicht die geringsten Durchmarschschwierigkeiten."
„Glauben Sie?" antwortete Edouard Daladier, „die Armeen der Revolution und des Kaiserreichs aber waren anderer Ansicht!"
„Gewiß", bestätigte Herr André Parmentier, „gewiß, sie stießen aber auch auf andere Armeen! Und ich bin mir durchaus nicht sicher, daß es die naturgegebenen Hindernisse gewesen sind, die die feindlichen Armeen zum Stillstand zwangen ... Auch habe ich den sehr bestimmten Eindruck, daß diese 250 Kilometer keine sehr erheblichen Vormarschschwierigkeiten bieten. Und wenn sich diese an der deutsch-belgischen Grenze stehenden motorisierten Divisionen in Marsch setzen, wohin werden sie sich dann wenden, da sie ja doch nur 250 Kilometer über flaches Gelände zurückzulegen haben?
Sie sprachen von dem Hindernis, das die Schelde darstellt und dem, das die zusammenhängenden Städte Lille–Roubaix–Tourcoing bilden. Genau so gut hätten Sie auch von den im Nordwesten liegenden flandrischen Höhen sprechen können, die Sie häufig besuchten. Aber dann?"
„Ich kenne sie aus einem anderen Grunde", erklärte Edouard Daladier, „ich kämpfte nämlich am Kemmelberg."
„Der Kemmel liegt in Belgien", erwiderte André Parmentier, „der Cassel-Berg aber und der Schwarze Berg in Frankreich", fuhr Daladier fort.
„Jawohl, das gebe ich zu", ließ sich André Parmentier nicht beirren, „aber hinter diesen ‚naturgegebenen Hindernissen', wenn man bei Bodenerhebungen von 163 Metern überhaupt von solchen reden kann (die man bei uns für Berge hält!), führen fünfzig bis sechzig Kilometer über Flachland ohne große Schwierigkeiten nach Dünkirchen und Calais.
Zu Beginn des letzten Krieges marschierten die Deutschen nicht auf Dünkirchen und Calais, sondern bogen über Lille an der Marne entlang auf Paris um. Erst dann versuchten sie mit ihrem Wettlauf

ans Meer Dünkirchen und Calais zu erreichen, die nicht sofort zu Beginn des Feldzuges besetzt zu haben sie späterhin bitter bereuten.
Sind Sie sich dessen sicher, daß sie diesmal, durch die leichten Vormarschmöglichkeiten über belgisches Gebiet ermuntert und mit Rücksicht auf einen erwarteten nur schwachen und ihrerseits schnell zu brechenden Widerstand der im übrigen berechtigten und geschichtlichen Versuchung nicht erliegen werden, sich England gegenüber festzusetzen?
England ist nicht allein nur von Antwerpen aus bedroht, das man mit einer auf Englands Herz gerichteten Pistole vergleichen kann, sondern auch von Dünkirchen und Calais, die jene Pistole lediglich aus etwas weiterer Entfernung auf die britische Insel zielen lassen. Sind Sie wirklich sicher, daß allein der Umstand bereits, mit anscheinend sehr beachtlichen Ostbefestigungen und einem sehr starken Widerstand rechnen zu müssen, nicht geradezu eine Enladung bedeutet, die Kriegsentscheidung weiter oben zu suchen?"
„Oder weiter unten ...", meinte Herr Edouard Daladier, während Herr André Parmentier fortfuhr:
„Oder weiter unten auf den Jura zu. Sie werden mir aber gestatten, bei meiner Besorgnis und Unruhe zunächst an die Ecke Frankreichs zu denken, in der ich zu Hause bin und wo man sich sehr häufig, mit einer geradezu grausamen zeitlichen Regelmäßigkeit sogar, zu schlagen pflegt. Man müßte also wenigstens zu vermeiden suchen, durch eine Vernachlässigung oder durch unzulängliche Verteidigungsanlagen diese Versuchung nicht noch stärker zu machen. Nordfrankreich wurde so oft besetzt, daß man schon seit langer Zeit bemüht ist, es in Verteidigungszustand zu versetzen. Es besteht ein Festungsgürtel, der sich in einem mehr oder weniger befriedigenden Zustand befindet und, mehr oder weniger der neuzeitlichen Technik angepaßt, unsererseits vom Ancien Regime übernommen wurde und der übrigens auch teilweise bis nach Belgien hineinreicht, während sich der andere tiefgegliedert auf einen Teil des

Artois erstreckt. So wird Ihnen meine Uneigennützigkeit deutlich.
Wir haben den Eindruck, als ob es dort noch für einige Menschen Platz gibt. Gräben sind zu besetzen, Bunkerstellungen zu belegen. Wir möchten das Gefühl haben, daß Nordfrankreich in einen noch zweckmäßigeren und noch umfassenderen Verteidigungszustand gebracht wird.
Ich beabsichtigte nicht, zu kritisieren, Herr Minister. Das wäre auch unberechtigt. Ich versuchte auch nicht, Ihnen gute Ratschläge zu erteilen, was zumindestens teilweise anmaßend sein würde. Ich bestehe sonst auch nicht auf der Frage der Befestigungen. Da Sie aber erklärten, daß die Überwindung der Tankabwehrgräben mit den zur Zeit bekannten Panzerwagen unmöglich sei, halte ich mich an diese Feststellung. Als Offizier der Panzertruppe hatte ich bisher zwar eine weniger optimistische Meinung, nachdem Sie jetzt jedoch versicherten, daß der durch verdoppelte Erdaufschüttungen und senkrecht eingelassene Schienen verstärkte Tankabwehrgraben den deutschen Panzern genau so übrigens wie auch unseren ein unüberwindliches Hindernis ist, verlasse ich mich auf Sie."

Zwei Jahre später ...

Das war im Jahre 1937 ... Zwei Jahre später, am 17. Januar 1939, erklärte der nordfranzösische Abgeordnete, Herr Jean-Pierre Plichon, der als Reserveoffizier der Luftverteidigung an der Mobilmachung des Jahres 1938 teilgenommen hatte:
„Ich mache Sie darauf aufmerksam, Herr Minister, daß die ganze Provinz Belgisch-Luxemburg während der kürzlichen September-Mobilmachung von Truppen entblößt war und zwei belgische Abgeordnete, und zwar Herr Poncelet, ein Katholik, und Herr Jacques, ein Sozialist, sich zum Sprachrohr der Proteste der von ihnen vertretenen Bevölkerungsteile eines derartigen Zustandes wegen gemacht haben.

Unter solchen Umständen würde also ein deutscher Vormarsch, wenn es zu einem deutschen Angriff auf Belgien kommen sollte, viel schneller vor sich gehen, als wir uns das auch nur vorstellen können. Seit einundeinhalb Jahren machte man an unserer Nordgrenze große Anstrengungen. In meiner Gegend, im Gebiet der flandrischen Höhen also, liegen die stärksten Verteidigungsanlagen. Dort ragen die Betonbunker, die den in Spanien gebauten gleichen, empor, und sie bewiesen dort ja auch, daß sie lange Monate hindurch Widerstand leisten konnten. Aufgegeben wurden sie ja auch nur aus Gründen, die mit dem Kriege an sich nichts zu tun haben, nämlich wegen Lebensmittel- und Wassermangel.
Ich habe den Eindruck, daß gerade diese während des letzten Krieges so oft mißhandelte Gegend – denn von den von mir hier vertretenen 18 Ortschaften wurden alle 18 völlig zerstört – eben deshalb, weil sie im Falle eines Krieges ein starkes Widerstandszentrum ist, von der feindlichen Artillerie ganz besonders aufs Korn genommen und der Gefahr ausgesetzt sein würde, wiederum zerstört zu werden.
Ich bitte Sie also, Herr Minister, dem Herrn Ministerpräsidenten gegenüber darauf bestehen zu wollen, daß die zur Fertigstellung der Befestigungen erforderlichen 30 oder 40 Millionen ohne langes Feilschen bewilligt werden."
Daladier aber antwortete lediglich mit ausweichenden und beruhigenden Redensarten. Diese begründeten, wiederholten und besorgten Warnungen waren also nutzlos.
Nach einem Jahre, im Oktober 1938, erhielt ich nach dem September-Alarm tatsächlich von jenen damals interpellierenden Abgeordneten nachstehende Briefe:

Abgeordnetenkammer
                                                    Heeresausschuß
     Geehrter Herr!
Im allgemeinen blieb die Lage so, wie in dem Augenblick, als ich anläßlich der Beratung des Landes-

verteidigungshaushalts meine Rede vor der Kammer hielt
André Beauguitte.

Abgeordnetenkammer
Paris, den 29. Oktober 1938
Geehrter Herr!
Ich finde Ihren Brief vom 21. ds. Mts. vor.
Ich glaube nicht, daß sich seit Dezember 1937 viel geändert hat, ausgenommen vielleicht einen gewissen Fortschritt der Befestigungsarbeiten an der Nordgrenze. Darüber hinaus aber bleibt noch ungeheuer viel auf dem Gebiet des Flugwesens und des Luftschutzes zu tun übrig.
Quenette.

Abgeordnetenkammer
Paris, den 24. Oktober 1938
Geehrter Herr!
Ihren Brief vom 21. habe ich erhalten.
Zur Zeit sammle ich belgische Informationen, die unentbehrlich sind, um anläßlich der nächsten Budgetberatung die Lage an unserer Nordgrenze in vollem Umfange darzustellen. Hierzu werde ich fast die ganze Woche in Brüssel sein.
Meine Akten, die bereits recht umfangreich sind (Besichtigungsreise durch die Befestigungen mit meinem Kollegen Parmentier im letzten Frühjahr; zahlreiche französische und andere Aufsätze über die Lage an der Grenze, und schließlich Mobilmachung im September 1938, an der ich als Reserveoffizier der Luftverteidigung teilnahm), können also augenblicklich nicht ausgewertet werden.
Sie werden es beispielsweise verstehen, daß es mir nach der Ermöglichung des Besuches der Verteidigungsanlagen durch den Präsidenten Daladier illoyal vorkommen würde, einem anderen als ihm selbst entsprechende Eröffnungen zu machen. Das aber habe ich getan. Öffentlich auf Lücken hinzu-

weisen, wenn es Lücken gibt, hieße einem wahrscheinlichen Feinde Angriffsmöglichkeiten bieten, hieße einen Generalstab verletzen, der sie kennt und dem nur Kredite fehlen. Sie werden mich also entschuldigen, wenn ich vor einer Debatte, bei der ich notwendigerweise sehr zurückhaltend sein werde, beinahe stumm bin.

Der einzige Punkt, auf den ich hinweisen könnte, ist folgender:

Augenblicklich sind nur 60 Millionen erforderlich, um die Verteidigungsanlagen an unserer Nordgrenze gegen Infanterieangriffe oder solche motorisierter Divisionen in vollkommener Weise fertigzustellen. Ihre Pflicht als Journalist besteht in dem Hinweis auf die Dringlichkeit und unbedingte Notwendigkeit dieser Arbeiten.

Jean-Pierre Plichon.

Abgeordnetenkammer
Paris, den 24. Oktober 1938

Geehrter Herr!

Ihren Brief vom 21. Oktober mit der Mitteilung Ihrer Absicht, eine umfassende Untersuchung über das Problem unserer Landesverteidigung anzustellen, habe ich erhalten. Sie werden sicherlich die Liebenswürdigkeit haben, mich wissen zu lassen, ob Sie meine Kammerrede vom Jahre 1937 anzuführen beabsichtigen.

Ich danke Ihnen für das mir entgegengebrachte Vertrauen. Die Lage, auf die ich hinwies, änderte sich meines Wissens nicht. Immerhin sind bedeutungsvolle Maßnahmen getroffen worden, zum Schutz gegen einen vom Schwarzwald her kommenden und schweizerisches Gebiet berührenden Angriff. Die Befestigungen werden methodisch weiter ausgebaut. Ich habe mich davon während einer durch den Jura führenden Kontrollreise persönlich überzeugen können.

René Burtin.

ZWÖLFTES KAPITEL

Weygands Stunde

„General Weygand", erklärte Paul Reynaud am 20. Mai, „übernahm gestern sein Amt. Heute befindet er sich auf dem Schlachtfeld. Die Operationsführung hängt jetzt allein von ihm ab. Was ich dem Senat gegenüber aber zum Ausdruck bringen möchte, ist die Bestätigung der völligen gedanklichen Übereinstimmung hinsichtlich der Kriegführung zwischen Marschall Pétain, General Weygand und mir.
Bei dem Unglück des Vaterlandes können wir stolz darauf sein, daß zwei seiner Söhne, die das Recht gehabt hätten, sich auf ihrem Ruhm auszuruhen, sich in dieser tragischen Stunde dem Lande zur Verfügung stellten: Pétain und Weygand.
Pétain, der Sieger von Verdun, der große und dennoch so menschliche Führer, der weiß, wie aus tiefem Unglück ein französischer Sieg hervorgehen kann.
Weygand, der Mann Fochs, der den deutschen Vorstoß aufhielt, als die Front im Jahre 1918 durchbrochen worden war und der es dann verstand, die Geschicke zu ändern und uns zum Siege zu führen."

Die drei Viertel des Weges zum Siege

Dann schließt Paul Reynaud mit einem Satz, der falsch verstanden wurde, über „das Wunder, das Frankreich retten kann".
„Frankreich kann nicht sterben. Was mich betrifft – wenn eines Tages jemand käme und sagte mir, daß nur ein Wunder Frankreich retten kann, an jenem Tage würde ich sagen: „Ich glaube an das Wunder, weil ich an Frankreich glaube." (Lebhafter Beifall.)
Das ist nicht sehr klar, und so gibt der offizielle Wortführer Elie Bois folgende Erklärung dafür:
„Frankreich kann nicht sterben. Es darf nicht sterben und das Wunder, an das Herr Paul Reynaud seiner Erklärung nach glaubt, wenn es wirklich so-

weit kommen sollte, daß ein Wunder geschehen muß, wird sich dann auch ereignen."

Zwei Tage später ergänzt Paul Reynaud seinen Gedankengang durch das förmliche Versprechen:

„Ich sprach soeben mit dem von der Front zurückgekehrten General Weygand. Der Oberkommandierende sagte mir: „Wenn jeder mit ‚unbeirrbarer Energie' seine Pflicht erfüllt, bin ich voller Zuversicht."

„Und so kann ich Ihnen gegenüber nur wiederholen, daß wir, wenn wir uns einen Monat halten, und wir werden uns so lange halten, wenn es erforderlich sein sollte, drei Viertel des Weges zum Siege zurückgelegt haben werden."

Gamelin kaltgestellt

Drei Viertel des Weges zum Siege...! Die Franzosen richten sich an dieser Hoffnung wieder auf, denn entdeckte man nicht soeben wieder Weygand? Und wurde nicht der bisherige „geniale Führer" jetzt sehr schnell kaltgestellt? Wohin ist die schöne Zeit, wo er noch ein bewundernswerter General mit klarem Blick, mit genialer Stirn und muskulösen Oberschenkeln war, wie sie Napoleon so liebte, weil er darin ein Anzeichen gleichmäßigen Temperaments sah?

Man erinnert ihn grausamerweise an seinen Tagesbefehl vom 10. Mai, in dem er damit geprahlt hatte, schon im Oktober den deutschen Angriff gerade dort vorausgesehen zu haben, wo er jetzt zur Durchführung kam: „Was wäre nur passiert, guter Gott, hätte er ihn nicht vorausgesehen!", sagte man sich mitleidslos für den in die Wüste Geschickten.

Und auch die Zensur läßt aus der Schweiz stammende und für den bisherigen Generalissimus bittere Nachrichten durch. Oberst Lecomte, militärischer Mitarbeiter der „La Suisse", schreibt: „... sich des Eindrucks nicht erwehren zu können, daß sich im Gegensatz zu 1914 die französische Regierung und auch der Generalstab wie im Jahre 1870 geistig

von den Deutschen habe überholen lassen. Weder in Paris noch in London wäre man sich darüber genügend klar geworden, daß heutzutage ein Krieg nicht wie 1914 und 1918 in zwei Dimensionen, sondern in drei, nicht mehr nur auf der Erdoberfläche, sondern im gesamten Weltenraum geführt wird."
Anastasia ermächtigt gleichfalls den Präsidenten des Weltkriegs-Frontkämpferverbandes, Henri Pichot, den Zusammentritt des Obersten Gerichtshofes zu fordern.
„Halt! Von der Senatstribüne herab verfügte Paul Reynaud Zwangsmaßnahmen! Her mit ihnen! Genug der Milde!
Für alle am deutschen Durchbruch und deutschen Eindringen Verantwortlichen, ob Politiker oder Generäle, keine Ausreden, keine Ausflüchte!
Strafverfolgungen, Zwangsmaßnahmen!
Der Soldat, der sein Leben in die Schanze schlägt, der Soldat, der sein Leben einsetzt, der Soldat, der der Sohn der Männer von der Marne und von Verdun ist, will Gerechtigkeit: man schleppe die Verantwortlichen vor das Kriegsgericht und vor ein Sondergericht!"
Im „Journal des Anciens Combattants" wehrt sich André Lindville im Namen seiner Kameraden dagegen, jemals „Führer, die wir am Werk hatten sehen wollen, um über sie urteilen zu können, vorher schon mit Lorbeerkränzen geschmückt zu haben. Heute nun können wir dieses Urteil in voller Kenntnis der Sachlage aussprechen. Leider kann es sich hier keineswegs um Lorbeerkränze handeln, im Gegenteil, es berührt uns schmerzlich und erfüllt uns mit tiefer Trauer, dazu berechtigt zu sein, im Namen der Weltkriegskämpfer, im Namen der Gefallenen, im Namen ihrer trauernden Familien, im Namen der bedauernswerten Flüchtlinge Rechenschaft zu fordern."

Der neue Abgott

Dann überläßt er, wie alle Franzosen, den bedauernswerten Gamelin seinem Schicksal und wendet sich hoffnungsstrahlend Weygand zu. Vor dem von der Vorsehung gesandten Manne ruft Gaétan Sanvoisin im „Candide" aus: „Weygand wurde in seine Stellung als Oberkommandierender über alle Kriegsschauplätze eingeführt. Und sofort und mit einem Schlage gleichen nun die militärischen Befugnisse denen Fochs! Weygand trägt Khakiuniform. Die Sonne des Orients bräunte und rötete sein berühmtes Gesicht mit den knochigen Wangen, der schrägen Stirn und der feinen Nase. In der Hand die Reitpeitsche aus Bambus, von der er sich nie trennt und die einen doppelten Sinn birgt. Der eine, der ein Versprechen zu enthalten scheint..., denn darf man denn nicht vorausdenken, den Marschallstab nicht vorausahnen? Und der andere und symbolhaft wirkende Sinn, der zwangsläufig darauf hinweist, daß Weygand in der Tat Kavallerist ist! Denn lassen sich nicht geradezu frappante Vergleiche ziehen zwischen den Panzervorstößen, die Hitlers Generalstab durchführt – der sich der gleichen Taktik bedient, lediglich nur von den langsameren Bewegungen durch das Tier zur Schnelligkeit hinüberwechselte, wie sie die Technik ermöglichte – und den früheren Erkundungs- und Aufklärungs- und gewaltsamen Durchbrüchen mit dem Ziel einer Besetzung? General Weygand hat ständig erklärt, daß sich ganz offensichtlich die früheren Aufgaben der Kavallerie lediglich unter dem Einfluß der Jahrzehnte und der industriellen Entwicklung wandelten, ohne sich jedoch zu ändern. Im Grunde seines Herzens erhielt und bewahrte er sich noch diesen Sinn zum selbständigen, spontanen und freien Handeln, die willige Bereitschaft, auch Gefahren in Kauf zu nehmen und jenen Willen zur Initiative, die sämtlich im Jahre 1918 vor Üsküb die Heldentaten des Generals Jouinot-Gambetta im hellsten Licht erstrahlen ließen. Vom Pferdehals bis zur

Panzerkuppel weiß er die unterschiedlichen Einsatzmöglichkeiten zu bewerten, kennt er die Übereinstimmungen und Ähnlichkeiten, und so wird er deshalb nun auch die sich ähnelnden Einsatzmöglichkeiten, die früheren kavalleristischen Aufgaben nahekommenden neuzeitlichen Bewegungsmanöver des Durchstoßens und Besetzens zu gebrauchen wissen und auch auf ihre psychologischen Auswirkungen in Rechnung stellen.
In diesen schicksalsschweren Tagen von 1940 bereitet sich der Generalissimus darauf vor, vom Wort zur Tat überzugehen."

Er wird die Welt retten!

Und so erzählt man uns denn erbauliche und erhebende Geschichten.
In Beirut begegnete eine alte Klosterfrau, von der man sich in Syrien gerüchtweise erzählt, sie könne prophezeien, in einem alten Gäßchen dem General Weygand. Sie rief einige kleine Araberjungen herbei, die in einer Torecke spielten und zeigte ihnen den großen Führer:
„Seht ihn euch gut an!", murmelte sie ihnen zu, als habe sie Eingebungen. „Er rettete Frankreich einstmals vor der Barbarei. Er rettete auch Europa einstens vor ihr, und er wird jetzt die Welt vor ihr retten."
Man preist seine Gabe, allgegenwärtig sein zu können.
Morgens fliegt er bis nach Saint-Pol, fährt im Auto die Front entlang, steigt wieder ins Flugzeug und besichtigt die Stellungen bis zur deutschen Grenze, hört bei seiner Rückkehr von der bevorstehenden Ankunft Churchills, läßt sich ans Meer bringen und gelangt auf einem Torpedobootszerstörer nach Cherbourg. Nachts kehrt er nach Paris zurück. Am nächsten Morgen kommt dieser pünktliche, strenggenaue Mann aus feinstem Stahl kaltblütig und ausgeruht in die Rue Dominique und erklärt Reynaud: „Wenn

jeder mit unbeirrbarer Energie seine Pflicht erfüllt, bin ich voller Zuversicht."
Man erinnert uns an seine „Kriegsziele".
„Für seine Freunde und die, die ihn näher kennen, ist es kaum ein Geheimnis, daß General Weygand selbst vor kaum drei Monaten nichts so sehr fürchtete als einen Frieden, der Deutschland nicht endgültig dem Untergang weihen würde. Bevor er im vergangenen Februar öffentlich gewisse Vorschläge über die Ausgestaltung des zukünftigen und siegreichen Friedens machte, offenbarte er drei seiner Kollegen von der Akademie und zwei Regierungsmitgliedern gegenüber seine geistige Einstellung, Regierungsmitgliedern, die zu allergrößter Bedeutung gelangten und sie billigten. Diese von ihm in feierlicher Form in Kairo bei Abschluß einer Parade britischer Truppen wiederholten und späterhin von der Presse verbreiteten Vorschläge wollen wir hier nochmals wiedergeben: ‚Frankreich hält durch. Es will den Krieg bis zum vollkommenen Sieg fortsetzen zur Erreichung eines französischen Friedens, der ein vollkommener Frieden sein und den Franzosen mindestens ein Jahrhundert hindurch Ruhe lassen soll.'
Bei der Rückkehr zu seinem fernen Kommando, bescheiden, verbindlich und glücklich darüber, seinen Dienst in einer Gemeinschaft von Armeegeneralen, die er bewunderte, wieder aufnehmen zu können, vermied er jede über seinen eigentlichen Auftrag hinausgehende Unterhaltung, seine Mission aber stand unter dem Motto: ‚Age quod agis!' ‚Tue, was du kannst' war sein Wort. Über die Widerstandsfähigkeit der französischen Armee hatte er eine mehr als positive Meinung: eine entschlossene! Sie war wohl begründet und rechnete mit einem erneuten großen Schlag der deutschen Armee.
Man wird es sich wohl kaum vorstellen können, daß er die Verantwortung übernehmen und die Führung von Legionen in die Hand nehmen würde, wären sie seiner Ansicht nach dem Untergang geweiht."

Die Wunder der Taktik Weygands

Schließlich weiht man uns auch in die Geheimnisse der Taktik Weygands ein, in seine Stützpunkt-Methode.
Und immerhin ist es ein Blatt vom Range des „Temps", das uns die Wunder dieser neuartigen Verteidigungsart erklärt.
Auf Grund der Kampferfahrungen an der Maas und im Gebiet der oberen Oise verzichtet das Oberkommando darauf, den Angriffen der Panzerdivisionen schwachbesetzte und zusammenhängende Fronten gegenüberstellen. Weil es in der Tat unmöglich ist, außerordentlich weit ausgedehnte Stellungen mit einem ausreichend dichten und genügend tiefen Panzerabwehr- und Artillerienetz zum unbedingt sicheren Aufhalten der Panzerdivisionen zu versehen.
Die von nun an verwendete Taktik besteht in der Anlage von Stützpunkten unter weitestgehender Ausnutzung zufälliger und natürlicher Geländeeigentümlichkeiten, die sich besonders gut für einen Widerstand gegen die Sturmwellen gleichenden Panzerangriffe eignen, Wasserstraßen also, Flüsse, Wälder, Ortschaften, Steinbrüche, Straßenkreuzungen usw.... Die stärkstens bestückten und vollendet ausgebauten Stützpunkte wurden für Panzerwagen unzugänglich gemacht, reichlich mit Panzerabwehrwaffen und Artilleriestellungen versehen, die insgesamt damit den Panzern gewaltige Sperren entgegenstellen und flankierend eingreifen können. Die Hauptverteidigungsstellung ist tiefenmäßig gegliedert, so daß selbst durch Zwischenräume durchgebrochene feindliche motorisierte Einheiten weiter rückwärts von anderen gutverteidigten Sammelstellungen aus aufgehalten werden können.

Er wird angreifen!

Diese Verteidigungsart, erklärt man uns unter dem Siegel der Verschwiegenheit, schließt jene berühmte Gegenoffensive nicht aus, zu deren Führung sich Gamelin als unfähig erwies.

In Wirklichkeit stammen diese Offensivgerüchte nicht aus Frankreich, sondern aus der Schweiz ... und aus England.

„Immer mehr verlagern sich die Anstrengungen Großdeutschlands auf London", bemerkt das „Journal de Genève". „Jeder aber legt sich nun die Frage vor: Warum startet Weygand eigentlich nicht von Amiens aus in nordsüdlicher Richtung einen gewaltigen Gegenangriff gegen die Verbindungen der deutschen Panzerkräfte und motorisierten Truppen? Warum unterbricht der Generalissimus den deutschen Korridor zwischen Amiens und Arras nicht, was gleichzeitig nicht nur die Lage im äußersten Westen stärken, die Nordarmee entlasten, sondern auch zur Einkreisung der deutschen Vorhuten führen würde? Wir kennen die Geheimnisse der Götter nicht, und müssen uns deshalb an Hypothesen halten.

Die erste, die einem in den Sinn kommt, fußt darin, daß er noch keine genügenden Truppen von Ostfrankreich aus nach Westen und auch noch keine ausreichenden Materialmengen zur Einleitung dieser Offensive hat in Marsch setzen können. In diesem Falle würde es sich also nur um einige Tage handeln.

Die zweite Annahme unterstellt, daß Weygand nicht in der Lage ist, zur Offensive überzugehen, weil seine Reserven nicht ausreichen. (Man darf ja nicht vergessen, daß er mit Rücksicht auf die unsichere diplomatische Lage im Süden auch in den Seealpen und im Orient Truppen unterhalten muß): In diesem Falle wird er Gelände opfern müssen, um sich den größten Teil seiner Armee für künftige Schlachten zu erhalten.

Die dritte Hypothese schließlich glaubt Weygand im Besitz der erforderlichen Truppen zur Einleitung einer großen Offensive, meint aber, sie woanders als im Westen erwarten zu müssen. Er wird seinen Gegenstoß auch erst dann ansetzen, wenn seiner Ansicht nach die deutsche Armee ausreichend geschwächt und genügend verbraucht ist. Wer weiß?

Vielleicht wartet Weygand auch mit seinem großen Schlag so lange, bis die deutsche Armee gründlichst in einen gefahrvollen Angriff gegen die englischen Küsten verstrickt ist."

„Die britische Presse sieht eine Gegenoffensive der Alliierten voraus!", schreibt der „Temps" auf Grund einer Londoner Depesche vom 22. Mai.
Die Presse wählt an diesem Morgen die Worte Paul Reynauds im Senat zum Thema: „Das Vaterland ist in Gefahr", und sieht in ihnen einen äußerst bedeutungsvollen Grund für die Alliierten, mit wildester Entschlossenheit zu kämpfen, um den Eindringling hinauszujagen. Sie weist auf den Ernst der Lage hin, der sich aus dem deutschen Vormarsch in Richtung auf das Meer ergibt. Sie unterstreicht aber, genau so wie es auch Duff Cooper aussprach, daß gar keine Rede davon sein kann, sich der Mutlosigkeit hinzugeben, und deutet die Möglichkeiten an, zu einer Gegenoffensive überzugehen. Die verbündeten Armeen sind noch voll einsatzbereit und intakt, die Hilfsquellen der britischen und französischen Weltreiche ungeheuer, die Macht der verbündeten Flotten ist beträchtlich und alle Energien der Alliierten sind angespannt, um die Kriegsmaterialerzeugung binnen kürzester Zeit auf ein Höchstmaß zu steigern.
Die „Times" ist der Meinung, daß die Lage vielleicht auch deshalb so hoffnungsvoll erscheint und so ermutigend aussieht, weil sich anscheinend zahlenmäßig beträchtliche Kerne französischer Truppen in ihren Nestern gut halten, obgleich der Feind schon weit über sie hinausstieß und es seiner Infanterie überließ, die weitere Besetzung des eroberten Geländes nach und nach mittels einzelner Angriffsstöße zu vollenden. „Deshalb können etwaige starke Gegenangriffe dieser Widerstandsnester gegen die deutschen Flanken eine beachtenswerte Hilfe darstellen."

Die Lügen Duff Coopers

Welche Hoffnungen erweckte bei uns zu jener tragischen Stunde diese Rede Duff Coopers, auf welche die „Times" anspielt!

„Kleinen Gruppen der deutschen Armee gelang es mittels einer neuartigen Technik, weit nach Frankreich hinein vorzustoßen. Es handelt sich aber lediglich um kleine Gruppen. Gerade ihr Erfolg aber setzte sie einer Gefahr aus! Denn die britische und französische Armee halten noch immer das Schlachtfeld besetzt und sind keineswegs geschlagen.

Drei Tatsachen aber schälten sich bisher klar heraus: Zunächst der Umstand, daß der Kanal, die Meerenge also, das augenblickliche Ziel des Feindes ist. Von dort aus hofft er, den Krieg auf unsere Insel tragen zu können. Zweitens gelang es dieser motorisierten Armee lediglich durch ihren Vormarsch über derart weite Strecken und durch ihr Bestreben, sich ihrem Ziel weitgehendst zu nähern, ihrem Gegner auszuweichen. Und drittens schließlich wurden weder die britische Armee noch die viel stärkere französische Armee bisher geschlagen, wie sie denn auch keine schweren Verluste erlitten. Zahlenmäßig überlegen halten sie das Schlachtfeld besetzt und ihr zu gegebener Zeit erfolgender Gegenangriff wird sich als gewaltig herausstellen."

Man lese diese Ausführungen im Lichte der Ereignisse nochmals! Alles in ihnen ist gelogen! Es sind nur kleine Gruppen der deutschen Armee, die in Frankreich eindrangen. Sie setzten sich dadurch, daß sie so weit vorrückten, einer Gefahr aus und sie damit dem Gegner nur auswichen. Der Gegner aber wird ihnen nicht auszuweichen suchen! Seht euch nur vor und aufgepaßt! Jetzt steigt sehr bald unser furchtbarer Gegenstoß!

Was, diese motorisierten Vorstöße...?
Völlig bedeutungslos!

Und wir alle warten ängstlich, und über die Karten gebeugt, auf das Wunder.
Wann werden wir den schmalen Vormarschkeil verengen und abdrosseln? Den Vorstoßkorridor abschneiden? Wann den „Sack" zumachen? Die deutschen „Stoßtruppler" im Netz haben?
Nach Ansicht des militärischen Mitarbeiters der „La Suisse" ist es das allerdringendste Problem der Alliierten, die geschlagene Bresche zu stopfen, was zwangsläufig dann und auf verhängnisvolle Weise das Abschneiden oder die Vernichtung der deutschen Verbände zur Folge haben müßte, die sich zu weit vorwagten!
Jawohl, gerade darauf warten wir ja, und das fordern wir! Denn man versprach es uns ja! Man verspricht es uns jeden Tag von neuem!
Diese deutschen Vorstöße? Das ist doch nichts Besonderes. Und die Zivilbevölkerung soll sich durch solche Vorstöße deutscher motorisierter Verbände nur ja nicht erschrecken lassen, denn sie ähneln den Kavallerievorstößen von ehedem, denen ihre Kühnheit teuer genug zu stehen kam, erklärt Paul Reynaud am 22. Mai.
„Wir dürfen uns vom Auftauchen dieser Panzerkräfte an unerwarteten Stellen hinter unseren Linien nicht beindrucken lassen. Wenn sie sich hinter unserer Front befinden, so stehen ihnen dort gleichzeitig und auch an mehreren Stellen Franzosen gegenüber, die nun in ihrem Rücken aufs heftigste kämpfen", bestätigt uns Churchill am gleichen Tage.
Um die „umlaufenden unwahrscheinlichen Gerüchte" zu zügeln, droht uns Havas:
„Es ist möglich, daß motorisierte feindliche Verbände weit in unsere abgesonderten Erkundungs- und Aufklärungsstellungen vorstoßen. Diese Einheiten sind der Vernichtung geweiht, wenn jeder kaltes Blut bewahrt und seine Aufgabe erfüllt. Ihr Auftreten kann jedenfalls unwahrscheinliche Gerüchte

über die Entwicklungsmöglichkeiten und den feindlichen Vormarsch nicht rechtfertigen.
Die Militärbehörden erteilten den Befehl, daß diejenigen, die bewußt oder unbewußt die Widerstandsfähigkeit des Landes gefährden und die Aktionen des Gegners begünstigen, indem sie solche Gerüchte verbreiten oder sie dazu verwenden, sich ihrer Pflicht zu entziehen, exemplarisch bestraft werden."

Hoffnung auf Betriebsstoffmangel

Havas droht uns. Der „Temps" aber beruhigt uns und „appelliert an unseren gesunden Menschenverstand".

„Die französische Öffentlichkeit muß sich geistig den Verhältnissen des neuzeitlichen Krieges anpassen. In großen Zügen muß man wissen, daß die Kriegsgeräte aller Art, über die moderne Armeen für Angriffs- und Verteidigungszwecke heutzutage verfügen, die Begriffe ‚Zeit' und ‚Entfernung' wandelten. Laienhaft verständlicher und einfacher ausgedrückt heißt das, daß die ‚Motorisierung' gewissen Verbänden einer Truppe gestattet, sich viel schneller von einem Punkt zu einem anderen zu begeben, als es Kavalleristen jemals tun konnten.
Diese neue Macht aber, eben diese Schnelligkeit, welche die Kampfbedingungen änderte, birgt gleichzeitig auch Nachteile im Vergleich zu den während des letzten Krieges gebräuchlich gewesenen Mitteln. Die Maschinen, die schnell vorwärtskommen, werden bewegungsunfähig, sobald ihr Motor zu arbeiten aufhört, weil der Treibstoff ausging. So bewegungsunfähig, daß kühne Vorhuten, die sich schreckenerregend dünkten, unfehlbar nun dazu verurteilt wurden, die leichte Beute der Verteidigungstruppen zu werden, weil ihre Kraftquelle versiegte."
Eine einleuchtende Erklärung! Diese schnellen Maschinen werden also stehenbleiben, wenn sie keinen Betriebsstoff mehr haben! Nun hat Deutschland aber schon lange keinen Treibstoff mehr! Sie hätten daher eigentlich schon längst stehenbleiben müssen!

„Ein Flugzeug legt stündlich 600 Kilometer zurück. Ein Tank kann 50 Kilometer in der Stunde schaffen", liest man im „Paris Soir". Das Flugzeug, das Paris überfliegt, besetzt deswegen noch nicht Paris. Es muß umkehren. Eine Panzerkolonne kann bis nach X... vordringen, sie besetzt deshalb X... noch nicht endgültig und ist oft sogar von alleine schon gezwungen, sich auf ihre Ausgangsstellung zurückzuziehen. Sie ist Sklavin ihres Nachschubs."
Diese ganz besondere Arithmetik ergänzend, denkt sich der „Daily Telegraph" folgendes aus: „Deutschland mußte von den 12 Panzerdivisionen, über die es verfügt, 6 in die augenblickliche Offensive einsetzen. Diese 6 Divisionen verbrauchen zwangsläufig etwa 1000 Tonnen Betriebsstoff täglich. Ungefähr 1000 Panzerwagen werden zu ihnen gehören, ohne hierbei die Nachschub- und Transportfahrzeuge mitzurechnen. Auf jeden schweren Panzer gehen 4 mittlere und 6 leichte Panzerwagen. Der leichte deutsche Tank dürfte etwa 4 Liter pro englische Meile (1600 Meter) verbrauchen, ein mittlerer 6 und ein schwerer Panzerwagen 24 Liter pro Meile. Der Aktionsradius der kleinen Maschinen wird etwa 260 Kilometer betragen, der der mittleren 160 und der der schweren Tanks 80 Kilometer.
Die Versorgung der eingesetzten 3000 Panzerwagen während dieser Offensive erforderte bis jetzt mehr als 2000 Kubikmeter Brennstoff."
„Deshalb" — so folgert der „Temps" — „muß die Versorgung der deutschen Massen zwischen der Aisne und der Schelde mehr als unsicher geworden sein. Diese Frage ist in bezug auf die Brennstoffversorgung von außerordentlicher Bedeutung, denn der Verbrauch der vielfältigen mechanisierten und motorisierten Verbände des Feindes ist zweifellos beträchtlich.
Seine Schwierigkeiten, den Betriebsstoffanforderungen seiner Armeen entsprechen zu können, die fast ausschließlich nur noch Kraftfahrzeuge benutzen, müssen infolge der vom englischen Luftfahrtminister gemeldeten Vernichtung sehr erheblicher Petro-

leumvorräte in Bremen und Hamburg noch gewachsen sein. So darf man also annehmen, daß der Feind gerade jetzt in starkem Umfange in der Versorgung seiner vorgeworfenen Verbände mit Brennstoff behindert ist, ohne den sie gelähmt sein würden..."

Es handelt sich nur um einen „Zwischenfall"

Was hätte es daher für einen Sinn, sich den Kopf über diese motorisierten Gewaltvorstöße zu zerbrechen?
Häufig stoßen die Deutschen weit über die Kampflinien hinaus vor, die Anwesenheit aber dieser motorisierten Einheiten in einem Dorf, beteuert uns der englische Rundfunk, bedeutet noch keineswegs, daß die deutsche Front nun auch bereits durch dieses Dorf läuft. Es handelt sich lediglich um eine häufig zu beobachtende Eigentümlichkeit dieses Krieges. Denn auf einen kurzen Nenner gebracht, sind diese motorisierten Verbände Kavallerieabteilungen, in vielen Fällen verlorene Spähtrupps.
„Verlorene Spähtrupps?" Isolierte Spitzen berichtigt der „Temps".
„Jeder einzelne dieser Vorstöße ist nur eine Episode", setzt der „Paris Soir" hinzu. „Er ist keineswegs entscheidend."
Ein Zwischenfall nur – – schließt im „Oeuvre" ein Militärkritiker, Herr Albert Bayet, der uns übrigens auch in der „Lumière" eine endgültige Erklärung bringt, die – nach seiner Meinung – den Schlußstrich unter die Episode zieht.
„Zu Beginn der Offensive wirkten diese Vorstöße zweifellos überraschend, das ist nicht zu leugnen. Denn die Deutschen erweckten den Eindruck, als verfügten sie über ein ungeheures Panzermaterial, da sie sehr leichte und sehr verwundbare Maschinen mit Blechtafeln getarnt hatten, die außerordentlich drohend aussahen.
Dieser Überraschungseffekt wirkt zukünftig aber nicht mehr. Die Tatsache, daß die ‚Motorisierten' sich mit ihrer Kühnheit durchsetzend an diesem

oder jenem Punkt Nordfrankreichs auftauchen, auch in Ostfrankreich traten sie ja schon in Erscheinung, wird uns dennoch nicht glauben machen, daß bereits die gesamte deutsche Armee einträfe. Tatsächlich ist nämlich die französische Armee trotz örtlicher in der Maasgegend erlittener Schlappen noch völlig intakt. Die Überlegenheit unserer Panzer, die Angriffskraft der alliierten Luftwaffe, das zähe Heldentum der französischen, englischen und belgischen Truppen bestätigen sich immer wieder. Präsident Roosevelt verlangte soeben von dem Kongreß der Vereinigten Staaten usw. usw. . . . ."

Weygands Geständnis

Indessen rückt die deutsche Armee jedoch immer weiter vor, „trotz des Artilleriefeuers, das in den Korridor zwischen Arras und der Somme hämmert und trotz des Luftbombardements" – – und trotz der Militärkritiker!

Die Bresche wird immer größer statt kleiner. Unsere Nordarmeen wurden bereits vom Rest unserer Kräfte abgeschnitten.

„Der im französischen Oberkommando eingetretene Wechsel", erklärte der Führer am 20. Juli, „sollte den Widerstand des französischen Heeres neu beleben und dem unglücklich begonnenen Kampf die von den Alliierten ersehnte Wendung geben. Die sogenannte ‚Stützpunkt'-Taktik hatte nicht mehr Erfolg als die Methode Gamelins."

General Weygand gibt dies in seinem Heeresbericht vom 24. Mai (abends) auch zu:

„Die heftigen Kämpfe, die sich seit mehreren Tagen in Nordfrankreich, insbesondere in der Gegend von Cambrai und Arras abspielten und sich bis in den Raum von Saint-Omer und Boulogne ausdehnten, gestatteten es bisher noch nicht, unsere gesamte Front ohne jede Unterbrechung wiederherzustellen."

Was wir nicht wußten

Kann General Weygand für diese neue Niederlage verantwortlich gemacht werden? Keinesfalls! Wir erfuhren nämlich nach Abschluß des Waffenstillstandes in der Tat, daß Weygand am 22. Mai dem Obersten französisch-englischen Kriegsrat seinen Plan auseinandergesetzt hatte, der auch angenommen wurde.
Nun ließ jedoch zwei Tage nach dieser Annahme der englische Oberkommandierende, Marschall Gort, London wissen, daß ihm seine Verbindungen bedroht erschienen und er außerdem auch nicht genügend Munition habe, um zum Angriff übergehen zu können.
Am gleichen Tage richtete Paul Reynaud ein besorgtes Telegramm nach London. Er verlangte die Verschiffung von Munition für die neun britischen Divisionen über Dünkirchen. Er fügte hinzu, daß General Weygand sehr überrascht gewesen sei, die Räumung von Arras durch die Engländer trotz der zwei Tage vorher übernommenen Verpflichtungen erfahren zu müssen.
Er machte auch darauf besonders aufmerksam, daß der bereits eingeleitete Rückzug der englischen Truppen im Süden und in Richtung auf Le Havre die Bevölkerung entmutige und der Generalissimus Weygand äußerst bestürzt darüber sei, seitens des britischen Generalstabes bezüglich derartiger Anordnungen in Unkenntnis gelassen worden zu sein.
Und Paul Reynaud schloß:
„In diesen sorgenvollen Stunden werden Sie mit mir der Meinung sein, daß die einheitliche Leitung beizubehalten ist und die Befehle General Weygands durchgeführt werden müssen."
Lord Gort aber kannte nur eine Sorge: seine Leute so schnell wie irgend möglich an die Küste zurückzubringen, notfalls unter Zurücklassung des Materials.
Und während sich die von allen verlassenen Franzosen wie die Löwen schlagen und nur Meter um

Meter Gelände unter beträchtlichen Verlusten aufgeben, schiffen sich die Engländer eiligst in Dünkirchen ein.

Am 26. Mai unterrichtet General Weygand den Admiral Darlan davon, daß er die Einschiffung unserer Truppen in Dünkirchen vorzubereiten habe. Kapitän z. S. Auphan, der vom Flottenadmiral zur gemeinsamen Regelung dieser Frage mit der britischen Admiralität nach London geschickt wurde, stellt voller Bestürzung fest, daß die britische Admiralität bereits seit 8 Tagen etwa die Einschiffung des britischen Expeditionskorps ohne vorherige Benachrichtigung der französischen Admiralität vorbereitet hatte.

Sie entfernen sich von ihren Ausgangsstellungen

Zu jener Zeit aber verheimlichte man uns diesen englischen Ungehorsam genau so sorgfältig wie alles übrige. Man hielt uns auch weiterhin ständig in dem Glauben, daß sich die Deutschen durch ihren immer weitergehenden Vormarsch desto stärker der Gefahr aussetzen, abgeschnitten und ihres Nachschubs beraubt zu werden. Man gaukelte uns erneut „den Trick mit der Entfernung von den Ausgangsstellungen" vor, den man uns bereits anläßlich der norwegischen Operationen vorgemacht hatte!

Der militärische Sachverständige der Reuter-Agentur schreibt nach der Feststellung, daß der deutsche Vormarsch in Frankreich zweimal zwar schon die Richtung änderte, von seiner ursprünglichen Stoßkraft aber noch nichts eingebüßt hätte, man könne jedoch hoffen, daß sich seine Wucht und sein Schwung in zunehmendem Maße mit der Entfernung der Panzerkräfte und Transporte von ihren Versorgungsquellen vermindern werde.

Während der „Temps" in diesem Zusammenhang und in Erinnerung an den Sieg an der Marne erklärt:

„Jeder weiß, daß sich entsprechend dem Vormarsch des Feindes auch seine Verbindungen verlängern und seine Flanken ausdehnen. Für einen Angreifer, der zu schnell auf gegnerischem Gebiet vordringen will, liegen die Verhältnisse ausgesprochen ungünstig."

Jean de Pierrefeu aber und die Pariser Presse rufen trostreich:

„Seine Panzerdivisionen versuchen mit aller Gewalt und blindlings so weit wie möglich in allen Richtungen und immer geradeaus vorzustoßen, ohne sich um Richtung und Verbindungen zu kümmern. Je weiter sich der Feind aber vorwagt, um so verwundbarer wird er!"

Hitlers Niederlage!

Die Palme aber gebührt Herrn Fernand Laurent, der im „Jour" den Sieg bereits ausposaunt:

„Gewiß hat der Feind Gelände gewonnen; der Verlust unserer Städte, eines Teiles unseres Materials, unserer Fabriken und unserer Vorratslager mag schmerzlich für uns sein, er ist aber nicht unersetzlich. Der Hauptteil unserer Armee bleibt einsatzfähig.

Auf der Karte mag der Feind Erfolge haben, das ist aber auch alles. Wenn man diese Erfolge jedoch mit dem Ziel vergleicht, das sich der Gegner steckte, ist seine Offensive ein Mißerfolg."

DREIZEHNTES KAPITEL

Lügen über Belgien

Vorher ...

Die ihrer Verbreitung nach mit zu den größten illustrierten Zeitungen gehörende „Match" räumte ehrfurchtsvoll das Titelblatt ihrer Ausgabe vom 16. Mai dem edlen Bildnis Leopolds von Belgien ein, dem Sohne Alberts, des ritterlichen Königs. Es war an allen Zeitungskiosken angeschlagen, lag in allen Buchhandelsschaufenstern aus bis ins kleinste französische Dorf hinein.

„Albert, der ritterliche König", erklärten die Aufsätze im Innern des Blattes, „wäre stolz auf seinen Sohn! König Leopold zögerte nicht, sich dem deutschen Angriff gegenüber genau so erhaben und genau so edel zu verhalten wie sein Vater. Er übernahm selbst sofort das Kommando über die belgischen Truppen und stellt sich überall dem Eindringling entgegen. „Vor Opfern und Ehrlosigkeit", so proklamierte er, „zögert das Belgien des Jahres 1940 nicht mehr als das von 1914!"
Und überreichliche Photographien zeigten uns König Leopold von allen nur erdenklichen und schmeichelhaften Seiten: Mit seinem Vater an der Front im Jahre 1914, mit seiner Mutter Elisabeth beim Besuch belgischer Verwundeter, mit seiner reizenden Gattin, der vielbetrauerten Königin Astrid, und vor allem mit seinen Kindern.
Als großen König, als treuen Gatten, als zärtlichen Vater und mit allen Tugenden ausgestattet – so schilderte ihn ausnahmslos die gesamte französische Presse ihren Lesern, als er am 11. Mai, wie sein erlauchter Vater, schreibt ein Militärkritiker des „Petit Parisien", das Kommando über die tapferen belgischen Armeen übernahm.
„Wir wußten, daß sich in Belgien nichts geändert hat und daß es zwischen Albert I. und Leopold III. auch nicht den geringsten Unterschied geben würde."
„Die Einstellung der beiden Könige war die gleiche", schreibt ein früherer Minister in einer südfranzösischen Zeitung, „diese Einstellung entspricht in Wirklichkeit einem Akt des Glaubens, eines Glaubens zwar, der hinsichtlich der Loyalität Deutschlands gewiß nicht berechtigt war, dafür aber um so gerechtfertigter und überzeugter und notwendiger gewesen ist hinsichtlich der Allmacht des sittlichen Gesetzes, das die Welt regieren muß und schließlich auch regiert."
Und jede Zeitung bietet ihren Lesern eine rechtfertigende und romantische Biographie des ritterlichen Königs Nr. 2: Anfänglich als gemeiner Soldat Kriegs-

freiwilliger im Kriege gegen Deutschland, weil König Leopold befürchtete, der Krieg könnte zu Ende gehen, ohne daß ihm Gelegenheit zu einer Teilnahme geboten worden sein könnte.
Dann zeigte man uns ihn in zerfetzter und abgerissener Uniform im Schützengraben als einfacher Infanterist auf Wache ziehend und zitierte uns seine heroischen Worte: „Ich hatte die Freude", wiederholte er gern, „an der Befreiungsoffensive von 1918 teilzunehmen."
Dann seine Ansprache anläßlich seiner Aufnahme in die Kriegsschule:
„Seit im Jahre 1830 die belgische Nation als Herrin über ihr eigenes Geschick meine Familie um ihre Mitwirkung gebeten hatte, waren meine Vorgänger genau wie ich selbst stets davon überzeugt, daß die Wehrpflicht zur ersten der bürgerlichen Pflichten zählt und Belgien, ob neutral oder nicht, eine gute und starke Armee haben müsse."
Dann folgte sein Treueid auf die Verfassung: Mit seiner klaren und festen Stimme erklärte damals der junge Prinz:
„Ich schwöre, die Verfassung und die Gesetze des belgischen Volkes zu achten und die nationale Unabhängigkeit und Unantastbarkeit des Landes zu wahren."
Und abschließend las man:
„Das Unglück reifte diesen edlen Herrscher eines edlen Volkes.
Durch den Krieg und den Tod einer angebeteten Gefährtin geprüft, widmete sich König Leopold nur noch seinem königlichen Beruf. Heute setzte er seinem Wirken die Krone auf!"

Nachher ...

Vierzehn Tage vergingen.
Am 25. Mai sprach dasselbe illustrierte Blatt „Match" von König Leopold. Dieses Mal aber räumt es ihm nicht ehrenvoll das Titelblatt ein..., denn der reine Held ohne Furcht und Tadel verwandelte sich in

der Tat und innerhalb von nur zwei Wochen in den Augen aller französischen Zeitungen in eine traurige Majestät, in einen treulosen König und zum Verräter Nr. 1.
Und die Wandlung vollzog sich so rasch, daß gewisse langsamer gedruckte Zeitungen ihr nicht folgen konnten. So kommt es denn, daß die Juni-Nummer des großen Magazins „Lectures pour tous" einen begeisterten und schwungvollen Artikel zu Ehren des edlen Königs veröffentlicht, ihn jedoch durch Einkleben eines kleinen grünen Zettels in dieses Exemplar mit den Worten aufhebt:
„Diese Nummer wurde vor der Treulosigkeit des Königs von Belgien gedruckt.
Noch vor wenigen Tagen schenkten wir gerade in dieser Zeitschrift dem König der Belgier all den Glauben, den man zu Recht dem Sohne desjenigen entgegenbringen konnte, der im Jahre 1914 unser treuer Bundesgenosse war.
Heute werden ihn alle unsere Leser aber gemeinsam mit uns mit unauslöschlicher geschichtlicher Schande belegen."

Madame Tabouis wird völkisch

Wie konnte so urplötzlich aus reinem Gold wertloses Blei werden?
Um ihre kürzlichen Lobreden vergessen zu machen und um sich ihre Treuherzigkeit und ihre Mittäterschaft verzeihen zu lassen, beginnen die französischen Journalisten nun, ihren entwerteten Abgott wütend mit Füßen zu treten.
„Er beging das größte Verbrechen der Geschichte", erklärt der „Paris-Soir".
„Er hat sein Blut, das schwere Blut der Wittelsbacher gegen sich", behauptet Pierre Dominique, Schriftsteller und Dr. med.
Aber auch Madame Tabouis fängt an, sich mit Rassenkunde zu beschäftigen und so analysiert sie die Reinheit der Blutflüssigkeit, die in den Adern des Verräters rollt, und schließt: „Seine widerwärtige

und hassenswerte Tat abgrundtiefer Niederträchtigkeit ist allen gesunden Menschenverstandes derart bar, daß man geradezu entsetzt ist. Leopold III. hat als echter Wittelsbacher gehandelt, von denen er mütterlicherseits abstammt."

Ein Spionage-Roman

Und nun beginnt man, in der Vergangenheit der Schuldigen zu wühlen. Und findet dort auch nur Doppelzüngigkeit, Schurkerei und Verrat.
„Schon oft hatte der König eine mit der Einstellung seiner Minister nur wenig übereinstimmende Haltung eingenommen. Er verbot ihnen, sich nach Frankreich zu begeben, da er um jeden Preis die Aufnahme persönlicher Beziehungen mit den französischen Politikern zu vermeiden wünschte. Er versuchte ebenfalls, die belgische Presse der Zensur zu unterwerfen. Nur der Widerstand gewisser Minister hinderte ihn daran.
Schließlich weigerte er sich, sich im Augenblick des deutschen Einmarsches ins ‚Palais de la Nation' zu begeben, um dort eine Fühlungnahme mit dem Parlament herzustellen.
Weit schwerwiegender aber war noch sein Verbot an die belgische Regierung, sich zur Vorbereitung der Evakuierung der Bevölkerung mit den französischen Behörden ins Einvernehmen zu setzen."
„Dennoch ordnete er an, sich dem deutschen Vorgehen zu widersetzen?", wird man einwenden, „und trotzdem habt ihr selbst seinen heroischen, glänzenden, großartigen Tagesbefehl, der in der Geschichte nicht seinesgleichen haben sollte, in den Himmel gehoben?!"
„Jawohl, diesen Widerstand aber ordnete er nur widerwillig an und seitdem die Sturmflut der deutschen Wehrmacht gegen Frankreich brandete und Amiens erreicht ist, hüllt er sich in Schweigen. Warum wollte er bei seinen Soldaten bleiben anstatt der gesetzlichen Regierung seines Landes zu folgen? Das ist doch höchst verdächtig ...! Warum gibt er

am 23. Mai Pierlot, der sich darüber wundert, daß die Befehle Weygands so schlecht durchgeführt werden, so schlechte Gründe an? Er beruft sich auf die schlechte Moral der Armee! Die erlittenen Verluste! Die Unmöglichkeit, den Kampf fortzusetzen! Das sind Ausreden! Das ist seines Vaters nicht würdig. Unterlag er vielleicht dem Einfluß irgendeiner Frau, die ihn dazu brachte, den Krieg zu verabscheuen?"

Der Sündenbock Nr. 1

Und so baut man nach klassischen Vorbildern einen Spionageroman auf. Denken Sie doch! Welche Möglichkeiten! Endlich fand man einen Sündenbock!
Er war es, der uns in eine Falle lockte, indem er uns zu Hilfe rief! Er, nur er allein ist die Ursache all unseres Unglücks! Man braucht die Verantwortlichen nicht anderswo zu suchen! Und man braucht sie vor allem nicht bei uns zu suchen!
So lautet der einstimmige Ruf. Wie oft hörte ich brave Franzosen stöhnend seufzend: „Ach, hätte uns der König der Belgier nur nicht verraten, niemals würden wir den Krieg verloren haben!"
Leopold III. ist der Bazaine von 1870.
Er ist der Caillaux von 1917.
Caillaux? Man erinnert sich doch wohl noch daran, wie bequem es war, das Scheitern aller unserer Offensiven damit zu erklären. Sicherlich fiel es niemandem auch nur im Traum ein, unseren militärischen Führern die Verantwortung dafür aufzubürden! Welch gotteslästerlicher Gedanke auch nur! Nein, Caillaux war es und sein Mitschuldiger Malvy. Ich werde mich stets an diese damalige geradezu ans Delirium grenzende Freude erinnern, von der die Pariser Bevölkerung erfaßt wurde, als Clemenceau Caillaux festnehmen ließ. Man umarmte sich auf den Straßen. Man schloß Brüderschaft in der Metro. Man weinte vor Freude. Der Krieg war gewonnen, denn Caillaux saß im Gefängnis!

Geisteskranke oder Verbrecher?

„Offensichtlich ist es jetzt", schreibt der Leitartikler der Militärzeitschrift „Heures de la Guerre", daß dieser Schurke von einem König uns in einen Hinterhalt lockte, indem er auf unsere Loyalität spekulierte! Und so erklärt es sich jetzt auch, was uns eine Woche lang so in allerhöchstes Erstaunen versetzte: die feige Aufgabe des Albert-Kanals, die nicht zerstörten Brücken, die nicht verteidigte Maas, die für die feindlichen Panzerdivisionen offengehaltenen Ardennen, der deutsche Durchstoß, der unsere Nordarmeen zu umgehen drohte, die bis in die holländischen Grenzgebiete vorgestoßen waren, der angezettelte und seine Schläge überallhin austreibende Verrat."
Dann könnte man aber einwenden, wenn ihr das nicht früher gesehen habt, dann seid ihr Geisteskranke, Irrsinnige, Verbrecher! Unfähige Verbrecher! Ihr habt euch dann stupide von Leopold einwickeln lassen! Wie? Ihr merktet vor dem 22. August 1939 auch Stalins Politik nicht? Und ihr ahntet auch vor dem 1. Oktober 1939 den Verrat des Obersten Beck und des Marschalls Rydz-Smigly nicht? Denn auch diese behandeltet ihr doch wie Verbrecher... nachher! Und ihr wollt, daß man euch noch etwas glaubt! Daß man euch blindlings folgt? Wenn ihr unfähig seid Krieg zu führen, dann:
1. hätte man ihn nicht erklären müssen
2. und muß Frieden schließen!
So folgerten einige Franzosen mit gesundem Menschenverstand vor ihrem Gewissen. Die große Masse aber wurde von einem alles mitreißenden, unwiderstehlichen Wahnsinn gepackt! Sie träumte auch weiterhin vom Kriege und ließ sich im Zustand einer Halluzinationshypnose an den Abgrund treiben.

Endlich! Ein Schlachtfeld!

Als jedoch der erste Zorn verraucht war, kam man allmählich doch dahin, die Kapitulation der belgischen Armee etwas kaltblütiger zu betrachten.

Aus einem langen Bericht der Havas-Agentur, der die Vorsätzlichkeit des Verbrechens festzulegen beabsichtigte... spricht eine mehr als dürftige Beweisführung. In der Hauptsache wirft er Leopold III. vor, seit seiner Thronbesteigung eine persönliche Politik verfolgt, und – wenn auch ohne Erfolg – die Zensur einzuführen versucht zu haben, um die belgische und fast einstimmig zugunsten der Alliierten ausgerichtete öffentliche Meinung lahmzulegen, in seinem Hauptquartier geblieben zu sein, usw. usw. ...
„Man bestreitet nicht mehr", schreibt der Leitartikel des „Temps" bei Kommentierung dieser Havas-Depesche, „daß es sein Einfluß war, der die Entwicklung ständig verschärfte und das Ziel hatte, die Solidarität Belgiens mit Frankreich und England zu lockern und allmählich den Graben zwischen Belgien und den Alliierten des Weltkrieges schuf. Die Programmrede des Königs vom Oktober 1937 trug bereits den Keim zu dem in sich, was sich heute in so grausamer Weise vor aller Augen ausbreitet."
Wenn aber nun im Oktober 1937 bereits der machiavellistische Plan Leopolds „im Keim" erkennbar gewesen ist, warum traft ihr dann nicht rechtzeitig eure Vorsichtsmaßnahmen? Warum stürztet ihr euch mit geschlossenen Augen in die Falle?
Die wieder einmal überrannte Zensur läßt General Maurin, einen früheren Kriegsminister, die nachstehenden Anklagesätze veröffentlichen:
„Blindlings stürzten wir uns in eine beinahe unüberlegte Offensive, um unsere Schuld König Albert gegenüber abzutragen.
In der Sucht, endlich Gelegenheit zu haben, eine neue und bewegliche Front finden zu können, versuchten wir zuvor erst gar nicht, den tatsächlichen Zustand der Befestigungen festzustellen, auf die sich die alliierten Armeen stützen sollten. Es handelt sich um denselben Fehler wie 1914, diesmal jedoch einem Feinde gegenüber, der gleichzeitig das Gelände und auch sein Volk vorbereitete."

Paul Reynaud tritt für Leopold III. ein

Wenn uns Anastasia auch den echten und genauen Inhalt des Aufrufs vorenthält, durch den Leopold die Kapitulation anordnete, so läßt sie doch wenigstens eine aus Rom stammende und für diese Entscheidung eintretende und sie verteidigende Erklärung durch, für eine unvermeidlich gewordene Entscheidung, die es dem König gestattete „Belgien eine relative Unabhängigkeit zu bewahren", um seinen Ausdruck zu gebrauchen.
„Konnte der König nicht der Auffassung sein", sagen die italienischen Zeitungen, „daß von nun an die Nordarmeen sich selbst überlassen und ihrem Untergang nahe seien und ein weiterer Widerstand nur dazu dienen würde, die Organisation der Front an der Somme und die Verteidigung englischen Bodens vorbereiten zu helfen? Und konnte er nicht auch fernerhin noch erwägen, daß sich die belgische Armee für die französisch-britischen Heere nur aufopfern würde, zahllose Flüchtlinge die Schlachtfelder überfüllen und sperren würden, durch seine Kapitulation jedoch einem Blutbad vorgebeugt würde?"

Schließlich wurde ich selbst aber von Anastasia zur Veröffentlichung eines Artikels ermächtigt, in dem ich Erklärungen, wenn nicht gar Entschuldigungen, für den Entschluß Leopolds III. aus den gesammelten Werken... Paul Reynauds zum Abdruck brachte.
Diese berühmte Rede vom 14. Oktober 1937, in der nach Ansicht des „Temps" der Ursprung der Ereignisse vom 28. Mai 1940 zu finden ist, kommentierte Herr Paul Reynaud sehr einleuchtend in seinem Buch: „Das militärische Problem Frankreichs!"
Und er kommentierte diese Rede wirklich scharfsichtig und sympathisch. „Man lese die vom König der Belgier am 14. Oktober 1937 gehaltene Rede noch einmal durch", erklärte im Jahre 1938 der künftige Chef des Kriegskabinetts von 1940, „in der er die An-

sicht vertrat, daß eine etwaige Offensive, deren mögliches Opfer Belgien sein könnte, mit Unterstützung der Luftwaffe und der Motorisierung durchgeführt werden wird.
Wie könnte sich Belgien dagegen sichern?
Ein Bündnis würde nicht zum Ziele führen, antwortet der König. Denn so prompt auch die Hilfe eines Verbündeten sein würde, sie würde dennoch erst nach dem Zusammenstoß mit dem Angreifer, der furchtbar sein würde, wirksam werden."
Der König kam zu dem Schluß, daß die etwaige Hilfe, die Belgien retten könnte, „wirkungsvoll und unverzüglich" erfolgen müßte.
„Wie könnte nun", fragte Paul Reynaud, „unsere Hilfe wirkungsvoll und unverzüglich einsetzen, wenn wir nicht über die Voraussetzungen verfügen, rechtzeitig an Ort und Stelle einzutreffen, ebenso schnell also wie der Angreifer?"
Und hierbei nahm Paul Reynaud seine Argumente zugunsten der Schaffung motorisierter Korps wieder auf, die genau denen entsprachen, die wir gegen Frankreichs Straßen haben vorstürmen sehen, nachdem sie die Front durchbrochen, Panik in unsere Armeen getragen und die Maginotlinie hatten auffliegen lassen.
„Bereits im Jahre 1914", fuhr Paul Reynaud fort, „hatte man in Belgien einen großen strategischen Fehler gemacht. In dem Streit zwischen Joffre und Lanrezac hatte Lanrezac recht, er, der gegen eine Generaloffensive ‚mit allen vereinten Kräften' war, der uns nach Charleroi führen sollte, der andererseits aber zur Sicherung der Verteidigung Belgiens unverzüglich die zweckmäßigste und am leichtesten zu verteidigende Stellung besetzt sehen wollte: die Maas.
Hätten wir uns dieser Maaslinie sofort bemächtigt, hätten wir, anstatt die Belgier sich selbst zu überlassen, sie unter dem Vorwand nicht getrennt vernichten lassen, daß man vor irgendwelchen Unternehmungen zunächst abwarten müßte, bis auch der letzte Landwehrmann an seinem vorgesehenen Auf-

marschplatz eingetroffen sei, hätten wir das Einfallstor Lüttich sofort verriegelt, wer kann dann einen ganz anderen Ausgang der Grenzschlachten bezweifeln?

Auf jeden Fall genügt das Studium der Erinnerungen des Generals Gallet, des früheren belgischen Generalstabschefs und Chefs des Militärkabinetts des Königs während des Krieges, um die Sorgen und Befürchtungen des belgischen Herrschers kennenzulernen, der vom 4. bis zum 20. August sein Land allmählich immer weiter besetzt sah, während die französische Armee abwartend beiseitestand.

Wenn wir morgen Krieg hätten, würden wir dann mangels eines ausreichenden Instruments für eine ebenso gewaltige und ebenso schnelle Gegenoffensive, wie sie zu erwarten ist, diesen Fehler noch einmal machen?

Die Lage wäre heute dadurch noch weit ernster, weil nach der Besetzung Belgiens die feindlichen Flughäfen nur 200 Kilometer von Paris entfernt sein würden.

Bisher aber war Frankreichs Leben noch jedesmal in Gefahr, wenn Belgien in Feindeshand gefallen war.

Ganz sicherlich hat die neue Einstellung Belgiens zum Teil darin ihre Ursache, daß uns dieses Interventionsinstrument fehlt, das es uns aber ermöglichen würde, seine Flanken zu entlasten und zu unserem gemeinsamen Vorteil eine ebenso furchtbare Gegenoffensive einzuleiten wie ein deutscher Angriff furchtbar sein würde..."

Die Wahrheit über die belgische Kapitulation

Dies wurde im Jahre 1938 geschrieben.

Kann man behaupten, daß im Jahre 1940 dieses „Instrument zu einer wirksamen und sofortigen Intervention" geschaffen worden war? Daß es Belgien rechzeitig zu Hilfe kam?

Weiß man denn seit dem Waffenstillstand nicht, daß die belgische Kapitulation infolge der tragischen

Lage, in welche die Unzulänglichkeiten und Verspätungen der französisch-britischen Hilfe die belgische Armee gebracht hatten, unvermeidlich geworden war?
Der Chef des Generalstabes der belgischen Armee, Generalmajor Michiels, verfaßte denn auch in der Tat einen der erdrückendsten amtlichen Berichte:
Generalmajor Michiels erinnert zunächst daran, daß die belgische Armee am 10. Mai 1940 verteidigungsmäßig zum Grenzschutz in einem ungeheuer langgestreckten kreisartigen Bogen in Stellung war, der, über Lüttich den ganzen Albertkanal und an der Maas entlanglaufend, Antwerpen mit Namur verband, mit vorgeschobenen Einheiten und Zerstörungsabteilungen an der Grenze und in Stellungen, die durch seit langen Monaten errichtete Befestigungsarbeiten verstärkt worden waren.
Infolge bisher noch kaum aufgeklärter Umstände, von den neuartigen Kampfverfahren überrascht — (Fallschirmjäger und intensive Flugzeugbombardierungen) — wie schließlich auch infolge Ausbleibens jeglicher Luftunterstützung seitens der Alliierten bis zum nächsten Mittag, mußten die Belgier nach 36 Stunden verzweifelten Widerstandes die deutschen Panzerverbände durchlassen, die sich dann Lüttichs bemächtigten.
Die französischen und britischen Truppen griffen erst am dritten Tage ein, während die Belgier bis hinauf zur Gette in heftige Kämpfe verwickelt waren. Am 13. Mai überrannten die Deutschen an der Maas die französische 9. Armee bei Houx und drangen in das Flußtal von Yvoir bis Givet ein.
Schon vom 14. Mai an lieferte diese Armee in der Gegend von Sedan Rückzugsgefechte, während die 7. französische Armee von Holland aus am 15. Mai auf Antwerpen zurückflutete und die 1. Armee am Nord- und Südausgang Namurs durchstoßen wurde.
In der Nacht vom 16. zum 17. Mai zogen sich die Franzosen und Briten auf Brüssel und den Charleroi-Kanal zurück, was die belgische Armee zum zeitlich gestaffelten abschnittsweisen Rückzug zwang.

Schrittweise ging sie auf Gent, Terneuzen, an der Nethe und Rupel noch mit Erfolg kämpfend, und auch am Kanal von Willebrock, an der Schelde und an der Dendre im Gefecht, zurück, jeden Tag von neuem durch die Sorge um Aufrechterhaltung ihrer Verbindungen mit den Alliierten immer weiter nach Westen mitgezogen.
Vom 18. bis 20. Mai widerstehen die belgischen Divisionen dem gegnerischen Druck, während den Gegnern an der Oise die große Operation gelingt, welche die alliierten Armeen in zwei Gruppen teilen sollte. Bei einer nun folgenden und in Ypern stattfindenden Konferenz setzt General Weygand eine Gegenoffensive mit dem Ziel an, die Gefechtsfronten auf der Achse Arras–Albert wieder zusammenzuschweißen. Die Belgier sollen diese Operation decken, um hierdurch den Franzosen und Briten zu ermöglichen, diesen Gegenschlag so wirksam wie irgend möglich zu machen. Auf Verlangen der Engländer wird der belgische rechte Flügel bis an die Lys und bis Menin zurückgenommen. Die Besetzung Gands durch die Deutschen führt am 22. Mai zu einer mehr als neunzig Kilometer langen belgischen Front. Eine auf zwei Infanterieregimenter zusammengeschmolzene französische Division hält im Norden von Brügge den Leopoldkanal.
So sieht der Vorstoß der deutschen motorisierten Kolonnen gegen die belgischen Truppen aus, die mit dem deutschen Schlachtkorps in Gefechtsberührung stehen. Darüber hinaus hindern vielfache Komplikationen die Verteidigung, darunter die langen Flüchtlingszüge, die häufiger auf die geschlossene als auf die offene Grenze stoßen, so daß Hunderttausende von Flüchtlingen unter dem Bombardement auf engstem Raum führungs- und richtungslos herumlaufen.
Zur Brechung des bewunderungswürdigen belgischen Widerstandes setzen die Deutschen in massiven Wellen ihre Luftwaffe ein, die der zupackenden und in der Entwicklungstaktik nach einem Durchbruch geschulten Infanterie so den Weg freimacht.

Trotz aller SOS-Rufe des belgischen Oberkommandos greift aber die alliierte Luftwaffe in irgendwie nennenswertem Umfange zur Unterstützung der belgischen Anstrengungen nicht ein. Der Angreifer gewinnt in Iseghem, Nevele und Renaix Boden und erzwingt anschließend den Übergang über den Balgerhoeck-Kanal. Die Belgier greifen auf ihre letzten Reserven zurück. Der Schutz der Yser wird erschöpften Verbänden übertragen, die nur mehr 7,5-Zentimeter-Kanonen haben, die man eiligst aus Ausbildungslagern herbeigeholt hatte.
Jetzt werden die Alliierten gewarnt, daß die Belgier keine frischen Truppen mehr haben und daher an der Grenze ihrer Widerstandsmöglichkeiten angelangt sind. Am 27. Mai rücken die letzten Reserven, drei schwache Regimenter, an die Front zur Sicherstellung der Verbindung mit den Engländern. Trotz schrittweisen Widerstandes stoßen die Deutschen bis zu den Befehlsstellen durch. Auf einer Front von 6 bis 7 Kilometern gibt es keine Verteidiger mehr. Die Lazarette sind mit Verwundeten überfüllt. Es mangelt an Granaten. Die Flüchtlinge geraten zwischen die beiden Lager. Die Vernichtung droht umfassend zu werden.
So entsendet denn der König im Bewußtsein der Sinnlosigkeit einer weiteren Verteidigung und nachdem er alles geopfert hat, ohne eine Unterstützung seitens der Alliierten zu erhalten, am 28. Mai um 17 Uhr einen Parlamentär, um die Einstellung der Feindseligkeiten zu erbitten."
Der Generalmajor schließt mit den Worten:
„Die englischen und französischen Regierungs- und Militärbehörden wurden ordnungsgemäß über unsere immer schlimmerwerdende Lage laufend unterrichtet. Die belgische Armee tat ihre Pflicht, rettete ihre Ehre, denn sie kämpfte bis zur Erschöpfung ihrer Mittel. Ein weiteres Opfer hätte den französischen und britischen Armeen keine Hilfe gebracht."
Ist dieser Bericht des Generals Michiels nicht ein Beweis, daß wir Belgien die gleiche „wirksame und

unverzügliche Hilfe" gebracht haben wie Polen, Finnland und Norwegen?

Der improvisierte Krieg

Beweist dieses – unwiderlegbare – Dokument nicht, daß unser belgischer Feldzug ohne Plan, ohne strategisches Denken und ohne genügende materielle Kräfte geführt wurde?
Am 29. Mai erkennt die „Times" zwar an, daß der Feldzug der Alliierten zur Verteidigung der Niederlande und Flanderns mit allen nur möglichen Nachteilen und sehr unvorteilhaft geführt worden sei, wälzt aber wohlverstanden die Verantwortung dafür zum Teil auf Belgien ab.
„Die Angst", erklärt sie, „ist eine schlechte Beraterin und gerade diejenigen, die ihr nicht unterliegen, laufen Gefahr, viel aushalten zu müssen, weil sie Ängstlichen zu helfen versuchten."
Dann erinnert sie daran, daß es die Angst vor der Macht der Nazis gewesen ist, welche die belgische Regierung zu ihrer Weigerung veranlaßte, sich vor einem deutschen Angriff mit den Alliierten ins Einvernehmen zu setzen, um Pläne zur Verteidigung ihres Landes auszuarbeiten, obgleich auch sie nicht umhin konnte, ebenso klar wie die Alliierten die Möglichkeit eines nicht provozierten Angriffs vorauszusehen.
Nichtsdestoweniger aber appellierten die Belgier bei Entfesselung des derzeitigen Angriffs an die Hilfe Großbritanniens und Frankreichs und wir konnten nichts anderes tun, als ihnen unsere sofortige Unterstützung zuzugestehen und alle uns nur irgend möglichen Anstrengungen zu machen, um eine Verteidigung Belgiens zu improvisieren, die früher hätte systematisch vorbereitet werden können."
„Keine irgendwie geartete Vereinbarung hatte mit dem belgischen Generalstab getroffen werden können", versichert seinerseits der „Temps", „um im einzelnen die gemeinsam zu treffenden Maßnahmen zur Verteidigung der Maaslinie festzulegen.

Sicherlich ergab sich aus dem Fehlen solcher Vorkehrungen ein gewisses Durcheinander, das infolge des unvermuteten Einsatzes von deutschen Panzerkolonnen und der hierdurch verursachten Überraschung noch gesteigert wurde."
Die Folgen dieser „Improvisation"? Marschall Pétain erklärte sie uns in seiner Ansprache vom 26. Juni 1940:
„Die Schlacht in Flandern endete mit der Kapitulation der belgischen Armeen und der Einkreisung der englischen und französischen Heere. Sie stellten die Elite unserer Truppen dar.
An der Somme und an der Aisne standen 60 Divisionen fast ohne Panzerwagen und ohne Befestigungen 150 Infanterie- und 11 Panzerdivisionen gegenüber. In wenigen Tagen durchbrach die deutsche Armee unsere Stellungen, zersplitterte unsere Armee in vier Teile und besetzte den größten Teil Frankreichs.
Der Krieg war von den Deutschen weitgehendst gewonnen."

VIERZEHNTES KAPITEL

Die letzte Viertelstunde

Am 28. Mai morgens beginnt eine neue Schlacht. Da sie sich an die Kämpfe in Flandern anschließt, nennt man sie amtlicherseits bei uns und seitens unserer offiziellen Poeten „Das Heldenlied von Dünkirchen".
Nach dem beißenden Spott, der bitteren Ironie und den Schmähungen gegen den „königlichen Verräter" wird jetzt der Ton urplötzlich schwülstig!
Die Lyrik tropft nur so von der Feder! Ausschmückende und heroische Ausdrücke und ein nicht aufzuhaltender Redeschwall verherrlichender Worte füllen die Tintenfässer!
„Aber es handelt sich doch immerhin um einen Rückzug?", wird man einwenden.
„Um einen Rückzug, mein Herr? Jawohl, aber", er-

klärt der „Paris Soir", „um einen glorreichen und erhabenen Rückzug! Einen, der die Welt staunen machte! Eine durch das abtrünnige Ausscheiden, den Abfall König Leopolds vom Meer abgeschnittene französische Armee unternahm einen bewundernswerten und glanzvollen Rückzug in Richtung auf den einzigen Hafen und mußte dabei die Mauern von vier deutschen Divisionen durchbrechen. Sie warf sich mit schwungvoller Entschlossenheit gegen die eiserne Schranke! Sie mußte sich im Verhältnis eins zu zehn ihre Bresche durch ein Flammenmeer schlagen – – und kam durch!
Es wurde der Feldzug, der in der Erinnerung der ganzen Menschheit früheren unsterblich gewordenen Taten gleichgestellt werden wird und schon jetzt in der Geschichte mit dem Namen „Das Heldenlied von Dünkirchen" bezeichnet wird.

Der „Sieg" von Dünkirchen

„Ein Rückzug?", protestiert der sehr bekannte Herr Fernand Laurent in „Le Jour". Vom moralischen Standpunkt aus gleicht die Belagerung Dünkirchens, die Hitler zu einem noch nie dagewesenen namenlosen Unheil, zu einer Katastrophe zu erweitern geträumt hatte, einem unbestreitbaren Sieg von ungeheurer Tragweite.
Und magisterhaft zeigt uns der „Temps", wie leicht sich aus einer Niederlage ein Sieg machen läßt: „Mit verhältnismäßig geringen Verlusten und mit dem Blut haushaltend, führten unsere Generäle ihre Truppen mit ruhiger, ja geradezu gelassener Sicherheit bis in die Verschanzungen der Festung Dünkirchen, die erbittert allen Angriffen gegenüber gehalten wurde."
Der „Temps" benutzt die günstige Gelegenheit, alle unsere Generale und gleich in Bausch und Bogen (fünfzehn waren zwar gerade abgesägt worden) zu rehabilitieren.
„Gewisse Schwächen in der Führung konnten sich natürlich einstellen, so daß man Recht daran tat,

sie energisch zu unterdrücken. Aber das waren Ausnahmen, und das Beispiel der Nordarmee beweist schlagend den hohen Wert unserer militärischen Führer, die derer würdig sind, die im letzten Kriege unsere Armeen zum Siege führten.
Dieses Beispiel aber zeigt auch die Schwächen der feindlichen Armee, trotz allem gegenteiligen Anschein! Beim Kampf von eins gegen fünf gelang den französischen und britischen Divisionen dennoch der Sieg, denn dieser Rückzug kann als ein tatsächlicher und wahrer Sieg betrachtet werden. Die deutsche Streitmacht, die wir keineswegs unterschätzen, hat also auch ihre Schwächen, zeigt auch gelegentlich einige Risse, beweist auch zuweilen ihre Verbrauchtheit und ihren Mangel an Initiative und Schwung. Die französisch-britische Führung war der des Feindes überlegen!"

In treuer Verbundenheit versucht sich England den Umständen entsprechend mit uns in Übereinstimmung zu bringen.
Der englische Rundfunk kommentiert nach Art der Ilias die Ereignisse der Woche am 1. Juni in einer Zusammenfassung folgendermaßen:
„Von der Kriegsmarine und der Luftwaffe unterstützt stehen die französischen und britischen Armeen in einem heldenhaften Kampf und begehen Ruhmestaten, wie sie die Kriegsgeschichte bisher noch niemals sah."
Indessen schüttet Churchill, der sich schmeichelt „mehr als 355 000 Franzosen und Engländer den Armen des Todes entrissen zu haben", ein wenig Wasser auf dieses Feuerwerk.
„Wir müssen uns davor hüten", meint er, „diese Befreiung so darzustellen, als handele es sich um einen Sieg. Kriege werden nicht durch Rückzüge gewonnen."
Schade! Denn ganz gewiß hätte die englische Armee diesen Krieg dann glänzend gewonnen!
Erst heute wissen wir, wie sich die Engländer per-

sönlich in Dünkirchen aus den Todeszangen befreiten.
Bereits am 27. Mai ließ Duff Cooper durchblicken: „Der Feind bahnte sich durch die Linien der Alliierten einen Weg und stieß in Richtung auf das Meer vor. Die verbündeten Armeen erlitten jedoch keine Niederlage, sondern bewiesen bei jedem Zusammentreffen mit dem Feind, auf dem Meer, zu Lande und in der Luft, unsere Überlegenheit.
Dennoch wird es vielleicht erforderlich werden", fährt Duff Cooper scheinheilig fort, „unsere Armee aus ihren jetzigen Stellungen zurückzuziehen. Deswegen aber, weil sie sich vom Gegner löste und entfernte, wird es keine besiegte Armee sein."
Wohin entfernte sie sich denn? Nach welchen verheißungsvollen Gestaden?
Am gleichen Tage meldet der britische Rundfunk: „Obwohl sich die Mehrheit der britischen Expeditionsstreitkräfte zur Zeit in Nordfrankreich befindet, stehen ihre Kontingente in ihrer Gesamtheit nicht gerade in dieser Gegend.
Die englischen Expeditionskräfte setzen ihren Kampf fort, der ohne Zweifel zu den hervorragendsten britischen Waffentaten gehört und der den französischen Armeen zur Befestigung ihrer Stellungen im Gebiet der Aisne und Somme Gelegenheit gibt."
Leider aber stellt dieses Nachrichtenbulletin nicht genau fest, wo denn nun diese tapfere Armee, „von der jeder Offizier und jeder Soldat darauf brennt, sich mit dem Feind in der Schlacht zu messen", anzutreffen ist. Und so verliert sich jedermann in Mutmaßungen, indem er sich auf dieses heroische, immerhin aber doch etwas unbestimmte Versprechen Churchills verläßt:
„Wir haben unseren Verbündeten gegenüber Pflichten, und müssen deshalb die britischen Armeen unter dem Befehl ihres umsichtigen und tapferen Führers Lord Gort neu aufstellen und kampffähig machen. Alles Erforderliche ist bereits eingeleitet, denn wir werden uns nicht auf einen Defensivkrieg beschränken."

Die Wahrheit über Dünkirchen

Nun brachten uns die amtlichen Dokumente seit dem Waffenstillstand die Aufklärung.
Am 2. Juni, zu einer Zeit also, als noch 25 000 Franzosen innerhalb der Befestigungsanlagen Dünkirchens standen, begaben sich die Engländer kaltblütig nach Hause. Und deshalb sah sich Weygand zur Bitte an die englische Admiralität gezwungen, das Nötige zu veranlassen, „um am nächsten Tage die Truppen, die durch ihre Zähigkeit die Einschiffung des englischen Kontingents ermöglichten, abbefördern zu können". Die Solidarität der beiden Armeen, schreibt er, fordert, daß die französische Nachhut nicht geopfert wird.
Diese Aufopferung sollte in den nächsten Tagen schlecht belohnt werden.
Schon am nächsten Tage richtet General Weygand eine Botschaft an Herrn Paul Reynaud, um ein von General Vuillemin an Herrn Churchill zu richtendes Gesuch zu unterstützen. In Frankreich blieben nur noch 3 Geschwader der Royal Air Force.
General Vuillemin forderte die sofortige Entsendung wenigstens der Hälfte der in Großbritannien stationierten Flugzeuge, ungefähr 1000 Maschinen also.
„Ich brauche", schrieb Weygand, „den Ernst der Lage nicht zu unterstreichen. Wenn wir nicht unverzüglich und in vollem Umfange die nachgesuchte Hilfe erhalten, werden die französischen Streitkräfte wahrscheinlich geschlagen werden und der Krieg für England und Frankreich verloren sein."
Das englische Kabinett schickte auch nicht im entferntesten die verlangten 1000 Flugzeuge. Der Außenminister Baudoin gab in der Tat nämlich zu, daß es zu jener Zeit in Frankreich, und in dem Augenblick, als die französischen Armeen dezimiert, zersplittert oder eingeschlossen waren, nur mehr 2 englische Divisionen gab, etwa 50 000 Mann also und nur ein Zehntel der britischen Luftwaffe, die in sehr weiten Zwischenräumen ein immer ausgedehnteres Schlachtfeld überflog."

Jetzt wird man sich klar!

Und doch muß man kämpfen! Die Schlacht um Frankreich beginnt!
Unter welchen Bedingungen! Jetzt macht man sich nicht mehr über die Panzerwagen, ihre abenteuerlichen Vorstöße und ihre problematische Benzinknappheit lustig...!
„Unter den jetzt obwaltenden Verhältnissen und unter Berücksichtigung der von britischen und französischen Kolonnen versperrten Rückzugsstraßen wird man sich jetzt darüber klar", gesteht General Brosse, ein Militärkritiker des „Temps", „daß die rasche Umfassung der alliierten Kräfte in Nordfrankreich von zahlreichen Panzerdivisionen – acht oder neun – durchgeführt wurde, die gleichzeitig die Somme-Übergänge sperrten, um das Eingreifen der vom linken Ufer kommenden französischen Kräfte zu verhindern, und die tiefe Keile in der Richtung auf Boulogne, Calais und fast bis nach Dünkirchen vortrieben.
Der Hauptgrund für die soeben durchgemachte Krise liegt zweifellos in der Überraschung durch das neuartige Material. Wir unterschätzten die Stoßkraft der von Schwärmen tieffliegender Flugzeuge unterstützten Panzerdivisionen. Die polnischen Feldzugserfahrungen erschienen uns nicht überzeugend genug, da wir zu unseren Panzer- und Flugzeugabwehrmitteln ein durch die Tatsachen nicht völlig gerechtfertigtes Vertrauen hatten. Die Panzerdivisionen erschienen uns nicht als sehr ernst zu nehmende und keineswegs so furchtbare Angriffsorgane, da ihre sehr schnellen Fahrzeuge ziemlich schwach geschützt sind."
Und zum Trost hinsichtlich dieses... Irrtums setzt der Militärkritiker hinzu: „Die Deutschen haben noch niemals etwas erfunden. Da sie aber hier und dort ein anscheinend zweitrangiges Verfahren aufgriffen, das sie dann vervollkommneten, um es auf breiter Grundlage zu verwenden, gelingt es ihnen zuweilen, daraus sehr bedrohliche Angriffsmethoden

zu entwickeln. Nachdem sie von den Engländern den Gedanken der Panzerdivision aufgegriffen hatten, vervielfachten sie diese Verbände und bedienten sich ihrer bei allen sich nur irgendwie bietenden Gelegenheiten. Sie erprobten in Spanien den Tiefflug und schufen sich sehr starke Kampffliegerverbände. Sie ahmten die in Amerika erfundene Sturzkampffliegerei nach und erzielten nach Ausbildung Tausender von Fliegern in diesem Kampfverfahren sehr erhebliche und bedeutungsvolle Erfolge.
Es ist nur erwiesen, daß die innige Verschmelzung dieser drei neuen Kampfmethoden eine Gesamtkampfkraft ergibt, die eine ungeheure Offensivmacht darstellt."
... Derartig ungeheuer, daß man sich fragt – oder sich wenigstens anscheinend die Frage vorlegt – wie die Dinge nun weiter gehen und welche Wendung sie nehmen werden!
„Gewiß kennen wir den derzeitigen Zustand unserer Armee nicht. Auch unsere Verlustziffern sind uns unbekannt. Wir kennen auch den Wert und die Bedeutung der frischen Reserven nicht, über die unsere Führung noch verfügt, auch die Stellungen nicht und Lücken, die sie besetzen sollen. Es ist daher vollkommen unmöglich, die zur Zeit eingeleiteten Maßnahmen in ihren Wirkungen bezüglich ihres Zwecks, die feindlichen Armeen aufzuhalten oder zurückzuwerfen, abzuschätzen".
Charles Morice, gestern noch Optimist, verlor seine Nerven und ergeht sich nun neurasthenisch im „Petit Parisien", von tödlichen Zweifeln geplagt:
„Jetzt beginnt die große, die ungeheure Schlacht zu Lande und in der Luft, die pausenlos und ohne jedes Nachlassen geschlagen wird. Der totale Krieg wurde aller Fesseln ledig und niemand kann seinen Ausgang voraussehen.
Der deutsche Vormarsch geht unter Verhältnissen vor sich, die es ermöglichen sollten, sehr bald schwache Punkte in den gegnerischen Stellungen zu entdecken. Ein Parieren wird sich vielleicht bewerkstelligen lassen. Ich will daran glauben!"

Und Henri de Kérillis, der sich darüber freut, das französische Volk *endlich* und brutal „aus der Lethargie und seinen Illusionen gerissen zu sehen, in denen es eine mörderische Propaganda seit langer Zeit gefangen hält", beruhigt sich bei dem Gedanken, daß Deutschland, so teuflich es auch immer sein mag, niemals, niemals ... genügend Material und Munition haben wird, um bis zum letzten Überlebenden die 40 Millionen Franzosen zu töten.
... Eine reizende Aussicht, über die sich die 40 Millionen Franzosen nicht allzu sehr freuen, die der extravagante Direktor der „Epoque" opfert ...!

Der feierliche Augenblick

„Soldaten!", ruft General Weygand am 5. Juni um 2 Uhr morgens in seinem Tagesbefehl an die Armee, „die Schlacht um Frankreich hat begonnen. Der Befehl lautet, unsere Stellungen ohne jeden Rückzugsgedanken zu verteidigen. Offiziere, Unteroffiziere und Soldaten der französischen Armee, möge Euch der Gedanke an unser von dem Eindringling verletztes Vaterland zu dem unerschütterlichen Entschluß bringen, Euch dort zu halten, wo immer Ihr auch steht!
Die Beispiele unserer ruhmreichen Vergangenheit zeigen, daß sich Mut und Entschlossenheit immer durchsetzen. Klammert Euch an den Boden Frankreichs! Blickt nur vorwärts! Die Führung hinten traf alle ihre Anordnungen zu Eurer Unterstützung. Das Schicksal unseres Vaterlandes, die Wahrung seiner Freiheiten, die Zukunft seiner Söhne hängen von Eurer Zähigkeit ab."
„Der Augenblick ist feierlich", kommentiert der „Temps", „gerade jetzt trifft der Feind seine Vorbereitungen zu neuen Angriffen. Man kennt die Bedeutung, die in der Defensive dem rechtzeitigen Erkennen derjenigen Abschnitte zukommt, gegen die der Angreifer seine Hauptanstrengungen zu machen im Begriff steht. Zweifeln wir nicht, daß es unserer Führung gelingt, genau so wie es unserem Großen

Hauptquartier am Vorabend der Schlacht vom
15. Juli 1918 gelungen ist, die gegnerischen Absichten aufzudecken."
15. Juli 1918: Schlacht um Frankreich!
15. Juni 1940: Schlacht um Frankreich!
Die fälschliche Gegenüberstellung von Situationen, die sich nicht miteinander vergleichen lassen (Pétain wird späterhin erklären: weniger Verbündete, weniger Material, weniger Soldaten!), dient als Ausgangspunkt für ein, diesmal verzweifeltes, Aufleben von Irrtümern und Lügen.

Die meistgebrauchten Tricks

Man greift zu den abgedroschensten Themen und verwendet die abgenutztesten Verfahren zur „Gehirnvernebelung". Dieser Angriff ist ein „Manöver" — — schreit man so laut, wie es geht! Ein verzweifeltes Manöver, auf das sich der Feind einläßt, als setze er alles auf eine Karte. (Dieses „alles auf eine Karte setzen" tat schon in Polen, Norwegen, Holland und Belgien seine Dienste, und arbeitet immer noch recht gut!)
„Er legt so wütende Entschlossenheit und eine so hartnäckige Zähigkeit an den Tag", setzt der „Temps" hinzu, „daß man sich in der Tat und mit Recht fragt, ob er nicht in dem angestrebten Erfolg seine letzte Rettungsaussicht sieht.
Wir haben von nun an allen Grund zu der Hoffnung, daß die Schlacht schließlich doch zu unseren Gunsten entschieden werden wird, und diese Hoffnung gründet sich dieses Mal auf die umfassende Kenntnis der Tatsachen." (?)
Man greift fernerhin zu dem bewährten Trick, dem Feinde — natürlich frei erfundene — Absichten zu unterstellen, die er niemals hatte, niemals gehabt hat, um dann laut mit der Feststellung zu triumphieren, daß er sie nicht durchsetzen konnte.
So meldet beispielsweise eine Reuter-Depesche am 6. Juni, ein Mitglied der holländischen Gesandtschaft in Berlin (dessen Namen man uns wohlverstanden

natürlich nicht angibt!) habe erklärt, daß der Reichskanzler Hitler an Mussolini geschrieben hätte, er rechne damit, jeden französischen und britischen Widerstand innerhalb von 14 Tagen nach der Besetzung Hollands und Belgiens gebrochen zu haben. Seinem Angriffsplan nach geriet der Reichskanzler also in Verzug, denn Holland hätte 24 Stunden nach dem Angriff fallen sollen! Und demnach hätten Frankreich und England spätestens am 24. Mai kapitulieren müssen!
Nun – ruft Reuter und nach ihm Havas und alle unsere Zeitungen aus – haben wir heute den 6. Juni: Weder Frankreich noch England aber kapitulierten. Hitler ist also besiegt!

Vorher und nachher!

Es gibt ein Verfahren, das darin besteht, eine Sache vorher und das Gegenteil nachher zu behaupten. Der Reichskanzler zitierte viele solcher Beispiele und erzielte mit ihnen bei seinen Zuhörern stürmisches Gelächter.
„*Vor* dem polnischen Feldzug", ironisiert der Führer, „erklärten die internationalen Schreiberlinge, die deutsche Infanterie sei vielleicht nicht schlecht, die Panzerverbände aber, wie denn überhaupt die motorisierten Einheiten wären minderwertig und würden auch nicht die geringsten Erfolge erzielen können.
Nach der Vernichtung Polens schreiben die gleichen Leute frech, daß die polnischen Armeen nur durch die Tatsache dieser deutschen Panzerarmee und der Motorisierung des Reichs vernichtet worden wären, die deutsche Infanterie dagegen an Wert verloren und bei jedem Zusammentreffen mit den Polen den kürzeren gezogen habe."
Zu Recht sieht man daher hierin – schreibt einer dieser Skribenten wörtlich – ein günstiges Symptom für die Kriegführung im Westen, wovon der französische Soldat Kenntnis zu nehmen wissen wird. Das glaube ich gern, um so lieber, wenn er diese Zeilen

gelesen haben wird, und er sich später einmal daran erinnern könnte! Ohne Zweifel wird er dann diese Fabrikanten militärischer Prognosen bei den Ohren nehmen. Leider wird das nur nicht möglich sein, da diese Leute auf dem Schlachtfeld den Wert oder Unwert der deutschen Infanterie nicht ausprobieren, sich vielmehr damit begnügen werden, sie in ihren Redaktionszimmern zu beschreiben.

Dann war längere Zeit Ruhe. Diese Ruhe war natürlich auch ein ungeheurer dauernder Erfolg der britischen Wehrmacht und ein ebenso konstanter Mißerfolg Deutschlands. Was hat in diesen Monaten England nicht alles gearbeitet und was haben wir nicht alles verschlafen! Bis dann Norwegen kam. Als die Operation begann, da freute sich die englische Kriegsberichterstattung über den „ungeheuren Fehler", den wir nun gemacht hätten. Und man freute sich in England, daß man jetzt die Gelegenheit bekommt, sich mit den Deutschen messen zu können ...

Als wir die Norweger schon längst über Hamar und Lillehammer hinausgeschlagen hatten, marschierte eine britische Brigade bieder, fromm und ahnungslos des gleichen Weges gegen Hamar. Sie hatte nach rückwärts keinerlei Verbindung, denn das hatten unsere Stukas und Kampfbomber alles zerschlagen. So hörten sie nur auf den britischen Rundfunk. Und im britischen Rundfunk vernahm der Brigadekommandeur, daß wir noch weit, weit vor Lillehammer seien und daß wir eine schwere Niederlage erlitten hätten. Und so marschierte der britische Brigadekommandeur an der Spitze seiner Brigade in Lillehammer ein, legte sich dort zur Ruhe, zur Seite seine Kiste, gefüllt mit all' den Dokumenten, worauf stand: „Streng geheim!" „Nicht dem Feind in die Hand fallen lassen!" und wurde nun in der gleichen Nacht noch mitsamt seiner kostbaren Bundeslade von unseren Truppen ausgehoben ...

So konnte man zum Beispiel lesen: „Jetzt fallen die Würfel des Krieges. Wenn es den Deutschen nicht gelingt, nach Paris zu kommen – und das wird ihnen nicht gelingen – dann haben sie den Krieg verloren. Sollten sie aber nach Paris kommen, dann wird England den Krieg gewinnen." (4. 9. 40 in Berlin.)

Schon wieder der improvisierte Krieg!

Vor der Schlacht um Frankreich erklärte uns Paul Reynaud warnend: „Die ganze Welt verfolgt atemlos diese Schlacht, denn die Kämpfe des Juni 1940 werden über ihr Schicksal für hunderte von Jahren entscheiden. Die Schlacht hat kaum begonnen. Ich werde Ihnen nicht mehr darüber sagen, als was mir General Weygand gesagt hat: ‚Ich bin befriedigt', sagte er mir, ‚von der Art, wie sich die Schlacht einleitete und mit der meine Befehle für den Widerstand um jeden Preis ausgeführt werden.'
Alles wird also sehr gut gehen ... Indessen beunruhigt uns ein Geständnis in dieser feierlichen Erklärung: ‚Auf dem Gelände sahen wir uns dazu gezwungen, den Widerstand zu improvisieren; unsere Armee zeigt jetzt, daß sie sich der neuen Form des Krieges angepaßt.'"
Schon wieder ein improvisierter Krieg! Improvisiert wie in Norwegen! Wie in Belgien! Wie überall! Verhängnisvolles Vorzeichen!

Ein von Anfang an verlorener Kampf

Wie sieht nun diese wahrhaft entscheidende Schlacht aus?
Zu Kriegsbeginn, im September 1939, maß die Westfront 350 Kilometer und die Maginotlinie deckte sie in ihrer ganzen Länge. Die deutsche Offensive vom 10. Mai verlängerte die Front nach Norden zu um mehr als das Doppelte, um mehr als 450 Kilometer also. Die Befestigungen der belgisch-holländischen Armeen waren nicht so stark wie die der Maginotlinie. Nach der Erledigung der 80 Divisionen am rechten Flügel – der Gesamtheit der von ihrem Gros im Süden abgeschnittenen französischen Armeen –

bog diese ursprünglich etwa 800 Kilometer lange und von Norden nach Süden laufende Front rechtwinklig nach Südluxemburg ab und erstreckte sich dann nach Westen.

Am 5. Juni, an dem Tage, an dem die Deutschen die Somme und Oise in südlicher Richtung überschritten, hatte die Front der französischen Armeen von der Sommemündung bis zum Oberrhein insgesamt eine Länge von 750 Kilometern und der Abschnitt, der sich von Montmédy aus nach Westen zu erstreckte, 350 Kilometer also, verfügte über keine ihn schützenden Befestigungen.

Die holländische Armee war außer Gefecht gesetzt worden. Die belgische Armee befand sich in der gleichen Lage. Die britische Armee – soweit sie nicht vernichtet war – hatte sich soeben über den Kanal zurückgezogen. Was die französischen Streitkräfte anbetrifft, so waren diese von den 3 starken Armeen des Nordflügels abgeschnitten. Der Rest der französischen Truppen hatte auf die Gesamtlänge der Front verteilt werden müssen und stützte sich bei ihrer Verteidigung auf den Schutz hastig hergerichteter Feldbefestigungen.

War unter diesen Bedingungen der Kampf, den die französische Armee annehmen mußte, nicht von Anfang an schon verloren?

Die Vernichtung des Westflügels

Am 4. Juni treten 3 Armeekorps unter ihren Kommandierenden Generalen von Bock, von Rundstedt und Ritter von Leeb und unter dem Oberbefehl des Generalobersten von Brauchitsch zum Durchbruch der französischen Nordfront an, um die getrennt operierenden Teile der französischen Armee nach Südwesten und Südosten zurückzuwerfen.

Die Truppen des Generals von Bock greifen an der unteren Somme den Oise-Aisne-Kanal an und stoßen hierbei – nach einem amtlichen deutschen Bericht – auf einen zur Verteidigung entschlossenen Gegner. Die französischen Führer waren zum Einsatz aller

ihnen noch zur Verfügung stehenden Kräfte entschlossen, um die „Weygand-Linie" und die Maginotlinie bis zum äußersten zu verteidigen. Man hatte ein neuartiges Verteidigungsverfahren gefunden, von dem man das Aufhalten der motorisierten Verbände erhoffte. Nach vier Tagen aber durchbrechen die Infanterie- und Panzerdivisionen der Armeen von Kluge, von Reichenau und Strauß die feindliche Front.
Am 9. Juni wird der Vormarsch gegen die untere Seine und auf Paris fortgesetzt.
Am gleichen Tage erreichen die vom General Hoth geführten Schnellen Truppen Rouen und beginnen die Umklammerung bedeutender französischer Kräfte an der Küste entlang bei Dieppe und Saint-Valéry-en-Caux.
„Der feindliche Westflügel war vernichtet."

Wie man uns das Unheil mitteilte

So lautet der nüchterne Bericht des deutschen Generalstabes über die Operationen vom 4. bis 9. Juni.
Und wie stellte man auf unserer Seite die Ereignisse dar?
Mit den üblichen Beschönigungen und den gewohnten Verspätungen der amtlichen Heeresberichte!
Der Heeresbericht vom 5. Juni (abends) versichert uns, daß die feindlichen Angriffe insgesamt aufgehalten wurden. Selbst nach dem Durchbruch von Panzerkräften leisten sie an den von ihnen besetzten Stützpunkten energischen Widerstand und halten ihre Stellungen.
Der Bericht vom 6. Juni (morgens) gibt ein leichtes Zurückweichen unserer vorgeschobenen Verbände zu.
Der vom 6. Juni abends ist düsterer: „Der Feind setzte gegen das im Gange befindliche Handgemenge erneut und massenweise Panzerwagen in Gruppen von 200 und 300 Fahrzeugen an zahlreichen Stellen des Schlachtfeldes ein. Man schätzt die so eingesetz-

ten Panzer auf mehr als 2000. Von einem derartigen noch nie dagewesenen Gewaltstoß feindlicher Massen wurden gewisse eigene Einheiten überrannt, besonders in der unteren Sommegegend, wo es gegnerischen Verbänden gelang, bis zur Bresle durchzustoßen. Auch in der Gegend der Ailette konnten feindliche Abteilungen bis zu den Höhen nördlich der Aisne vordringen."

Der Heeresbericht vom 7. Juni (abends) ist außerordentlich verschwiegen: „Zwischen dem Meer und dem Chemin des Dames dauerte die Schlacht den ganzen Tag über mit der gleichen Heftigkeit an. Unsere Truppen leisten einem Feinde gegenüber tapferen Widerstand, der ohne Rücksicht auf Verluste immer neue Massen nach vorn warf. An dieser gesamten Front lösten sich befehlsgemäß unsere vorgeschobenen Einheiten nach Durchführung ihrer Aufgabe gegenüber den Panzerkräften und der feindlichen Infanterie vom Gegner. Im Westen drangen deutsche Panzerverbände in Richtung auf die obere Bresle in unsere Stellungen ein, ohne jedoch unsere Stützpunkte, die noch widerstehen, zerstören zu können."

Die Verlautbarung vom 8. Juni (morgens) besagt: „Die gestern abend auf dem Vormarsch gegen das obere Bresle-Tal gemeldeten feindlichen Panzerkräfte verstärkten ihr Vorgehen. Ihre vordersten Abteilungen erreichten mit ihrer Spitze die Gegend von Forges-les-Eaux."

Das Communiqué vom 9. Juni schließlich läßt die schlimmsten Katastrophen ahnen.

„Westlich der Oise konzentrierte der Feind unter Minderung seines Drucks auf die untere Bresle seine Anstrengungen auf die weite Front zwischen Aumale und Noyon. Seine bisher noch nicht eingesetzt gewesenen Infanteriedivisionen rückten in die vorderste Linie; von einer gewaltigen Artillerie unterstützt, vereinigten sie ihre Feuerkraft mit der der Panzerdivisionen, die in den vorhergegangenen Tagen bereits im Kampfe standen.

Mehr als 20 frische Divisionen griffen an der Seite

der 7 an den Vortagen bereits eingesetzt gewesenen Panzerdivisionen in den Kampf ein.

Unsere Divisionen konnten den Fortgang dieser unverhältnismäßig starken Anstrengungen mit ihren tatsächlich erzielten Ergebnissen nur dadurch überhaupt beschränken, daß sie sich in den befohlenen Richtungen zurückzogen. Aus allen eingegangenen Meldungen ergibt sich, daß dem Feinde beträchtliche Verluste zugefügt werden konnten.

Auch östlich der Oise verstärkte sich der feindliche Druck in gleicher Weise. Auch dort setzte der Gegner neue Divisionen ein und ließ ebenfalls Panzerverbände eingreifen. Diese frischen Kräfte ermöglichten es ihm, in breiter Front auf den südlichen Aisne-Höhen Fuß zu fassen.

Für uns bleibt ... verständnisvolle Einsicht

Was unsere Kommentatoren betrifft, so versichern sie gewohnheitsgemäß, daß sich „unser Oberkommando selbstverständlich ‚von dieser verzweifelten Offensive' habe keineswegs überraschen lassen, auch auf das gleichzeitige deutsche Vorgehen auf beiden Flügeln nicht im geringsten unvorbereitet gewesen sei", und daß schließlich „alle erforderlichen Maßnahmen eingeleitet wurden, um diesen Vormarsch aufzuhalten". („Temps" vom 6. Juni.)

Wenn im übrigen überhaupt von einem Zurückgehen die Rede sein kann, so nur seitens unserer vorgeschobenen Verbände und stets auf Befehl und in vollster Ordnung.

„Der Rückzug der Stützpunktbesatzungen vollzieht sich in völliger Ordnung. Alle gingen erst auf besonderen Befehl zurück und besetzten anschließend die ihnen angewiesenen neuen Stellungen." („Temps" vom 7. Juni.)

Alles läuft insgesamt gesehen so reibungslos und gut ab, daß man sogar erstaunt ist! „Von derart niederschmetternden Vormärschen, wie sie der Feind zu Beginn seiner Operationen in Belgien und Flandern durchführen konnte, kann gar keine Rede mehr sein und man gewinnt sogar den Eindruck, als wären künftighin Überraschungen, wie wir sie an der Maas erlebten, aller Wahrscheinlichkeit nach ausgeschlossen."

„Wie ist das denn überhaupt möglich", fragt sich ein Militärkritiker im „Temps". „Wie konnten sich unsere vom ersten Schock immerhin stark aus der Fassung gebrachten Armeen so gut und so schnell wieder erholen?

Die Lösung lautet ganz einfach so, daß der neue Oberkommandierende mit raschem und sicherem Blick die vom Angreifer angestrebten Bedingungen des von ihm gewollten und vorbereiteten Krieges übersah und es verstand, die feindlichen Offensivmethoden zu durchschauen, den Gegenschlag vorzubereiten und in einer Rekordzeit die entsprechenden Maßnahmen zu treffen und Umgruppierungen vorzunehmen.

Es bedurfte also nur eines überragenden Führers, der befähigt und geschickt genug war, die neuen Verhältnisse zu verstehen, zu verarbeiten und sich temperamentmäßig auf sie einzustellen", schloß am 9. Juni der Militärkritiker und Heimstratege optimistisch, „um von Grund auf und in bestem Sinne die geistige Einstellung unserer Armeen wie auch die Wirksamkeit ihrer Verteidigungstaktik und Widerstandsfähigkeit dem Feinde gegenüber zu wandeln. Wie von jeher so wirkten sich auch jetzt wieder verständnisvolle Einsicht, Klugheit und Vorstellungsvermögen segensreich aus, denen sich die uns eigene wunderbare Anpassungsfähigkeit nur noch anzuschließen brauchte."

„Sie mögen das Material haben", erklärt die gesamte Presse einstimmig, „wir aber verfügen über Moral! Gewiß, die Deutschen haben die Zahl für sich und auch eine furchtbare Rüstung. Diese Soldaten aber, die nur Werkzeuge in der Hand eines Hitler sind, besitzen nichts, was ihren Mut auch in schlechten Tagen aufrechterhalten könnte.

Während die von einem Freiheitsideal beseelten

Alliierten immer tapferer werden, wenn sie diese Freiheit bedroht fühlen und weit davon entfernt sind, von all den von ihnen verlangten Opfern geschwächt zu sein, werden sie zusehends stärker, wenn die Gefahr wächst."

Und nun die letzte Viertelstunde ...!

Dennoch sinkt die Begeisterung und wankt das Vertrauen im Maße des deutschen Vormarsches auf Paris – auf Paris, den Sitz der Zeitungen ... und Journalisten. Ein Erschaudern – man muß es schon beim richtigen Namen nennen – beginnt allmählich die bisher unerschrockenen Herzen dieser Herren zu erfassen.
Man beobachte nur, wie sich nach und nach die Große Panik unter ihnen breitmacht, die sich sehr bald des ganzen Landes bemächtigen wird.
Am 9. Juni richtet Weygand um 10 Uhr morgens an seine Armeen seinen berühmten sogenannten „Tagesbefehl der letzten Viertelstunde":
„Offiziere, Unteroffiziere und Soldaten!
Das Heil des Vaterlandes erfordert nicht nur Euren Mut, sondern auch Eure ganze Hartnäckigkeit, Eure Initiative und allen Kampfesgeist, dessen ich Euch fähig weiß.
Der Feind erlitt beträchtliche Verluste.
Er wird bald am Ende seiner Kräfte sein.
Wir stehen in der letzten Viertelstunde.
Haltet Euch gut!"
„Die letzte Viertelstunde? Was hat er damit sagen wollen?" fragen sich die Journalisten am nächsten Morgen.
Wir stehen in der letzten Viertelstunde? Wessen letzte Viertelstunde? Ihre oder unsere?
Und sie geben sich öffentlich allen möglichen Glossen und den widersprechendsten Auslegungen hin.
„Wir stehen in der letzten Viertelstunde", sagte der Generalissimus. „Das ist so zu verstehen", folgert der „Temps", „daß bei einem derart gewaltigen Zusammentreffen und dem Einsatz aller ihrer Mittel

seitens der beiden Gegner häufig eine Art Gleichgewicht entsteht, daß nur noch zusätzliche, und wenn auch nur schwache Anstrengungen erforderlich werden, um dieses Gleichgewicht zugunsten desjenigen zu stören, der die größte Zähigkeit und die stärkste moralische Kraft beweist. Diese letzte Viertelstunde ist die, in der sich das ungewisse Schlachtenglück für den entscheidet, der es am hartnäckigsten sucht."
Das ist nicht sehr klar, und auch nicht sehr einleuchtend!
Die Pariser Zeitungen, und auch der „Paris-Soir", sind nicht dieser Meinung:
„Wenn uns Weygand sagt (denn sein Wort gilt sowohl den Zivilisten als auch den Soldaten): ‚Wir befinden uns in der letzten Viertelstunde! Haltet Euch gut!', dann will er damit nicht zum Ausdruck bringen, daß diese letzte Viertelstunde, die im Gange befindliche Schlacht also, in dem einen oder anderen Sinn, im besseren oder schlechteren, über unser Schicksal entscheiden wird. Nein!
Er wandelt das berühmte Wort des japanischen Generals nur um: ‚Der Sieg gehört dem, der eine Viertelstunde länger durchhält!', und weist uns alle an, einem Feinde gegenüber, der sehr bald am Ende seiner ungeheueren, ihn aber erschöpfenden Anstrengungen sein kann, physisch durchzuhalten, moralisch stark zu bleiben, uns gegen jeden widrigen Sturm zu behaupten, uns gegenüber allem und gegen alles durchzusetzen!"
Der Feind kann am Ende seiner Anstrengungen sein?
Wir aber auch! Und das ist leider viel wahrscheinlicher.
Und am nächsten Tage, am 10. Juni, als sich die französische Presse zurückzuziehen beginnt, brandet quer über ihre Spalten eine ungeheuere und unglaubliche defaitistische Woge alarmierendster Stellungnahmen.

Alles bricht zusammen

In einem Augenblick kracht alles zusammen! Im Handumdrehen zerbricht alles! Alle seit Monaten tagtäglich vorgebrachten, immer wieder abgewandelten, wiedergekäuten Faseleien und vorgeschwafelten plumpen Märchen gehen über Bord: Verflogen, verflüchtigt! Vergessen!
Man fragt sich, ob die Zensur an jenem Tage richtig bei sich war, oder ob sie sich vielleicht auch bereits mit ihren Scheren und blauen Farbstiften in weniger getrübte Himmelsgegenden zurückgezogen hatte.
Selbst unsere abgehärtetsten und unermüdlichsten Gehirnvernebler verwandeln sich in mitleidslose Entnebler. Und so greift denn auch Elie Bois, der Hauptschriftleiter des „Petit Parisien", in diesem feierlichen Augenblick üblicherweise zur Feder und unterstreicht, daß „diese gigantische Schlacht die schrecklichste und denkbar ungleichste ist, die es nur geben kann. Wird der Heroismus der französischen Soldaten, so übermenschliche Höhen er auch immer erreichen mag, die Zahl und das Material in Schach halten können, ihren Lauf brechen und aufhalten können?
Ach! Wären sich die Gegner gleich, dann brauchte man eine derartige Frage gar nicht zu stellen! Wenn man aber von der Gleichheit Aussichten für uns erwarten kann, heißt es jetzt, über ein fast ungeheuerliches Mißverhältnis triumphieren".
Und er appelliert – vergeblich – an die englischen Freunde: „Herr Garvin, wie auch Marschall Lord Milne, verkündeten gestern die Wahrheit, der eine im ‚Observer', der andere im ‚Sunday Chronicle', beide aber gleich zutreffend und gut, die britische Regierung möge in der gegenwärtigen kritischen Stunde, die wir durchleben, nicht mit der unverzüglichen Entsendung von Menschen, Waffen und Flugzeugen zögern.
‚Frankreich muß bis zum letzten und kleinsten Atom alles, was überhaupt nur von Wert sein kann, schnellstmöglichst erhalten', schreibt Herr Garvin.

Der erste Grundsatz des Krieges ist die Konzentration aller verfügbaren Kräfte am entscheidenden Punkt und im vorliegenden Falle ist dieser Punkt Frankreich', sagt seinerseits Lord Milne.
Leider aber waren es nur leere Worte! Und deshalb begnügt sich Elie Bois, die Machthaber zu loben, daß sie so schmerzliche Rückzugsentscheidungen treffen, um das Wohl der Nation besser lenken zu können.
Was Henri de Kérillis betrifft, so bereitet auch er sich aufs Kofferpacken vor. Er erklärt uns im einzelnen und sehr genau, daß unsere bewundernswerten Soldaten im Verhältnis eins zu drei kämpfen, unsere Panzerwagen gar eins gegen vier oder fünf. (Ybarnegaray, Mitglied der Regierung, wird nach dem Waffenstillstand die Dinge noch genauer darstellen, denn am 26. Juni sagt er: ‚Sie kämpften einer gegen drei, unsere Infanteristen, unsere Artilleristen und unsere Kavalleristen, unsere Panzersoldaten einer gegen zehn, unsere Flieger aber einer gegen zwanzig!') – ‚Frankreich', sagt de Kérillis, ‚büßt heute seine mangelnde Voraussicht, seinen Leichtsinn, seine Versäumnisse und seine Irrtümer und Fehler. Es bezahlt die Mittelmäßigkeit der Männer, die es führten und getäuscht haben! Aushalten! Durchhalten!'
Aushalten! Aushalten! Soweit er selbst aber in Betracht kommt, so hält er gar nicht aus, sondern schifft sich mit seiner ‚Epoque' nach ...?... ein!"

Die tragische Isolierung Frankreichs

Und in seinem von allen gebildeten Kreisen der alten und neuen Welt gelesenen und kommentierten Leitartikel beugt sich der „Temps" voller Hoffnung über die gerade am gleichen Morgen von Herrn Bullitt am Fuß des Denkmals der Jungfrau von Orleans, der guten Lothringerin, anläßlich einer Rede ... einer Rede mehr ... niedergelegte Rose.
„Zu Hilfe!", schreit der „Temps" verzweifelt! „Zu Hilfe für das mit dem Tode kämpfende Frankreich!

Die Umstände erfordern es, daß die französische Armee fast allein den feindlichen Stoß aushält. Diese Armee aber ist der zahlenmäßigen Unterlegenheit unserer Bevölkerung wegen den gegnerischen Kräften dementsprechend stark unterlegen. Es ist unmöglich, daß das zermalmte Frankreich noch lange allein diesen furchtbaren Schock aushält!"

Es ist aus

Nur Madame Tabouis leiert auch weiterhin mechanisch ihren alten Vers weiter herunter: „Man darf den Wert des feindlicherseits erzielten Geländegewinns auch nicht übertreiben", schreibt sie im „Oeuvre" vom 10. Juni ...
Und mit der wahrscheinlich pathologischen Beharrlichkeit des Festhaltens an einer fixen Idee setzt sie ihre glanzvollen Prophezeiungen fort. An jedem Tage sagt Madame Geneviève Tabouis Stalins Kriegserklärung an Hitler im August voraus...

FÜNFZEHNTES KAPITEL

Bis nach Amerika! Über das Ende hinaus!

„Stärker als jemals", hatte Paul Reynaud am 6. Juni am Rundfunk erklärt, „vertrauen wir unseren Waffen!"
Drei Tage später verließ die Regierung unter dem gesteigerten Druck der deutschen Armeen auf Weisung des Oberkommandos und den getroffenen Maßnahmen gemäß Paris.
Und am 10. Juni – das steht heute historisch fest – brachte General Weygand dem Ministerrat gegenüber seine Auffassung zum Ausdruck, daß die Prüfung der militärischen Lage dem Oberkommando bewiesen habe, daß keine Hoffnung mehr bestehe, sich materiell gegen eine Besetzung Frankreichs zu wehren, die total zu werden drohe.
Die Militärs waren so überzeugt, daß es nichts anderes mehr geben könne, als um Waffenstillstand zu

bitten, daß Generale, die mit dem Auftrage abgesandt worden waren, die Bürgermeister auf das blitzartige und unwiderstehliche Vorgehen der deutschen Armee aufmerksam zu machen, sie zu gleicher Zeit anhielten, gutwillig den Deutschen alles Verlangte zu geben, und auf besorgte Anfragen hin, ob man auch Frauen und Kinder in Sicherheit bringen müßte, lächelnd antworteten: „Sie wollen also bis ans Mittelmeer gehen?"

Über das Ende hinaus!

Sie aber, die „Zivilisten", Paul Reynaud und Churchill, wollten „durchhalten"! Bis zum Schluß durchhalten!
Einer ihrer bewährtesten Wortführer, Albert Bayet, geht im „Oeuvre" sogar noch über das Ende hinaus! Für ihn bedeutet die Abreise der Regierung nach dem Südwesten „die klare Absicht und den unbeugsamen Willen, bis zum Ende, und notfalls auch noch über das Ende hinaus durchzuhalten"!
Und verläuft nicht wirklich alles denkbar herrlich?, erklärt er den Lesern seiner Zeitung, die diesen Blödsinn nicht mehr lesen.
„Gerade in dem Augenblick, wo die Schlacht anscheinend ihren Höhepunkt erreicht hatte", schreibt ein militärhistorischer Kritiker am 11. Juni im „Oeuvre", „meldet uns der Heeresbericht, daß sie ihre Heftigkeit noch verdoppelte. Das beweist uns erneut, daß Hitler um jeden Preis eine sofortige Entscheidung braucht und deshalb alles auf eine Karte setzt. Ohne Rücksicht auf die durch seine Offensivtaktik um jeden Preis bedingten furchtbaren Verluste, wirft er Divisionen über Divisionen in den alles verzehrenden Kampf. Bedenkt man aber die Dinge gründlich, so wird man zu dem Schluß kommen, daß solche Anstrengungen nicht unbegrenzt fortgesetzt werden können! Und deshalb sorgt sich das französische Oberkommando auch weniger darum, bestimmte Stellungen zu halten, als den Gegner zu immer neuen Angriffen zu zwingen. Um den

Preis blutiger Anstrengungen bemächtigt sich der Feind eines Waldes, eines Dorfes, eines Bauernhofes? In dem Augenblick aber, wo er gerade gewonnen zu haben glaubt und hervorbrechen will, überraschen ihn Feuerüberfälle aus einem anderen Bauernhof, einem anderen Wald, einem anderen Dorf!"

Die elastische Front

Und so bis nach Bidassoa! Was macht's! Das ist eben die Taktik der „elastischen Front"!
Ja, unsere Gehirnvernebler holten sich, am Ende ihrer Lügen angelangt, diese wunderbare Erklärung aus der Schweiz. Das „Journal de Genève" fand sie.
„Die von Weygand geschaffene ‚elastische Front' verbraucht den Gegner", schreibt es. „Heute stehen sich an der Somme und an der Aisne zwei Willen gegenüber. Brauchitsch will mittels eines neuen großen Schlages nach Paris durchbrechen. Weygand läßt sich aber nicht überraschen. Wird der Druck zu stark, läßt er seine Truppen vorbereitete Rückzugsstellungen besetzen. Er setzt die Methode der elastischen Front in die Praxis um, wodurch er das Durchbrechen dieser Front äußerst erschwert. Auf die Weise aber verbrauchen sich die gegnerischen Kräfte."
Ein anderer Chronist, Charles Morice, den man endgültig für knock-out hielt, hüpft daraufhin vor Freude. In seinen Augen wird unser Generalstab plötzlich zu einer Pflanzstätte von Genies.
„Die Oberbefehlshaber von Heeresgruppen, die Armeeführer und Kommandierenden Generale von Armeekorps, die Divisionskommandeure und die Führer mehr oder weniger bedeutender Verbände stellen ihre ganze Intelligenz in den Dienst Frankreichs. Ihre Mannschaften haben deshalb sämtlichst auch das Gefühl, in vollendeter Weise geführt zu werden.
General Weygand, der mit seinen Truppen sparsam umgeht, warf noch lange nicht alle seine Divisionen

in die Schlacht. Er belauert den Feind. Er wartet
auf eine Schwäche, um sie dann auszunutzen.
Alles, was getan werden konnte, ist getan worden.
Alles, was versucht werden konnte, wurde versucht.
Und Marschall Pétain ist es, dem man in dieser Beziehung ein tröstendes und stärkendes Wort zuschreibt: „Alles, was Weygand sagte – geschah. Ich wollte, ich hätte es gesagt und getan."

Der Feind erschöpft sich

Die Theorie von der elastischen Front beruht auf einer Voraussetzung; auf der Annahme nämlich, daß sich der Angreifer nach Maßgabe seines weiteren Vorrückens in einer Weise selbst verbraucht, die tödlich auf ihn wirken wird!
Darauf soll es nicht ankommen! In der reichhaltigen Rumpelkammer alter, abgestandener Märchen vom letzten Kriege greift man die plumpen Geschichten von den „furchtbaren feindlichen Verlusten" heraus. Man erinnert sich doch wohl noch an die haufenweise gestapelten deutschen Leichen vor Verdun, die „Leichen-Verwertungsanstalten", das fortgesetzte „Zermürben" der deutschen Armeekorps durch Joffre?
Später kam die Wahrheit an den Tag, denn die Statistiken bewiesen, daß das berühmte Zermürben mehr Franzosen als Deutsche zermürbt hatte und uns unsere Defensive bei Verdun mehr gekostet hatte als die Offensive den Deutschen.
Paul Reynaud selbst behauptete es ja in seinem „Problème Militaire Français" (1937), er bewies es und stützte sich hierauf bei seinen Thesen zugunsten der Offensive und der Bildung einer Stoßarmee. Im Juni 1940 behauptet Paul Reynaud das Gegenteil, weil er jetzt jenes bequeme und nicht nachweisbare Argument nicht mehr verwerten kann!
„Unsere Armeen gaben ihre tiefgegliederten Stützpunkte erst auf, nachdem sie dem Gegner furchtbare Verluste beigebracht hatten. Trotz seines nur prestigemäßig zu wertenden Scheinerfolges bleiben

die Auswirkungen dieser Verluste auf den Kriegsausgang noch abzuwarten."
„Was macht's schon aus!", ruft infolgedessen alsbald auch ein „hervorragender Militärkritiker" allzu ungeniert aus. „Was macht's schon aus, wenn sich der Feind hier und dort einiger Kilometer Gelände bemächtigte, die er mit seinen Toten bedeckt!"
„Das macht auf uns also keinen Eindruck", übertrifft ihn noch ein anderer Kritiker, „daß an diesem oder jenem Punkt der Feind dieses oder jenes Gelände teilweise besetzt, das er mit seinen Leichen übersäen muß!"
Was unsere Geneviève Tabouis betrifft, so besitzt sie in dieser Beziehung, man bedenke es wohl, eine wirklich sehr ergiebige, wenn auch unbekannte Nachrichtenquelle. Es handelt sich um die plötzliche Einberufung in Italien wohnender deutscher Reservisten (sie schreibt übrigens irrtümlich „italienischer"). Das beweist aber, daß das Reich Menschen braucht, und würde unmittelbar die in Rom umlaufenden Gerüchte von den außerordentlichen deutscherseits während des ersten Monats der militärischen Operationen erlittenen Verlusten bestätigen.
Und sie schließt daraus:
„Es gibt in den Hauptstädten der Welt nur einen Ruf! Den nach der letzten Viertelstunde! Der Feind erschöpft sich derart, daß ein Durchhalten der Alliierten – und sie werden durchhalten! – die sichere Niederlage für das Reich bedeutet." (12. Juni.)

Die Engländer sind ihrerseits nicht ganz so sicher, wenn uns eine Reuter-Depesche immerhin auch unterrichtet: „Alle Zeitungen unterstreichen die Schwierigkeiten, die den Deutschen durch die Bombardements der Alliierten, die systematischen Zerstörungen der französischen Truppen vor ihrem Rückzug und die beträchtlichen Verluste an Menschen entstehen, die sich aber noch zunehmend verschärfen und ein sehr baldiges Erschöpfen zur Folge haben sollten."

Was tun?

Sollten! Ja, gewiß! Sicherlich! In Wirklichkeit aber wird die elastische Front so elastisch, daß die französische Armee sprungweise mit einer allmählich katastrophal werdenden Elastizität zurückgeht.
Glaubt man etwa, daß dies Elie Bois irgendwie stört? Der Hauptschriftleiter des „Petit Parisien" benutzt diese tragische Gelegenheit, um „in Literatur zu machen". Und in was für einer!
„Noch niemals war der Satz zutreffender, daß große Schmerzen stumm machen! Wenn die Kehle zu sehr zugeschnürt ist, um viele Worte bei der Nachricht von ungeheuerlichsten Schändungen durchzulassen, so zittert in gleichem Maße auch die Feder in den gelähmten Fingern, als habe das Herz zu schlagen aufgehört.
Nein, nein! Wir wollen uns nicht zu sehr mit den tagtäglich unserer Königin geschlagenen Wunden belasten lassen, unserer Königin Frankreich, die das nicht verdiente."
Die Provinzblätter kommen auch ihrerseits darauf nicht mehr zurück. „Was unserem unglücklichen Lande widerfährt, ist infolge der schnell aufeinanderfolgenden Schläge unvorstellbar. Wir glaubten bisher mit mehr Willen als Hoffnung, weil man bis zum Schluß selbst auf das Unmögliche warten mußte. Was soll man noch glauben? Und was kann man tun?"

Ach! Ja, was soll man denn nun vor allem tun? Denn wir stehen ja bereits am Rande des Abgrunds, und da wäre es ja eigentlich Zeit, daran zu denken!
„Was tun?", fragen auch die Pariser Zeitungen. Einzeln und gemeinsam bildet sich der Widerstand. Die Steuerungshebel sind umgestellt, die Führungsstellen abgezogen ... und auch nicht eine erreichbar! Eine Zeitlang vom Gewicht der Masse erdrückt, von jetzt an aber von einem wütenden und heiligen Haß beseelt, der seine Kräfte verzehnfacht, ist Frankreich bereit, sich zurückzuziehen, nicht aber nachzugeben.

„Was tut man?", fragen die Leser ihr Leiborgan, ihre ihnen besonders nahestehenden Zeitungen. „Warum geht Weygand nicht zum Gegenangriff über? Um uns herum werden die Leute immer zahlreicher, die sich wegen des zunehmenden Übergewichts der Technik über die Taktik beunruhigen und sorgen. Sie sehen in den Schlägen und gegnerischen Vorstößen einen gewaltigen Masseneinsatz von technischen Mitteln und eine Anwendung neuartiger Kriegslisten, gegen die die Strategie nicht mehr aufkommt. Sie sind mit anderen Worten der Auffassung, daß den unvorstellbar machtvollen Auswirkungen der „Mechanik" gegenüber die Defensive, wie man sie bisher verstand, ihren Wert und ihre Wirksamkeit einbüßte. Und so wünschen sie sich dann, daß unser Gegenangriff sich dem feindlichen offensiven Vorgehen entsprechend gleichfalls wandelt und anpaßt."

Was antwortet das besonders beliebte „Le Journal" auf diese besorgte Frage?

„Wir werden uns nicht auf vergebliche Erörterungen einlassen. Und warum nicht? Zunächst deshalb nicht, weil wir den Eindruck haben, daß die Schlacht gut geführt wird. Dann aber auch deswegen nicht, weil Deutschland vier Tage nach Beginn seiner Offensive einigermaßen beunruhigt seine Verluste an Menschen und Material nachrechnet. Für uns aber bedeutet ein Durchhalten, ein Festbleiben den Sieg!"

Dem Hirn der Leser eines Morgenblattes entspringt die Idee, die etwas anders aussieht: „Warum verhindert die Artillerie unserer Kriegsmarine das feindliche Vorgehen an der Küste entlang nicht?"

„Nicht durchführbar!" Und der Flottenspezialist und Marinemitarbeiter erklärt die ständigen Aufgaben und Beschäftigungen der Geschwader und anderen Flottenverbände, die andauernd, ohne sich um Luftbombardements, U-Boot-Angriffe und Minenexplosionen zu kümmern, vor den Küsten manövrieren!

„Die Flotte erobert sich die Seeherrschaft und ver-

teidigt sie gegen den Feind; man darf nicht zuviel von ihr verlangen.
Was tut man also? Der Feind gewinnt ständig weiter an Raum, dringt immer tiefer ein. Wir werden besiegt werden!"
„Frankreich besiegt? Frankreich unterworfen? Aber gehen Sie!", antwortet geringschätzig und verachtungsvoll die „Tribune de l'Yonne". •„Sollten die Deutschen noch weiter auf unserem Boden vordringen, würde ihnen die Erde Frankreichs ins Gesicht springen, um sie wie ein Aussatz zu zerfressen. Und selbst die Steine würden sich erheben, um sie zu zermalmen!"

Bis nach Amerika!

Was tun? – wiederholt seinerseits Paul Reynaud, aus dessen Appell an Roosevelt trotz seines hochtrabenden Tons das ganze, tolle Durcheinander eindrucksvoll herauszulesen ist.
Gerade soeben erfährt er die Kriegserklärung Italiens: „In der Stunde, in der ich zu Ihnen spreche, trifft uns ein weiterer Diktaturstaat im Rücken. Eine weitere Grenze ist bedroht. Ein Seekrieg wird sich entwickeln."
Heute gibt er die „erdrückende Überlegenheit der deutschen Armee an Truppen und Material" zu. Und wenn er selbst auch nicht allzu sehr auf die Unterstützung „der Erde und Steine Frankreichs, die den Deutschen ins Gesicht springen sollen, um sie wie ein Aussatz zu zerfressen" rechnet, so beteuert er doch heldenhaft einen ebenso kindischen wie geradezu rührenden Entschluß, der seiner dummen und stupiden Urteilslosigkeit wegen beinahe entwaffnen könnte.
„Wir werden uns selbst auf eine unserer Provinzen zurückziehen, uns dort verbarrikadieren, und sollten wir auch dort vertrieben werden, nach Nordafrika, notfalls auch bis zu unseren Besitzungen in Amerika gehen!"

Norwegen ist mit uns!

Über die Rückzugsnachrichten seiner Armeen hinaus erhielt Frankreich an jenem Tage zwei weitere harte Schläge, die seitens unserer „Schönfärber" sehr schwer abzuschwächen waren.
Zunächst die Mitteilung der Räumung Narviks. Der norwegischen Waffenstreckung. Der Flucht des Königs nach England. Die französische Öffentlichkeit achtet kaum noch auf dieses erneute treulose Verlassen. Narvik? Der Weg zum Eisen endgültig versperrt! Der ungeheure strategische Fehler Hitlers! Wie weit liegt das schon zurück! Und wie veraltet auch schon!
Übrigens versichert man uns heute, daß Narvik, dessen kapitale Bedeutung man uns *vorher* nachwies, im Grunde genommen von untergeordnetem Wert ist. Ein norwegischer Hafen wie viele andere!
Räumten die britischen und französischen Truppen wieder einmal? Und was machten sie dann weiter?
Bezüglich des Rückzugs der alliierten Truppen aus Norwegen erklärt der britische Rundfunk eingehend, daß dieser Entschluß unter Zustimmung des norwegischen Königs gefaßt wurde, der sich zur Zeit in England aufhält. Die englischen Truppen, die aus Norwegen zurückgezogen werden, wird man woanders und an einer Stelle einsetzen, wo ihre Anwesenheit notwendiger ist. Dort werden sie dann für die Freiheit der Welt kämpfen.
„Was die norwegischen Truppen anbetrifft, so wurden sie gleichzeitig mit den Mitgliedern der Regierung eingeschifft, um auf den Hauptkriegsschauplatz gebracht zu werden."
Wenn die norwegischen Truppen Norwegen verlassen – was immerhin einigermaßen überraschend ist! – und auch zu bezweifeln, so geschieht dies, erklärt uns Madame Geneviève Tabouis, weil die norwegischen Truppen, wie mutig sie auch immer sein mögen, sich in einem Zustand gar zu großer Unterlegenheit den deutschen Truppen gegenüber befinden. Man glaubt zu verstehen, daß die Norweger vor

allem ängstlich darauf bedacht sind, daß sich die deutschen Armeen nicht gerade dann mit aller Kraft auf sie stürzen, wenn wir bemüht sein müssen, alle unsere Kräfte an unserer eigenen Front zur Verfügung zu haben. Der König aber, der mit dem Thronfolger soeben in England eintraf, will sich die Zukunft sichern und an unserer Seite kämpfen, da er genau weiß, wo der Sieg sein wird.

Lügen über Italien

Am gleichen Tage, an dem uns der norwegische Verbündete „sitzen läßt", erklärt uns die „liebe lateinische Schwester", auf die man trotz allem so große Hoffnungen gesetzt hatte, den Krieg und zwingt uns zur Schaffung einer neuen Front. In dem Zustand, in dem wir uns jetzt befinden!
Schon wieder ein Verrat! Denn Italien verrät uns!
Es verrät die formellen Zusicherungen, die uns am 19. Mai unsere Zeitungen mit der einmütigen Wiedergabe einer Reuter-Havas-Depesche gegeben hatten: „Italien wird außerhalb des Konflikts bleiben!"
„Bei der Entscheidung über sein künftiges Verhalten muß der Duce einer gewissen Anzahl von Faktoren Rechnung tragen, unter anderem auch der Haltung des Vatikans, der Einstellung Roosevelts und der Unpopularität des Krieges beim italienischen Volke. Außerdem ist Herr Mussolini von der Gewißheit eines deutschen Sieges noch nicht überzeugt.
Man sieht infolgedessen voraus, daß trotz des deutschen Drucks und der außerordentlichen Bedeutung, die das Reich einer sofortigen Aktion Italiens beimißt, dieses seine Politik der ‚Nicht-Kriegführung' weiter fortsetzen wird."
Es verrät die Gewißheiten, die uns am 10. Mai ein Abgeordneter aus Südwestfrankreich, Herr Philippe Henriot, in seiner Zeitung gebracht hatte, der uns sein Vertrauen versicherte, das er „zu den gefühlsmäßigen Imponderabilien habe, die eine Rolle bei den launenhaftesten Entscheidungen der Geschichte spielen."

„Nun", sagt er weiter, „vergegenwärtigen sich unsere beiden Völker aber noch nicht, daß sie sich schlagen könnten, obwohl sie durch alles eigentlich nähergebracht werden sollten. Und unter den bei uns ansässigen Italienern, ob Faschisten oder Nicht-Faschisten, ist keiner, der nicht ohne Entsetzen oder grenzenloses Erstaunen einen Konflikt ins Auge fassen könnte."

Italien verrät aber auch die Hoffnungen, die am Tage nach unserem „Sieg bei Narvik" der Direktor der sehr pariserischen Zeitschrift „Monde Libre" in uns erweckte.

„Wird Hitler Mussolini in seinen Selbstmord mit hineinziehen? Nein! Hitler unterzeichnete sein Todesurteil selbst, als er sich von dem Weg zum Eisen abschnitt. Er wird vergebens nach einer Ablenkungsmöglichkeit oder einem Mithelfer suchen! Er wird besiegt werden. Er hat kaum noch den Trost, die Reden und Vorschläge mitanzuhören, die man jenseits der Alpen jetzt vervielfacht.

Kann man aber annehmen, daß Mussolini, um Hitlers Verbündeter zu werden, ausgerechnet den Augenblick wählen wird, wo dieser einen nicht wieder gutzumachenden strategischen Fehler durch einen moralischen Selbstmord verdoppelte?"

„Auf jeden Fall", versicherte uns am 5. Juni ein anderer Chronist, „wird uns die italienische Intervention nicht unvorbereitet treffen, da der italienische Kriegseintritt, falls es zu ihm kommen sollte, unsere militärischen Pläne nicht plötzlich umstoßen wird: er wird uns jedenfalls nicht schwerer treffen, als uns die Kapitulation König Leopolds traf. Wie aber die morgigen Entscheidungen auch immer sein mögen, Frankreich ist bereit!"

Wir sind nicht überrascht! Wir warteten ja darauf! Nichts kann uns unvorbereitet treffen! – – wiederholen nach der italienischen Kriegserklärung unablässig alle diejenigen, die uns seit Kriegsbeginn das Eingreifen Italiens ... auf unserer Seite versprachen.

„Wir fürchten uns nicht!", erklärt auch seinerseits

noch der Führer einer großen Partei. „Der Faschismus verkündete soeben den italienischen Abfall. Wir werden bis zur letzten Viertelstunde durchhalten. Und die letzte Minute dieser Viertelstunde wird unserem Siege gehören!"
Und sofort rufen auch, wie uns „Le Journal" voller Bewunderung mitteilt, junge Leute scharenweise auf den Boulevards:
„Wo ist ihr Konsulat! Wo ist ihre Botschaft? Wir werden 'mal hingehen und diesen Faschisten sagen, was wir denken!"

SECHZEHNTES KAPITEL

Was wir gesehen haben

Henri Guernut, ein früherer Minister, erinnert an die nachstehenden „Erinnerungen an den letzten Krieg":
„Mit dem Wort ‚Gehirnvernebelung' bezeichnete man zu jener Zeit jedes irgendwie geartete Propagandaunternehmen, das uns glauben machen sollte, daß bei uns alles gut, bei ‚ihnen' dagegen alles schlecht sei. Daß wir allein das Monopol für sämtliche Tugenden und die letzten Vollkommenheiten und Vervollkommnungen hätten – – ‚sie' aber, die anderen, mit allen Lastern und allen Mängeln behaftet wären! Daß es unseren Soldaten an nichts fehle, nicht einmal an schwerer Artillerie und Munition. Daß ‚ihre' Kanonen zu kurz schössen und ‚ihre' Granaten auch nicht krepierten. Daß ‚sie', auch des unumgänglich Notwendigen beraubt, sich den Unseren beim Anblick eines Butterbrotes scharenweise ergäben.
Selbstverständlich gab es auf unserer Seite niemals ein Zurückgehen! Niemals eine Schlappe! Höchstens würdigte eines Tages einmal der Nebensatz eines Heeresberichts diskret unsere Front ... von der Somme bis zu den Vogesen. All das umfaßt die Erinnerung an die ‚Gehirnvernebelung'!
Das Ergebnis?

In meinem 30 Kilometer von der Grenze entfernten Dorf lautete die Parole wie überall: ‚Alles geht gut!' Als der Geschützdonner näherkam, hatten die Dolmetscher der amtlichen Wahrheit den Auftrag, uns zu sagen, daß die englische Artillerie ein Übungsschießen veranstalte.
Am Morgen der Evakuierung versicherte der Feldhüter der Bevölkerung, daß die Feinde über die belgische Grenze hinaus ... nach Deutschland zurückgeworfen worden wären. ‚Nun, um so besser!', antwortete meine alte Nachbarin. ‚Und zur Feier dieser erfreulichen Nachricht, Herr Feldhüter, wollen wir eine Tasse Kaffee trinken!'
Als sie nun die Tasse am Henkel hielt und durch das Fenster hinaussah, erblickte sie zwei vorbeireitende Ulanen. Mit einem Satz stürzte sie aus ihrem Haus und querfeldein. Notdürftig bekleidet wie sie war, lief sie immer weiter geradeaus, bis sie am nächsten Tage erschöpft in einem Rübenfeld neben der Straße vor Entkräftung verschied ... mit dem Tassenhenkel in den Fingern.
Diese Geschichte meiner Nachbarin ist die Geschichte meines kleinen Landes. In Unwissenheit darüber gehalten, was sich in Wirklichkeit ereignete, von berauschenden Märchen in gute Laune versetzt, flüchteten meine Landsleute dann völlig überrascht, erschreckt Hals über Kopf, unter Zurücklassung von Möbeln, Vieh, Nahrungsmittel- und Erntevorräten."

Wenn man an den Heeresbericht glaubt...

Scheint diese Erzählung von Erlebnissen aus dem letzten Krieg nicht aus dem jetzigen zu stammen? Stoßen wir hier nicht genau auf die gleiche Verblendung? Die gleiche Lüge? Die gleiche Technik?
Bis zur letzten Minute erklärte man den Zivilisten immer wieder: „Alles geht gut. Alles steht zum Besten!" Diese Rückzugsbewegungen unserer Armeen, die im übrigen in vollkommener Ordnung vor sich gehen, gleichen dem Rückzug von Charleroi! Wey-

gand ist im Begriff, die Verbände neu zu ordnen und umzugruppieren und einer neuen Marneschlacht entgegenzuführen. Diese „motorisierten Vorstöße dürfen uns nicht beunruhigen! Denn bei ihnen handelt es sich um verlorene Spähtrupps...
Und der so lange wie irgend möglich hinausgeschobene Heeresbericht, der Künder der Wahrheit, sprach von Troyes, als „sie" bereits in Sens waren, und von Vernon, als „sie" die Seine längst überschritten hatten.
Wie viele unserer Soldaten, unserer Offiziere gerieten deshalb in Gefangenschaft, weil sie naiv genug gewesen waren, dem Heeresbericht zu glauben! Spricht man nicht davon, daß ein ganzer Generalstab „im Adamskostüm" gefangengenommen wurde? Und zitiert man nicht den Fall eines Armeegenerals, des Generals G..., der beim Verlassen seines Autos in dem Augenblick gefangengenommen wurde, als er sein Kommando in einer kleinen Stadt übernehmen wollte, die er im Vertrauen auf den Heeresbericht noch weit vom feindlichen Bereich entfernt wähnte?

Die große Panik

Alles geht gut! Alles entwickelt sich sogar immer besser und besser! Und sollte man noch nicht ganz überzeugt sein, gibt es ja noch eine Zensur, die einen zur Ordnung rufen kann.
„In größter Unordnung und unbeschreiblichstem Elend", sagte Marschall Pétain später, „schlossen sich Millionen von Franzosen einundeinhalb Millionen Belgiern an, begannen ihren tragischen Auszug und verstopften die Straßen."
Seitdem sich im Dreißigjährigen Krieg die Bevölkerung ganzer Gegenden Deutschlands in die Wälder flüchtete, hatte die weiße Rasse eine solche Flucht eines ganzen Volkes nicht mehr erlebt, ausgenommen vielleicht die Evakuierung Rußlands bis nach Moskau während des Napoleonischen Feldzugs von 1812.

„Ich sah im Juni", schrieb Herr Bernard Fay später, „den grausigen Elendszug der Flüchtlinge. Ich erlebte den Anblick verlassener Bauernhöfe und aufgegebener Kanonen. Ich schaute in leere Befestigungsanlagen und sah jene mit traurigen Überbleibseln übersäten Gäßchen, die aufgeschreckte Bewohner hinter sich zurückließen. Ich habe den ungeheuren, abgestumpften und eintönigen Zug gesehen, der mit verstörten Blicken und erschauernden Körpern, von Schrecken gepeitscht fünf Tage hindurch von der Porte St. Denis durch ganz Paris bis zur Porte d'Orléans zog.
Die gleichen Frauen, dieselben Kinder, die gleichen Soldaten und dieselben Führer, deren Mut und deren Wert ich bewundert hatte, deren innerste Eigenschaften ich kannte, erschienen mir jetzt wie die Beute einer erbarmungslosen Furie, die sie beherrschte und ihnen im Nacken saß. Sie hatten sich aufgemacht, von dem alleinigen Gedanken besessen, fortzukommen, nur fortzukommen, unfähig, sich länger noch dagegen zu sträuben, vom Strom des Verhängnisses mitgerissen, apathisch und wie von Sinnen.
Diese Menschen hatten ihr gesamtes Eigentum, alle ihre Sachen zurückgelassen, Heimat, Haus und Hof, liebe Gewohnheiten, kurzum alles, was sie ans Leben band, aufgegeben, um auf Straßen und Wegen eine gefahrbringende Zuflucht, eine erschöpfende und vermeintliche Sicherheit zu suchen. Wie konnte dieser französische Bauer hier voll gesunden Menschenverstandes und trotz seiner sonstigen lebensklugen Vorsicht seinen Pflug, jener Juwelenhändler dort seine Perlen, manchmal ein Vater gar seine Kinder im Stich lassen?
Es waren durchaus keine Feiglinge, von einem Dämon aber waren sie besessen..."

Das ist nicht traurig

Das erlebten wir, das sahen wir alle, wir alle ohne Ausnahme.

Vorher aber durfte man es nicht sagen!
Die Zensuranweisungen lauteten am 13. Mai: „Nichts über die Kinderevakuierung in Paris."
Am 14. Mai: „Das Flüchtlingselend nicht besonders betonen!"
Am 21. Mai: „Keine Berichte über das Flüchtlingselend!"
Wenn zufällig aber ein Berichter einen Aufsatz über den Auszug der Flüchtlinge brachte, so war er „nett' – „malerisch" – sogar „amüsant" und „unterhaltend"!
Herr Jacques Boulenger versuchte sich erfolgreich hierin und schmückte seine Darstellung mit Scherzen, die er gehört haben wollte.
Ach! Sie ist keineswegs tragisch, die überstürzte Flucht von zehn Millionen menschlicher Wesen als Opfer einer wahnsinnigen Panik, bekommt sie Herr Jacques Boulenger unter seine Feder!
Unterwegs hörte er einen Soldaten, einen klassischen und typischen „Pariser Gassenjungen", wie ihn herkömmlicherweise jeder kennt:
„Haben Sie sie gesehen, alle diese Leute da auf Straßen und Wegen?", nimmt der Fahrstuhlführer sein Gespräch wieder auf. „Unter ihnen gibt's welche, die zehn Kilometer im Umkreis keine Fliegerbombe sahen, trotzdem aber mußten sie es genau so wie ihr Nachbar machen! Das gleicht ja einer wahren ‚Panik'!" (sic!)
Und Herr Jacques Boulenger wundert sich angesichts dieser „Panik": „Wer kann es erklären, wie es geschehen kann, was alle Welt weiß und von ihr seit Jahren immer wieder gepredigt wird, daß Kriege nicht nur mit und von den Militärs, sondern künftighin auch mit und von der Bevölkerung geführt werden, die jetzt anscheinend so überrascht ist, in ihn mitverwickelt zu sein?"
Ein anderer Mitarbeiter des „Temps", Herr Edmond Delage, beobachtete gleichfalls die große Panik und schildert sie prickelnd und farbenprächtig. Er erinnert an die belgischen Flüchtlingszüge, die wegen der Tarnung ihrer Wagendächer mit halbvertrock-

netem Laub fälschlicherweise wie eine Kalvakade aussahen, er ruft die Erinnerung an den Zug der Erntewagenkolonnen mit Bauern aus der Gegend von Laon und Soissons wach. Er bewundert „die schönen und zahlreichen rothaarigen Kinder, die auf Strohbündeln und Wäschepacken hocken und die in majestätischer Ruhe unermüdlich strickende alte Großmutter".
Und kommt zu dem Schluß: „Nirgends eine Panik. Gelegentlich eine gewisse Traurigkeit in den rauhen Gesichtern. Denn unter der schönen Sommersonne kann diese Wanderung eines ganzen Volkes kaum traurig sein..."

Die organisierte Panik

„Was an diesem sechswöchigen ‚französischen Feldzug' unerhört gewesen ist, in dessen Verlauf mehrere Millionen menschlicher Wesen einer hochentwickelten Kultur auf den Straßen nach Südfrankreich brandeten, bis schließlich der größte Teil aller Landesbewohner zwischen Loire und Rhône recht und schlecht zusammengeströmt, zusammengepfercht, die Beute eines unbeschreiblichen Elends wurde", erklärt wörtlich eine deutsche Veröffentlichung, „wird man niemals verstehen können. Man wird es nie begreifen können, warum man selbst den entferntest und verlassenst wohnenden Bauern auf ihren abgeschiedensten Höfen den Befehl erteilte, ihr Heim und ihren Herd noch in der gleichen Nacht zu verlassen. Da lautete beispielsweise eine Verfügung der Präfekten und Bürgermeister, Reims unverzüglich gänzlich zu räumen, obwohl diese große Stadt vom Kriege völlig verschont blieb. Und da mag auf einen Befehl hingewiesen werden, der in Dijon durch Lautsprecher durch die Straßen gellte, auch diese Stadt sofort zu verlassen.
Und was nun bei dieser tragischen Geschichte ganz besonders unbegreiflich erscheint, ist, daß die militärischen Kriegsnotwendigkeiten die schlimmsten Verwüstungen gerade dort mit sich brachten, wo die

Bevölkerung nicht rechtzeitig sich hatte in Sicherheit bringen können, sich vielmehr im Gegenteil noch durch den Zustrom von belgischen Flüchtlingen, und zwar von Dünkirchen bis Calais, verdoppelt hatte."
Und dieses deutsche Dokument setzt noch hinzu: „Es ist unzweifelhaft, daß diese beispiellose Evakuierung der französischen Kriegführung selbst gewaltige Schwierigkeiten verursachte. Darüber hinaus aber rechtfertigen die Spuren, die der motorisierte Krieg dem Lande hinterließ, in den weit überwiegenden Fällen diese Räumung keineswegs, jedenfalls da nicht, wo sie nur unter dem Eindruck der Furcht vor ausgedehnten Zerstörungen durchgeführt wurde. Hier handelt es sich sicherlich um die Früchte der schlimmsten Hetzfeldzüge gegen das nationalsozialistische Deutschland."

Was man uns Franzosen erzählt hatte

In Wirklichkeit hatte man uns gesagt: „Entweder werden wir Deutschland schlagen, oder es wird uns schlagen. Dann aber werden 300000 Franzosen hingerichtet werden, weitere 300000 werden ins Gefängnis kommen, 900000 werden zur Zwangsarbeit verurteilt werden und mehr als 3 Millionen werden die Konzentrationslager bevölkern. Die Franzosen sind gewarnt!"
Man hatte uns gesagt: „Deutschland sagt den Franzosen nicht mehr, daß es nichts Böses gegen sie im Schilde führt und sich zwischen Deutschland und Frankreich alles regeln lassen würde, wenn die Engländer nicht mehr da wären oder vielmehr, wenn sie vernichtet wären. Deutschland kündigt jetzt den Franzosen vielmehr an, daß es entschlossen ist, ihnen das denkbar größte Leid anzutun, ihre Städte in Trümmer zu legen, das ganze Land zu verwüsten, das sich dadurch schuldig gemacht hat, daß es sich nicht gleich von Anfang an den geheiligten Gesetzen des hitlerischen Germanismus unterworfen hat.
Und so hofft man denn noch, uns schwach und

nachgiebig zu machen, indem man uns all die Schrecken in Aussicht stellt, die Attila der jahrhundertealten Legende nach überallhin verbreitet haben soll."

Man hatte uns gesagt: „Der Krieg, den das junge Deutschland gegen uns führt, ist der uralte germanische Krieg. Es ist der Gaskrieg, der Krieg der Verräter, der Krieg der Brandstiftungen, der vergifteten Pralinen, der Massendeportationen und Hinrichtungskommandos."

Man hatte uns gesagt: „Wenn Herr Hitler den Krieg gewinnt, wird er der Herr über Frankreich und mit einem Schlage zugleich auch der Herr Europas. Über alle Ermordungen, alle Enteignungen, über alle Diebstähle und Mißhandlungen hinaus wird er sich mit den bei ihm üblichen Mitteln vor allem zwei Hauptaufgaben noch widmen: er wird die französischen Arbeiter der Zwangsarbeit unterwerfen und das ungenügend bevölkerte Frankreich zum Zwecke der Kolonisierung mit Millionen von Deutschen besiedeln.

Würde Hitler den Krieg gewinnen, würdet ihr, Franzosen, im eigentlichen Sinne nicht mehr existieren. Und das genügt ja doch wohl!

Und vergeßt es auch ja nicht, daß dann das deutsche Volk, das ihn erwählte und sich immer wieder und fast einstimmig für ihn erklärte, noch mehr als je zuvor zu seinen Füßen liegen würde. Dieses Volk würde euch mit Füßen treten und euch mitleidlos und ohne jede Hemmung zermalmen und auslöschen!"

Man hatte uns gesagt: „Gerade der Deutsche im besonderen ist unverbesserlich, weil wir es ernsthaft nie versuchten, ihn zu bessern. Wenn man ihm zu schmeicheln sucht, verachtet er euch. Beleidigt man ihn jedoch, so hat er Achtung vor euch. Man darf also nicht müde werden und muß immer und immer wieder ihm gegenüber wiederholen, daß' er ein Wilder, ein Barbar, ein von der ganzen Menschheit in Acht und Bann getanes Wesen ist."

Und Churchill hatte uns gesagt: „Was euch erwar-

tet, wenn ihr besiegt werdet, ist das Konzentrationslager und der Zugriff der Gestapo!"
Reynaud selbst hatte uns in dem Augenblick, als sich die Schlacht um Frankreich (am 5. Juni) entwickelte, gesagt: „Worin besteht das ungeheure Risiko? Darin, daß man in Europa und über Europa hinaus – und das hat heute die ganze Welt begriffen – ein Regime der Unterdrückung sich festsetzen sieht, unter dem Männer nichtdeutschen Bluts nur noch eine Sklavenrolle zu spielen haben werden. Anfänglich wird man mit List und Tücke arbeiten, dann werden Befehle erteilt werden, und Fußeisen, Hiebe mit der Reitpeitsche sowie die physische und moralische Vernichtung der Auslese der Nation werden nachfolgen.

Was wir gesehen haben

Das hatte man uns *vorher* gesagt.
Das lasen wir tagtäglich beim Aufstehen!
Das hörten wir allabendlich beim Schlafengehen!
Wie ist es unter solchen Umständen verwunderlich, daß die Franzosen in grenzenloseste Furcht versetzt wurden, vor Schrecken erstarrten, vom Dämon der Panik gepackt und außer Fassung gebracht wurden, als sie die „Barbarenhorden" durch die Schuld der sie Regierenden immer näher und näher rücken sahen?
Nun – – *nachher* haben wir es ja selbst gesehen! Wir alle sahen es, wir alle erlebten es! Und wenn wir aufrichtig sind, werden wir alle sagen, was *späterhin* mein berühmter Kollege, Jean Chatel, in dem man allgemein sofort Georges de la Fouchardière erkannte, schrieb:
„Viele von uns erwarteten, von einer einzigartigen Propaganda vergiftet, alle nur denkbaren Gewalttaten und die schlimmsten Ausschreitungen.
Von all den erstaunlichen Überraschungen aber, die uns seit drei Monaten häufig an unserer eigenen Vernunft zweifeln und uns glauben ließen, ein absurdes Alpdrücken zu erleben, bewegt uns alle zu-

tiefst und erstaunt uns aufs höchste die gänzlich unerwartete Korrektheit unserer ‚Gäste'.
Jawohl, unserer Gäste!
Unsere großen politischen Führer luden die Deutschen durch jene Art von Herausforderung, die man in der Sprache des Volkes mit ‚Kiß! Kiß!' zu bezeichnen pflegt, dazu ein, nach Frankreich zu kommen. Und durch ihre nicht mehr zu übertreffende Dummheit taten sie alles, damit sie ja auch nur kämen!
Und von seiten unserer großen militärischen Führer geschah eigentlich auch alles so, als hätten auch sie gar nichts dagegen, wenn sich diese Herren häuslich bei uns niederließen...
Anschließend zogen sich unsere zivilen und militärischen Führer dann in Gegenden zurück, wo sie ihre Großsprechereien noch etwas fortsetzen konnten, und überließen es uns, ihre Gäste willkommen zu heißen.
Und diese Gäste sind korrekt! Sie zerbrechen nichts im Hause. Sie besitzen keinesfalls jene Unverschämtheit, welche sie als Sieger ohne weiteres und gänzlich straflos zur Schau tragen könnten.
Wir waren äußerst erstaunt, als wir sie ankommen sahen, diese wilden Eroberer! Anfänglich hatte man sie uns verhungert dargestellt und skelettartig abgemagert..., denn es galt als ausgemacht, daß sie sich seit unserem Siege im Jahre 1918 von Wurst ernährt hatten, die aus Autoreifen hergestellt und mit Sägemehl und Autofett gestopft war. Dies müßte im übrigen, den erzielten Ergebnissen nach zu urteilen, eine großartige Diät sein! Denn unsere Gäste sind viel eher Prachtkerle als dürre Gerippe! Viele von ihnen haben wahre Kindergesichter. Sie sind uns nicht nur mit dem Bemühen entgegengekommen, korrekt zu sein, sondern auch mit dem Wunsche, gleichzeitig auch liebenswürdig zu erscheinen.
Ich beobachtete in der Bretagne einen jungen deutschen Soldaten, wie er sich bei einer Modistin des Dorfes einfand. Er wollte einen Damenhut kaufen.
‚Nicht für Sie?', fragte die Verkäuferin scherzend.
Der Deutsche schüttelte den Kopf und zog lächelnd

ein Bild aus seiner Tasche: das Photo seiner Frau. Er wünschte einen zu diesem Kopf passenden Hut, um ihn irgendwohin nach Sachsen oder Bayern mitzunehmen..."

„Ich habe es selbst gesehen!" Wer von uns wüßte nicht sein eigenes und ganz besonderes Erlebnis mit: „Ich habe es selbst gesehen...!", zu erzählen! Ich habe Deutsche gesehen, die Flüchtlingen literweise Betriebsstoff gaben, um ihnen die Heimkehr zu ermöglichen (obwohl man uns gesagt hatte, daß sie gar kein Benzin mehr hätten!). Ich sah in einem kleinen Dorf in der Gegend von Yonne einen deutschen Arzt die ganze Nacht bei einem jungen Franzosen zubringen, der nachts plötzlich eine Luftröhrenentzündung bekommen hatte. Und sah in dem gleichen Dorf, wie deutsche Soldaten Süßigkeiten an die Kinder verteilten, die sie vorher gekostet hatten.
Nicht nur ich, nein – wir alle sahen das Nationalsozialistische Hilfswerk bei seiner Arbeit und beobachteten sein ungeheuer wirksames wohltätiges Eingreifen im größten Ausmaß! Wir alle sahen es, wie Deutsche einigen unserer Gefangenen Zivilkleider gaben, damit sie sobald wie möglich wieder nach Hause zurückkehren könnten. Wir alle sahen es, wie deutsche Soldaten in der Untergrundbahn aufstanden, um ihre Plätze freizumachen und beobachteten sie, wenn sie auf der Straße, auf dem Bürgersteig zur Seite gingen, um Frauen vorbeigehen zu lassen. Und wir alle haben den Innenminister, Herrn Marquel, bestätigen hören, daß im besetzten Gebiet weit mehr Ordnung herrsche als in der anderen Zone.

Nun sind uns die Augen vollständig geöffnet und wir verstehen jetzt, daß man uns in abscheulichster Weise belogen hat.
„In Frankreich hat man den Kern und das Entscheidende des Hitlerismus nicht verstehen können", berichtete gerade am 20. Mai, in dem Augenblick, als uns Paul Reynaud ermahnte, nur „an den

Krieg zu denken", der „Temps". Aus reiner Sorglosigkeit oder aber aus Geringschätzung wurde man sich über die erstaunliche und ans Wunderbare grenzende Wiederaufrichtung, die Deutschland zustande brachte, nicht klar.

Man unterschätzte die Macht Deutschlands und übersah dabei das Wesentliche! Daß der Reichskanzler Hitler eine Armee zu schaffen verstanden hatte, die seiner Politik entsprach, und daß dem, was man gemeinhin sein Glück zu nennen pflegt, größtenteils nur sehr genaue Berechnungen und Überlegungen zugrunde liegen, und zwar sowohl hinsichtlich des Wertes seines eigenen Instruments wie auch hinsichtlich der unzureichenden Vorbereitung seiner Gegner.

Man beging weiterhin das Unrecht und den schweren Fehler, das Hitler-Regime nach den Erzählungen gewisser Emigranten zu beurteilen und aus ihren Nachrichten falsche Schlüsse zu ziehen. Nachrichten, die sie über die ganze Welt hin verbreiteten. Man möchte glauben, daß diese Erzählungen zumeist aufrichtig gemeint waren und nur der Groll die Opfer des Regimes daran hinderte, klarer und nüchterner zu sehen.

Das war ein großer Fehler! Wir haben diesen Emigrantenerzählungen geglaubt — die seitens unserer Gehirnvernebler und unserer Nachrichtendienste und auch von unseren Regierenden als unerschöpfliche Quelle benutzt wurden, und das hat uns zu der schwersten Niederlage geführt, die jemals ein Volk seit dem Zusammenbruch des Kaiserreiches erlebte! Niemals seit dem Einfall Julius Cäsars lag Frankreich tiefer zu Boden, niemals waren so große Ländergebiete besetzt worden! — ungefähr 2000000 Gefangene, darunter 29000 Offiziere und 5 Armeeführer, drei Fünftel des Landes besetzt, Ausrüstung und Bewaffnung von 55 Divisionen, die gesamte Maginotlinie, unsere ganze schwere Artillerie in den Händen des Feindes, die Widerstandskraft der Armee zerschlagen, die Befugnisse der Regierung aufgehoben und ihre ausübende Gewalt aufgelöst, die Verwaltung selbst aus den Angeln gehoben, das industrielle Leben zum Stillstand gebracht...!

Die Niederlage unserer Waffen war gleichzeitig auch die unserer Industrie, unserer Wirtschaft, unserer Gesellschaft, unserer Politik. Unsere Fabriken stellten nicht genügend Maschinen her, unser Volk in allen seinen Schichten und Gliederungen wußte sich nicht schwungvoll und fruchtbringend genug zu einer gewaltigen Kraftleistung aufzuraffen, noch sich einer männlichen Disziplin unterzuordnen.

Unter dem Schock des Zusammenbruchs brach alles völlig zerschlagen zusammen und in einem wüsten Kunterbunt und Durcheinander flüchtete Regiment um Regiment, ganze Fabriken, Dörfer, Salons, Cafélokale in einer jämmerlichen und unförmigen Flut auf den Straßen Frankreichs – – *das* hatte uns die *Lüge* des Krieges eingebracht! Und deshalb heißt jetzt die Parole: „Erheben wir unsere Herzen!", so wie Gambetta einst unsere Väter ermahnte; und wir wollen mit Marschall Pétain schwören, „die Lügen zu hassen, die uns soviel Unheil gebracht haben!"

SIEBZEHNTES KAPITEL

Der Krieg der Lüge
nach der militärischen Niederlage

Die Niederlage, der vollkommenste Zusammenbruch, den das französische Volk jemals erlebt hat, und die Überraschung, feststellen zu müssen, daß der „Eindringling" genau der gegenteiligen Vorstellung entsprach, die wir uns von ihm gemacht hatten, der Zorn gegenüber denjenigen, die Frankreich durch ihre Lügen in den Abgrund gestürzt hatten, all das machte dem Krieg der Lüge eine Zeitlang ein Ende.

Selbst den Augen der Verblendetsten offenbarte sich die ganze Wahrheit. Von der Zensur befreit konnten Presse und Rundfunk den Franzosen *endlich* ungeschminkt enthüllen und berichten, wie sich die Dinge in Wirklichkeit zugetragen hatten.

Das war ein Erwachen, ein Entsetzen, eine Bestürzung, ein höchstes Erstaunen, als wir die Wahrheit über unsere Wehrmacht, unser Kriegsmaterial, unsere Isolierung, die Verrätereien unseres „treuen Alliierten", über die schreiende Unzulänglichkeit unserer militärischen und zivilen Führer erfuhren!
Und nun kam eine wirklich schöne Zeit, in der wir plötzlich wieder klarer denken konnten!
...Nun milderte und verwischte sich die Wirkung der Keulenschläge, die zu unserer Niederlage führten, allmählich...; das französische Volk hat einen derartigen Nationalstolz, daß es niemals zugeben will, daß es auf ganz normalem Wege und mit ganz natürlichen Mitteln geschlagen worden ist. Und so suchte es trotz aller gegenteiligen Beweise, die ihm Arithmetik und Geographie doch lieferten, nach anderen, weniger verstandesmäßig zu erfassenden Ursachen.
Und so sah man denn zwei Monate nach Abschluß des Waffenstillstandes eine stattliche Anzahl von Franzosen, denen es noch immer nicht eingegangen war, daß sie besiegt worden waren, in den früheren Traum- und Hypnosezustand der Zeit vor dem 10. Mai zurückverfallen.
Der bekannte Dramenverfasser H. R. Lenormand analysierte, indem er sich mit größtem Einfühlungsvermögen in die Psychologie dieser aufgeschreckten Träumer hineinversetzte, diesen Geisteszustand folgendermaßen:
„Sehen wir uns diese Tausende von Menschen einmal näher an, die der Waffenstillstand ihrem Leidensweg, der Tragödie des Zusammenbruchs und Flucht entriß! Beobachten wir sie einmal bei sich zu Hause, in ihrem Heim, im bequemen Sessel, der zum Nachdenken einlädt. Oder auch draußen, in den weitgestreckten unterirdischen Gängen und langgekoppelten Wagenzügen der Untergrundbahn sitzend, im Foyer eines Theaters, am Ausgang einer Kirche, in der lauen Umgebung eines Cafés, wo man sie innerlich aufgeschlossen und aufnahmebereit findet: ihr Leben ist zutiefst aufgewühlt und befin-

det sich sozusagen in der Schwebe. Plötzlich bleiben sie stehen, halten an, wo es ihnen gerade beliebt, in einer Art Betäubungszustand erstarrt, der in materiellen Sorgen keineswegs seine einzige Ursache hat. Eine Nebelwand schiebt sich zwischen sie und die Wirklichkeit, Wachträume begleiten sie schwarmweise auf Schritt und Tritt...
Eine außerordentlich schädlich wirkende geheime Macht nistete sich in ihrer Seele ein. Sie tranken den ‚Vergessenstrunk'! Wenn man beobachtet, wie die Besatzung auf sie wirkt, wie sie sich ihr gegenüber benehmen, wenn man sie gelegentlich des Vorbringens von Beschwerden sieht, fühlt man, daß sie die Ursache ihres Unglücks so weit vergessen haben, daß sie die Folgen für unannehmbar halten! Sie sind im Dezember vor der Wirklichkeit unserer Niederlage ebenso geflohen, wie sie im Juni vor den Armeen des Siegers geflohen sind.
Andere wiederum tranken den ‚Trank des Martyriums und der erhabenen Liebe'. Es sind Kinder, und deren Eltern waren es, die ihnen zuweilen das Getränk zusammenbrauten. Junge Leute träumen von neuen Opfern, von heroischem Einsatz und von einem Marsch vor die Mündung der Maschinengewehre! Sie begreifen nicht, daß sie durch eine solche Hingabe an die Triebe eines verhängnisvollen Traumwandelns die Gefahr heraufbeschwören, Züchtigungen dafür auf die zu lenken, die keineswegs mehr in der Welt solcher Träume leben!
Wieder andere schlürften den ‚Trank der Hoffnung auf ein Wunder'. Sie erwarten, daß sich plötzlich die europäischen Perspektiven wie die Szenerie eines Märchenspiels verwandeln! Und wenn man diese Bezauberten fragt, auf welche Kräfte sie denn zählen, und wodurch diese zu erwartenden und erhofften Veränderungen denn bewirkt werden sollen, dann schweigen sie und murmeln irgendwelche dunklen Geheimnisse, die in Wirklichkeit jedoch nur vom Kurzwellensender abgehörte Propagandawahrheiten sind."

Alle diese Menschen leben inmitten von überlieferten Sagen.
Einige wiegen sich noch immer im slawischen Mythos. Eisern rechnen sie mit dem von Stalin zu erwartenden Heil, ganz so wie ihre Väter mit der russischen Dampfwalze gerechnet hatten.
Dann gibt es Menschen, die sich dem Mythos hingeben, der alles Heil vom Orient bringen soll, wie zur Zeit der „geheimnisvollen Weygand-Armee". Von Griechenland und Syrien her erwarten sie die „Befreiung"...
Auch über die afrikanische Fata Morgana macht sich manch einer Illusionen. Denn werden sich de Gaulle – Weygand – Catroux nicht doch eines Tages die Hände reichen, um die „unermeßlichen Kräfte unseres kolonialen Imperiums" zu mobilisieren und mit Hilfe der Neger die Deutschen aus Europa vertreiben...?
Andere wiederum sind von der Fata Morgana von jenseits des Atlantik hypnotisiert und suchen in Worten, selbst in den harmlosesten und allein nur Wahlzwecken dienenden Äußerungen des „Heilands Roosevelt", irgendeinen verborgenen Sinn.
Endlich aber gibt es auch die noch, die sich über die ihren eigenen Landsleuten in Frankreich von den Herren der Royal Air Force zugefügten Schäden und über die dadurch verursachten Toten freuen, oder die eine auf geheimnisvolle Weise vor sich gehende Landung einer riesigen britischen Armee in Calais ankündigen, die durch einen Tunnel unter dem Kanal von drübenher zu uns kommen soll!...
So träumen die von dicken Mauern Umschlossenen, in dunklen Kerkern Lebenden infolge eines Fiebers, das die Besatzung über sie brachte, einen schweren Traum; sie hoffen auf einen aus der Luft herabsteigenden Erzengel oder erwarten ihre Befreiung durch einen aus dem Erdinnern aufsteigenden neuen Weltschöpfer...

Hirngespinste

Die Legende berichtet von vielen solchen „Wunderzeichen", wie sie von Bevölkerungen entdeckt wurden, die in ihrem Wahn die Wolken beobachteten. Jeden Tag erspähen die Gimpel in Paris von neuem das Erscheinen eines Freiheitsvogels. Läßt ein deutsches Flugzeug eine Rauchfahne hinter sich, so sehen unsere von Visionen lebenden Landsleute darin eine englische Botschaft und versuchen sie allen Ernstes zu entziffern.

An einem Herbsttage 1940 war so herrliches Wetter, daß Fäden des Altweibersommers in der Brise sanft dahinschwebten... In der Vorstellung und Einbildung der Pariser aber verwandelten diese sich alsbald in Fäden, die von britischen Flugzeugen abgeworfen worden waren, und an deren Ende hoffnungsreiche Flugzettel hingen!

Einer sah von der normannischen Küste her ungeheuere Züge mit Särgen vorbeifahren ... ein anderer sah einen außergewöhnlich breiten Sarg...! Marschall Göring ist tot! Und man weiß es auch ganz genau: „In Rambouillet infolge eines Jagdunfalls." Ich habe die umflorten Trauerfahnen ja selbst gesehen – –, bestätigt einer, der besonders gut unterrichtet ist...

Auch ungeheuere Feuerscheine über dem Kanal entgingen so manchen nicht! Sie stammten von brennenden und tonnenweise in Flammen aufgegangenen Heizölen ... Ein Wiederaufflackern des „griechischen Feuers" der Antike sah man darin...

Führen deutsche Lastwagen vollkommen normale Nachschubbewegungen durch, so zieht man hinter den Fensterläden in der Kleinstadt weise Schlüsse daraus... „Sie marschieren nach Norden", hörte ich sagen, „das beweist aber, daß es seit der Wahl Roosevelts nicht gut um die Deutschen steht!"...

Alles wird verdreht

Alles wird umgeformt, verdreht, gewandelt und der ursprüngliche Sinn wird entstellt. Die Deutschen liefern uns tonnenweise Kartoffeln: „Zum Teufel!", sagen darauf die Böswilligen und ganz Schlauen, „unsere Kartoffeln sind es! Erst nahmen sie uns die Kartoffeln weg und nun schicken sie sie uns wieder zurück, nachdem sie eine Rundreise durch Deutschland gemacht haben. Ein Angestellter, der mit dem Eisenbahngüterverkehr zu tun hat, hat es mir ja selbst gesagt..."

Die deutschen Soldaten kaufen in französischen Läden und bezahlen ihre Einkäufe zum festgesetzten Preise: „Ach, Sie kennen die Zusammenhänge nicht? Um ihnen auf ihre großen Scheine in Mark Kleingeld herausgeben zu können, geben die französischen Kaufleute unsere guten Franken her. Diese aber schleppen sie sofort zu ihren Vorgesetzten, die sie sammeln und in Dollars umwechseln!"

Marschall Pétain übernahm den Vorsitz über die Winterhilfe zugunsten bedürftiger und bedauernswerter Franzosen: „Gebt nur ja nichts! Es ist ja doch nur eine deutsche Falle. Denn in ihre Hände kommt das gesammelte Geld!"

Fernsprechkabel wurden in Nantes abgeschnitten: Das taten die Deutschen selbst, um „uns dumm zu machen" und um Vergeltungsmaßnahmen durchführen zu können.

Französische Militärbehörden veröffentlichen eine Bekanntmachung betreffend die Einstellung in die „Waffenstillstandsarmee":
„Tretet nur ja nicht ein! Es handelt sich um eine deutsche Falle! Sie wollen wieder eine französische Armee aufstellen und sie zum Kampf gegen England zwingen!"

Wenn die deutschen Soldaten singen, so tun sie es nur, um uns herauszufordern!

Wenn sie nicht singen, so unterlassen sie dies nur, weil eben ihre Moral gesunken ist!

Die doppelte Moral

... Dummheit, Engstirnigkeit, Verständnislosigkeit ... Verkennung der Wirklichkeiten ... kindliche Leicht-

gläubigkeit ... das Warten auf ein Wunder, Greisengeschwätz ... die Kriegsvergiftung wirkt immer weiter ...
Zwanglos frönt man einer „doppelten Moral". Deutschlands Besetzung durch Frankreich im Jahre 1918? Bravo! Durchaus normal! Gerecht! Menschlich! Frankreichs Besetzung durch Deutschland im Jahre 1940? Unmoralisch! Ungerecht! Grausam! Barbarisch!
Was ich mache, ist wohlgetan, weil ich es eben tue! Was der Feind macht, ist schlecht, eben weil er es tut! Das Schrottsammeln in Deutschland? Ein Beweis für die Rohstoffknappheit! In Frankreich? Ein Zeichen französischer Erfindungsgabe! Lebensmittelkarten in Deutschland? Ernährungsmängel und Hungersnot!
in Frankreich? Weisheit und kluge Voraussicht!

Im Fieberwahn verletzten Stolzes

Gott ist ein Franzose, und deshalb auch ist der Stolz noch größer, weil er jetzt verletzt wurde. Enttäuscht, getäuscht, besiegt ist der Franzose so beleidigt und erzürnt wie eine verhöhnte Geliebte. Da er sich immer einbildete, um seiner selbst willen geliebt zu werden und der Ansicht war, daß die anderen seine Geschäfte besorgen werden, um dadurch seiner zivilisatorischen Aufgabe zu dienen, ist seine Enttäuschung jetzt riesengroß. Während des Krieges glaubte er, daß es allein schon genüge, an die Neutralen zu appellieren, und daß diese dann sofort zu Hilfe eilen würden. Es mußte nach Ansicht der Franzosen für Finnland, Schweden und Norwegen eine Ehre sein, zu einem Kreuzzug zugunsten Frankreichs aufgefordert zu werden!
Würde man einen „Wettbewerb für die dümmste Phrase des Krieges" veranstalten, so hätte meiner Ansicht nach die folgende die Anwartschaft auf den ersten Preis:
„Der gestern von der Radikalen und Radikal-Sozialistischen Gruppe der Abgeordnetenkammer ein-

stimmig gebilligte Antrag zugunsten Finnlands bildet für das heldenhafte Land die sicherste Garantie für den Endsieg."
Ist nicht allein schon der Gedanke, daß ein von einigen bärtigen Radikalen in einer geschlossenen parlamentarischen Ausschußsitzung gebilligter Antrag Finnland als Garantie genügen müsse, wahrhaft großartig? Beweist er nicht schlagartig einerseits einen turmhohen Stolz, und andererseits einen in einen tiefen Abgrund führenden wirren Wortschwall...?

Nichts ist dümmer als ein Hahn!

Auch der stolze Hahn bildet sich ein, daß sein Gesang am frühen Morgen allein schon genügt, um den Tag anbrechen zu lassen.
Ich bin der Ansicht, daß es ein Unglück für unser Land ist, daß wir ausgerechnet das dümmste Tier aus der Hühnerwelt zum Wappentier erwählt haben! Das eitelste, das blindeste, das eingebildetste und das aufgeblasenste Geschöpf! Es ist mit sich allein zufrieden und stolziert umher wie ein Pfau; es hält sich selbst für den Mittelpunkt der Welt und gefällt sich darin, den Heroen zu spielen. Es liebt den äußerlichen Glanz und betrachtet jedes Ereignis, das nicht nach seinem Belieben ausgeht und seinen Hoffnungen nicht voll entspricht, als eine persönliche Kränkung ... und glaubt sich von aller Welt verraten...
...Verraten von Stalin! Verraten von Beck und Rydz-Smygli! Verraten von Leopold von Belgien! Verraten von Mussolini! Verraten von Pétain...! Der Franzose erwägt weder Tatsachen, noch Zahlen, noch strategische Gegebenheiten! Er will nicht daran erinnert sein, daß Volkskunde und Geographie gegen ihn sind. Er will auch nichts davon wissen, wie der Tschechoslowakei, Polen, Finnland, Norwegen und Holland geholfen werden soll! Für Geopolitik hat er nur Verachtung und Mißtrauen übrig, und in dem Augenblick, wo er ein Volk von achtzig Millionen

„auf dem Halse" hatte, zögerte er nicht, ein anderes 160 Millionen-Volk zu provozieren...! Und stürzt sich der Hahn, wenn er blind vor Haß ist, nicht dummerweise auf seine Gegner, selbst wenn er drauf und dran ist, Augenlicht und Leben hierbei einzubüßen?
Und das Tragische an der Geschichte ist, daß wir im Innern – und das ist tatsächlich und geradezu irrsinnig – unsere an anarchische Zustände grenzende Unordnung sich entwickeln ließen, während wir nach außen hin in kindischer Ruhmredigkeit uns einbildeten, die Polizisten Europas spielen zu sollen. An diesem Widerspruch ist Frankreich denn auch zugrunde gegangen...!

SCHLUSSBETRACHTUNG

Schach den Haß-Säern!

Man hat mit Recht gesagt, daß Frankreichs Volk zur gleichen Zeit, wo es den Krieg an der Maginotlinie verlor, ihn auch an der Descarteslinie verloren hat. Das alleinige Geheimnis dieses Krieges, dessen Ergebnisse sich so einfach erklären lassen, da sie sich bereits von Anfang an zahlenmäßig und von der Karte ablesen ließen, besteht darin, die Frage zu klären, wie es denn möglich gewesen ist, daß ein intelligentes, kultiviertes, empfindsames und gebildetes Volk, das seines gesunden Menschenverstandes und seiner geistig-kritischen Veranlagung wegen zuweilen sogar in übertriebenem Maße gerühmt wird, sich in so plumper Weise die Sinne hat vernebeln und sich so leicht in einen absurden Krieg hat hineinziehen lassen...

Hysterie

Hier handelt es sich um ein psychiatrisches Problem.
Von Hause aus, „organisch" und auf Grund einer Vererbung, ist der Franzose von einem wahrhaft

hysterischen Haß gegenüber dem „Prusco" von 1870 und dem „Boche" von 1914 besessen. Diesen Haß sog er von Kindheit an, zugleich mit der Muttermilch, ein. Sein Großvater schon erzählte ihm furchtbare Geschichten von den „Grausamkeiten der Preußen" und sein Vater berichtete ihm von den abgehackten Mädchenhänden.

Was er im Juni 1940 gesehen, und zwar mit eigenen Augen gesehen hat, war nur eine schnell vorübergehende Widerlegung der Überzeugungen seines Unterbewußtseins. Der Anblick feldgrauer Uniformen weckte allmählich wieder alle jene gehässigen Vorstellungen, deren Aufblühen und Entwicklung durch die schrecklichen Wunden begünstigt wurden, die seiner Eigenliebe geschlagen wurden.

Nicht umsonst gab man ihm seit seiner Kindheit unaufhörlich Bücher, Zeitungen und Werke seiner „großen Denker" in die Hände, in denen bluttriefende Hymnen gesungen wurden. Man erinnere sich doch nur an die lyrischen Verherrlichungen der „Rosalie, der heldenmütigen Französin"! Jener kleinen „Rosalie", unter der die Soldaten in ihrer Umgangssprache ihr Seitengewehr verstehen.

„Rosalie" aber, das Bajonett, bevorzugt den Soldaten und zieht ihn allem anderen vor. Sie liebt Marschlieder, die Sprache und dem Umgangston der Landser und errötet nur mit Vorbedacht, und dann, wenn sich's lohnt.

... Die „Wampe", der Bauch also, ist Rosalies Ziel! Sie denkt auch nur an diese „Wampe"! In ihrer ziemlich dirnenhaften Sprache eines Straßenmädchens bezeichnet sie den Bauch ihres Gegners eben auf ihre Weise. „Ein Bajonettstoß in die Wampe" – – so drückt sich diese kleine Person aus. Sie ist so niedlich und nett, ein solches „enfant terrible", kurzum so französisch, daß ihre Opfer ihr gar nicht sehr lange böse sein können... (Pierre Mac Orlan).

Nach Berlin! Nach Berlin!

Dieses Mal fehlte es den Jüngern Rosaliens an günstigen Gelegenheiten... Man begnügte sich damit, Deutschland in fanatischster Weise auf dem Papier wenigstens zu zerstückeln und abzuschlachten und Italien mit Vergeltungsmaßnahmen vor den Fenstern der Botschaft in der Rue de Varenne zu drohen.

Und vor dem 10. Mai stimmte ein Hauptmann – allein auf weiter Flur – das alte Lied: „Nach Berlin! Nach Berlin!" wiederum an, indem er in einer französischen Zeitung nachstehenden „Offenen Brief" veröffentlichte:

„Der Haß, den wir diesen Meuchelmördern gegenüber empfanden, ist unbeschreiblich, und ich kann Ihnen versichern, daß sie gegebenenfalls schon jemanden finden würden, der die richtige Sprache mit ihnen spricht!

In Berlin und Moskau ist man sich übrigens hierüber auch völlig klar und deshalb weiß man dort auch sehr genau, warum man sich so zurückhält und sich mit uns nicht zu reiben versucht! Ihre Empfangsaussichten aber verschlechterten sich durch ihr bisheriges Ausbleiben nicht! Im geeigneten Augenblick werden wir sie unsere Macht schon fühlen lassen. Diesmal werden wir jedoch nicht auf halbem Wege Halt machen, sondern nach Berlin marschieren!"

„Nach Berlin! Wir werden diesmal den Omnibus nicht verpassen! Und wir werden auch keinen ‚voreiligen' Waffenstillstand mehr unterzeichnen wie damals!", schreibt Henri Béraud. „Es wird ein langsamer, aber sicherer Marsch zum Siege sein! Er wird sich späterhin zur alles zermalmenden Überlegenheit der Maschinen und Menschen entwickeln! Er wird späterhin dann auch das Ende unserer bösen Träume und der Unglücksnachrichten bedeuten! Und dann werden wir das erschreckte, verstörte, heuchlerische und winselnde Deutschland vom 11. November vor uns haben, das im Blute unserer Brüder watete und dem wir den Fuß auf den Nacken zu setzen seinerzeit bloß nicht richtig verstanden haben!"...

Das Heer der Zerstückler

Dann aber wird es endlich zur großen und allgemeinen Aufteilung und Zerstückelung Deutschlands kommen. Aus allen Windrichtungen, von allen Seiten, von der äußersten Rechten bis zur extremsten Linken, eilen die Mitglieder dieser „Zerstückelungsarmee" zusammen, formieren sich zur Schlachtordnung und sammeln sich unter dem Banner des Herzogs von Richelieu...
Da meldet sich Gaboriau in der „L'Ere Nouvelle"; da schreibt Pierre l'Ermite in „La Croix", da ist Raymond Recouly in „Gringoire", da schreit Ludovic Naudeau in der „Illustration", da wettert Maurras in der „Action Française", Maurice Colrat im „Excelsior" und Georges Suarez nicht zu vergessen. Denker sind es, Philosophen, Professoren, ehemalige und künftige Minister, unter ihnen Dautry, Minister unter Paul Reynaud, und auch Rivaud, Professor an der Sorbonne und späterhin Minister in der ersten Regierung Pétains. Und auch Ybarnegaray sei genannt, sein Ministerkollege in der gleichen Regierung, der im Januar 1940 vor dem Heeresausschuß das Problem der Annexion des linken Rheinufers mit den gleichen Worten wie Foch im Jahre 1918 aufwirft...
Und auch Edmond Vermeil sei nicht vergessen, ebenfalls Professor an der Sorbonne, der sein 350 Seiten starkes Werk über Deutschland mit der sich gebieterisch ergebenden Notwendigkeit schließt, im Friedensvertrage Österreich wieder auferstehen zu lassen, „da es das einzige Land ist, in dem ein wahrhaft europäischer und universaler Germanismus zu finden ist, der unter der Voraussetzung allerdings, daß man Österreich stützt, allein dazu in der Lage ist, den wütenden, unbezähmbaren Realismus des

„ewig furienhaften" von Preußen organisierten und geführten Volkes in Schach zu halten...!"
Endlich seien auch die angeblich akademischen, in Wahrheit heuchlerischen und in Prosa geschriebenen bedeutungsschweren Leitartikel des „Temps" erwähnt, die seit jeher in den Staatskanzleien der ganzen Welt dafür bekannt sind, daß sie die wahren Gedanken der Regierung widerspiegeln.

Märchen über Deutschland

Der Haß gegen Deutschland? Die Franzosen hörten niemals auf, ihn durch alle Poren ständig in sich einzuatmen. Er wurde auf tausendfach verschiedenartige und erfindungsreiche Weise zu ihrem geistigen Rüstzeug und Bestand. Man schilderte den Franzosen die Deutschen als ein Volk von heimtückischen, verschlossenen Duckmäusern. Unmöglich sei es, daß auch nur ein Deutscher jemals aufrichtig handele. Immer sei es eine Falle, die er auf Befehl seiner Regierung zum alleinigen Nutzen Großdeutschlands seinem naiven Gesprächspartner stelle!
...Eine Falle das Abrüstungsangebot vom 17. April 1934, für dessen Ablehnung Ministerpräsident Gaston Doumergue und Außenminister Louis Barthou verantwortlich sind, die da glaubten, „es ermögliche, Lehren aus der Vergangenheit zu vergessen und Ratschläge zur Vorsicht außer Acht zu lassen"...
...Eine Falle auch die Vereinbarung Bonnet–Ribbentrop vom 6. Dezember 1938, in der ein Teil der Pariser Presse entweder „den Wunsch Deutschlands, das seiner antisemitischen Politik wegen in der ganzen Welt angegriffen wird, sich nun in Paris weiß waschen lassen zu wollen", sieht, oder die heuchlerische Absicht Ribbentrops „Frankreichs Hände zu binden, um seinem Spießgesellen Mussolini zu gestatten, inzwischen in Tunis frei zu schalten und zu walten".
...Eine weitere Falle auch der Vorschlag des Reichskanzlers Hitler, zur gegenseitigen geistigen Ab-

rüstung zwischen Frankreich und Deutschland „Pressevereinbarungen" abzuschließen.
... Und eine Falle schließlich auch der ergänzende Vorschlag, die Schulbücher von jedem Keim des Hasses zu befreien und zu säubern ...

Alle diese Bemühungen stießen gegen eine Mauer von Lügen und Verständnislosigkeit. Frankreich versteckte sich hinter seinen fixen Ideen. Ein für allemal entschied sich der Franzose, im „boche" ein hassenswertes und verächtliches Wesen zu sehen, in dessen dicken Schädel man nur mit Gewalt die Wahrheit einhämmern kann.
„Es bleibt sich immer gleich", schreibt Fernand Laurent, „Deutschland ähnelt einem Irrsinnigen und Rasenden in seiner höchsten Krise, der mit seinen Füßen im Blute watend alles niedermetzelt, was sich ihm nähert. Es ist der unbedingte Wille, ihm für alle Zeit die Wiederkehr unmöglich zu machen, den die führenden Männer und die Presse aller zivilisierten Länder zum Ausdruck bringen."
Und der Pariser Abgeordnete kommt zu dem Schluß (10. Mai 1940): „Endlich ist das wilde Tier umzingelt, gebändigt, niedergeschlagen ..."

Am 3. Juni wird Paris bombardiert. Selbst der amtliche Heeresbericht erkannte an, daß die deutsche Luftwaffe „nur Ziele militärischen Charakters zu treffen" beabsichtigte.
Der „Temps" aber will das nicht zugeben:
„Das nur oberflächlich zivilisierte Deutschland", erklärt er feierlich, „rächt sich für Frankreichs unbestrittene Überlegenheit auf allen Gebieten, indem es die „Stadt des Lichts" vernichten will, an deren Strahlen es ehemals die Empfindungslosigkeit seines Germanismus zu erwärmen und zu wandeln suchte. ‚Behandelt man einen Leibeignen wohlwollend, wird er einem Verdruß machen", sagt ein altes französisches Sprichwort."

*Und jetzt kommt auch noch der
„Mikrokokkus Prodigiosus"!*

Ist es im übrigen nicht auch weit und breit bekannt, daß die Deutschen im Frieden bereits alle Vorbereitungen trafen, um die Stadt des Lichts zu gegebener Zeit von der Landkarte verschwinden zu lassen?
Sämtliche Pariser Zeitungen veröffentlichen die sensationellen Enthüllungen Wickam Steeds über den „Mikrokokkus Prodigiosus".
Mitten in Paris stellten Agenten der Reichswehr Versuche an, in den Untergrundbahnschächten Bakterien zu verbreiten, um die völlige Vernichtung der gesamten Pariser Bevölkerung herbeizuführen.
Und fand man nicht seinerzeit auch an der „Place de la Concorde" das geheimnisvolle Rezept?
„O. P. f. Vers. v. Koor. Conc. (Ob) – Mehrf. umf. – ca 215 × 10^{12} – Be. m. H. Pers. Gen. 6 h sp. Strg. – A. 47 p. m. – 18. 8. 33. Nr. 1 Pl. Rpq: ONOO; 3, L 2 Km.: Bl. – 2; A. 8.75; nor. neg. S. G. ggt. R.4231c."
Diese chiffrierte Sprache verstanden Sie nicht?
Sie soll zum Ausdruck bringen: „Die ‚Place de la Concorde' und der Obelisk von Luxor sollen zum Ausgangspunkt für die Versuche zur Ausbreitung der Bakterien und alle sonstigen Maßnahmen dienen. Mehrfach fuhren Wagen über diesen Platz. 215 Einheitsampullen mit je 10 Billionen Mikrokokkus-Prodigiosus-Keimen sind bereits verstreut worden. Sechs Stunden später, und zwar um 2.47 Uhr nachmittags, am 18. August 1933, untersuchte man die erzielten Ergebnisse. Das erste Resultat ist das von der ‚Place de la Republique', 12 Kilometer nordöstlich von der ‚Place de la Concorde'. Unter den durch die anderen Zahlen verdeutlichten Luftströmungsverhältnissen haben die Versuchsplatten 4231 Bakterienkolonien aufgewiesen."
Andere gleichartige Notizen bezogen sich auf die auf den Untergrundbahn-Stationen „Ecole militaire" – „Porte de Charenton" – „Solférino" – „Pasteur" „Chambre des Députés" und „Allée de Longchamp" gemachten Erfahrungen. Die besten Ergebnisse wur-

den auf den Bahnhöfen „Pasteur" und „Chambre des Députés" mit 95778 und 1124781 Mikrokokkus-Prodigiosus-Kolonien ermittelt. ----

Delirium des Hasses

So etwas schluckten die Franzosen *vor* dem Kriege bereits beim morgendlichen ersten Frühstück.
„Es gibt keine Worte mehr zur Charakterisierung dieses Volkes von Banditen und Meuchelmördern", schrieb Henri Pichot, der Vorsitzende der „Union Fédérale des Anciens Combattants", der nach mehrfacher herzlicher Aufnahme in Deutschland ebenfalls dem Dämon der Hysterie verfallen war. Auch er...
„Der französische Wortschatz an Schimpfworten und entehrenden Bezeichnungen würde sich vergeblich anstrengen und sich doch erschöpfen!
Es gibt nur ein einziges zutreffendes volkstümliches Wort:
Schmutzfinken!
                    Schmutzfinken!
                                  Schmutzfinken!
...In Deutschland lebt der Genius des Bösen, die Wollust also am Betrug und am Mord.
Dieses Volk ist ehrlos.
Dieses Volk ist nichtswürdig und infam.
Dieses Volk ist der Aussatz der Welt!"...

Schulmeisterliche Albernheiten

„Mit Deutschland ist kein Frieden möglich", versicherte Dr. Logre in schulmeisterlicher Weise und begründete dies etymologisch. Und im „Temps" bewies dieser gelehrte Erklärungskünstler, daß das Wort „paix" zur gleichen Sprachfamilie wie das Wort „pacte" – (pangere) – gehöre. Da nun Deutschland bekanntermaßen nicht an die Heiligkeit von Pakten glaubt, wäre also...
Andererseits gehört das Wort „pays" zur gleichen „pagus"-Familie, die auf „pangere" zurückgeht. --

Paix – Pacte – Pays... eine geheiligte Wortverbindung! Im Schatten Deutschlands kann es daher also seiner meineidigen, umstürzlerischen und angriffslustigen psychologischen Veranlagung wegen kein „pays" im eigentlichen Sinne dieses Wortes geben, noch weniger, wie es dort „paix" und „pacte" geben kann!...

Hallo! Hallo! Hier ist London!

Die Lüge war in der französischen Seele so fest verankert, daß sie sozusagen organisch bedingt war und bereits zu einem Bedürfnis wurde.
Für viele Franzosen ist die Lüge ein Heilmittel, an das sie sich gewöhnt haben und man weiß ja, daß ein Mensch sofort stirbt, wenn man ihn des Giftes beraubt, an dem er sonst langsam sterben würde.
„Jetzt erleben wir den letzten Sieg des gestrigen Regimes", stellt Abel Bonnard von der „Académie Française" mit Bitterkeit fest, „es hinterläßt den Unglücklichen, die es solange getäuscht und irregeführt hat, das Bedürfnis, es auch weiterhin noch zu werden! Indem sie der englischen Propaganda ihr Ohr schenken, tun sie im Grunde genommen nichts anderes, als selbst bis zur letzten Quelle hinabzusteigen! Sie gehen von ihrem bisherigen Zwischenhändler nunmehr unmittelbar zum Fabrikanten über, um sich von ihm direkt beliefern zu lassen. Von einer Wirklichkeit erdrückt, mit der sie nicht die Kraft haben, sich abzufinden, flüchten sie sich in die britischen Lügen wie in den Alkohol. Sie schlürfen ihr Gläschen Aufschneiderei, und im Augenblick richtet es sie auch auf, um sie dann aber nur um so niedergeschlagener und niedergedrückter werden zu lassen. In einer späteren Zeit werden wir uns voller Bestürzung an alle jene Aufschneidereien erinnern, die uns unsere Landsleute während der letzten Monate haben schlucken lassen...
Und diejenigen besonders", setzt Abel Bonnard hinzu, „die den bürgerlichen, den sogenannten führenden Schichten angehören...!"

In den führenden Klassen

Es ist in der Tat bemerkenswert, festzustellen, daß die britische und de Gaulle-Propaganda ihre Verheerungen gerade bei den Franzosen hinterläßt, die sich gebildet nennen oder sich wenigstens dafür haltun und Muße zum Nachdenken haben, Bücher zu ihrer Unterrichtung, eigenes Kritikvermögen zu ihrer Abwehr und der sozialen Funktion eigentlich würdig sein sollten, die ihnen das französische politische Regime überträgt. Gerade sie hätten den niederen Klassen ein Beispiel ihres Verständnisses für die Dinge und das nationale Interesse geben sollen.
Aus alter Gewohnheit heraus aber, aus geistiger Trägheit, aus Snobismus, Mangel an eigenem Nachdenken und in der Hoffnung, ihre erworbenen Stellungen zu halten, ist im Gegenteil gerade das Bürgertum auch für die groteskesten Märchen am zugänglichsten. Es ist eine Art Mode geworden. Es ist „schick", sich in London sein Gehirn vollstopfen zu lassen, genau so, wie es vor dem Kriege schick war, sich dort seine Kleider zu bestellen. Ein Anhänger de Gaulles sein, heißt, sich selbst das Patent „richtiger" Gesinnung" ausstellen. In den bürgerlichen Vierteln von Passy und Auteuil entschädigen sich die im Juni 1940 geflohenen Familienväter jetzt im Jahre 1941 damit, den Mitgliedern ihrer Kreise die heroischen Taten ihrer Sprößlinge zu erzählen, die im Gymnasium Janson de Sailly in das Holz ihrer Pulte den Namen des Schurken-Generals eingravieren, der wegen Verrats zum Tode verurteilt wurde.
Und diese veralteten und überlebten Persönlichkeiten, die man „gute Pariser" nennt, die sich schmeicheln, an allem zweifelnde Skeptiker und Schlauköpfe zu sein, denen man nichts vormachen könne, sind gerade diejenigen, die am folgsamsten alles schlucken. Die Skeptischsten sind vielmehr diejenigen, die sich am ablehnendsten verhalten! Die Oberflächlichsten sind die „Bestunterrichteten". Sie prahlen sogar damit, um Geheimnisse zu wissen, die dem

„Pöbel" entgehen. Und verschmähen es natürlich, ihre Quellen zu nennen. Gutes Material für Schulmeister! Sie wissen alles, ohne vorher etwas lernen zu müssen. In ihrem Fall schwingt viel mondäne Eitelkeit mit. Ihre Vaterlandsliebe bedient sich der niedrigsten Form, indem sie sich dem übertriebensten Nationalismus in die Arme werfen. Sie sind Krieger... „Prokuristen": denn sie erwarten das Heil nicht von sich selbst, sondern von den anderen. England muß sie wieder in ihre Privilegien einsetzen, es ist es ihnen schuldig! Es wäre englischerseits ein Verrat, wenn es nicht – – und zwar sofort – – ihrem gebieterischen Bedürfnis nach Rache entsprechen würde. Und so laufen sie in der Welt herum, indem sie die „Nachrichten" von „Radio London" wiederholen, entstellen und ergänzen.

Die abgedroschensten Märchen

Was man der britischen Propaganda nach dem Waffenstillstand vorwerfen kann, ist mangelnde Einbildungskraft und fehlendes Vorstellungsvermögen. Sie begnügt sich mit der Fortsetzung kaum veränderter und abgedroschenster Propagandalügen wie vor dem Waffenstillstand!
Und ihre Hauptthemen lauten: Je weiter sich Deutschland ausdehnt, um so weiter entfernt es sich von seinen Basen... Es „erobert" friedlich Rumänien? Um so besser! Bulgarien? Bravo!... Je mehr es an Lebensraum gewinnt, um so mehr verliert es an Macht. Angenommen, es nähme auch Griechenland und die Türkei in sich auf! Das wären ebensoviele englische Siege!... Deutschland ist am Ende: es sammelt die französischen Nickel-Sous. Es hat kein Öl mehr. Um die Räder seiner Lokomotiven schmieren zu können, beschlagnahmte es die Butter in Charentes... Wie 1914 baut es Fabriken zur Gewinnung von Leichenfett!"...

Natürlich legt man auch die alte Platte von den „Grausamkeiten", die alte, wohlbekannte – –, wieder auf!

London weiß selbstverständlich auch weit besser als wir, was im besetzten Gebiet geschieht... Wir hörten es ja mit unseren eigenen Ohren: „Im besetzten Frankreich stellte die Gestapo hinter jede Tür einen Spion. Die Franzosen seufzen unter der Unterdrückung. Überall, in den Kinos, in der „Passage des Actualités", stehen Polizisten, um alle diejenigen sofort in deutsche Konzentrationslager zu bringen, die es versuchen sollten, ihren Ansichten Ausdruck zu geben... Sogar das Lächeln ist verboten."
Natürlich übertreibt man auch die Vorfälle vom 11. November! Hunderte von Studenten wurden erschossen! Die Familien werden terrorisiert!
Aber Geduld! Die Stunde der Rache ist nahe. Der Neue Kontinent marschiert schon! Vom industriellen Gesichtspunkt aus ist Deutschland um 50 Jahre hinter Amerika zurück. Selbst wenn England besiegt werden sollte, würden amerikanische Flugzeuge die gefolterten Franzosen befreien!...
Und man spricht von der „amerikanischen Intervention" des Jahres 1941, als ähnele sie in jeder Beziehung dem amerikanischen Eingreifen 1918... damals, als 1918 Amerika Armeen entsandte – als es eine mächtige französische Armee gab – ein britisches Heer – eine italienische Wehrmacht – und eine Orientarmee!...

Die Macht des Buchstabens „V"

Und so predigt man den Franzosen den Widerstand...Tag für Tag gibt man ihnen taktische Ratschläge, wie man der Trikolore zum Siege verhelfen könnte. An einem Tage handelt es sich darum, „zu Hause zu bleiben", wirklich zu Hause, und zwischen 14 und 15 Uhr nicht auf die Straße zu gehen, um den Siegern richtig einmal zu zeigen, daß man der Zeiten der Marne und von Verdun noch immer würdig ist...
Ein anderes Mal muß man Flugblätter unter Volksschulkindern und in Kindergärten verteilen...

Am nächsten Tage muß man nächtlicherweise ein großes „V" an die Mauern malen. Ein „V"?...Warum gerade ein V? Was soll denn dieses V bedeuten? Ja, wissen Sie, dieses V kann gar keinen anderen Sinn haben als ... *Victoire!* Und man bringt den Franzosen bei, daß sich dieses V besonders wirkungsvoll in – – Bedürfnisanstalten ausmache...!

Englische Prophezeiungen

Man läßt etwa folgende „englische Prophezeiungen" in Umlauf setzen:
20. Februar 1941: Besetzung von Tripolis durch die Engländer.
13. März: Landungsversuch deutscher Truppen bei Plymouth.
15. März: Die afrikanischen Truppen unter General Weygand nehmen mit den englischen die Fühlung auf.
20. März: Landung englisch-französischer Truppen in Sizilien.
20. April: Zweiter Landungsversuch von Norwegen kommender deutscher Truppen in Glasgow.
27. April: Die Truppen werden ins Meer geworfen.
7. Mai: Amerika tritt in den Krieg ein.
5. Juni: Landung amerikanischer Truppen in Bordeaux und englischer Truppen in Boulogne und Calais.
21. November: Italien unterzeichnet den Waffenstillstand und wird von den Engländern besetzt.
21. Januar: Unterzeichnung des Friedensvertrages.

Der Verräter Nr. 1

Man fordert die Franzosen zur Rebellion nicht nur gegen die verabscheuungswürdige Besatzungsmacht, sondern auch gegen ihre eigene Regierung auf! Bis zum 13. Dezember 1940 war in den Augen der mit britischer Propaganda gefütterten Franzosen Pierre Laval der Verräter Nr. 1.
Seitdem ist es Admiral Darlan – – oder vielmehr

„Herr Darlan", wie London ihn jetzt verachtungsvoll nennt. Oder erklärte er etwa nicht, „daß die Deutschen menschlicher als die Engländer wären"? Und beging er etwa auch nicht das nicht mehr gutzumachende Verbrechen, sich dagegen zu wehren, daß die kleinen Kinder in Frankreich infolge der britischen Blockade Hungers sterben?

Im übrigen setzt sich seine ganze Regierung aus Verrätern großen und mittleren Kalibers zusammen, angefangen von Admiral Platon, der Marokko den Deutschen auslieferte, bis zu General Huntziger, der den Waffenstillstand unterzeichnete und dem gegenüber man durchblicken läßt, daß die Rolle, die er an der Spitze der 2. Armee anläßlich der „Geschichte bei Sedan" vom 10. bis 20. Mai gespielt habe, keineswegs sehr übersichtlich gewesen ist...

Was Marschall Pétain anbetrifft, so tut man so, als decke man ihn mit rhetorischen Blumen ein... Immerhin war er es aber, der Darlan wählte... Und nur ihm allein sind Darlan und seine Spießgesellen verantwortlich... Wenn der englische Rundfunk „die Regierung in Vichy anklagt, das deutsche Spiel zu spielen", so trifft man damit immerhin doch den Marschall Pétain... Und die „Gutgesinnten" täuschen sich hierin auch nicht, denn ihrer Auffassung nach ist Pétain nur ein provisorisches Staatsoberhaupt, das sie bei der ersten Gelegenheit durch einen den englischen Interessen ergebenen Diener ersetzen werden. An einer Mauer in Paris las ich folgendes wahrhaft verabscheuungswürdige, aber symptomhaft wirkende „Sgraffito": „Es lebe de Gaulle – – Pétain den Tod!"

Das Glaubensbekenntnis der de Gaulle-Anhänger

Nach dem Credo der Jünger de Gaulles sind Pétain, Darlan und Huntziger „faschistische Spießgesellen Hitlers". Daladier, Gamelin, Paul Reynaud, Mandel und alle für den Krieg und die Niederlage Verantwortlichen wurden zu Heiligen, die man aus ihren

Kerkern herauslassen müßte... De Gaulle, der wahre Held, wird es schon machen... Köpfe werden rollen, aber nicht die der Angeklagten von Riom. Die „Flamme" wird wieder aufleben und es wird auch eine Rache geben...
England wird uns dabei helfen... Sein Sieg ist gewiß. Es zwang Mussolini bereits dazu, Griechenland demütig um Frieden zu bitten...! Mussolini floh nach Portugal! Und der Negus besteigt wieder seinen Thron...!
Und so erfindet man aus Laune lauter Dinge, die den englischen „Befreier" größer machen könnten. Dieser ist überall. Er ist alles! Er ist der Herr der Meere und der Lüfte! Herr über die gesamte Erde! Infolge eines eigenartigen, nicht zu erklärenden und die Massen beherrschenden Phänomens, das widersinnig die geistigen Vorzeichen versetzt und auch selbst widernatürlich ist, freuen sich einige „gute Franzosen" über jedes von den Engländern Frankreich angetane Übel. Sie töteten seine Matrosen, nehmen ihm seine Kolonien und bombardieren französische Städte! Um so besser! Es gab in Brest und Marseille Tote? Bravo! Sind sie nicht stark? Sind sie nicht nett, die „kühnen Befreier"? –
„Vom 15. März ab", erklärte mir eine Kellnerin, „ist Paris nach englischem Beschluß keine offene Stadt mehr." Und fügt selbst wildentschlossen hinzu: „Sie haben ganz recht!"...
„Mein Herr", warnte mich am gleichen Tage meine Hausverwalterin, „Sie werden sich zweckmäßigerweise im Keller einen Lebensmittelvorrat anlegen."
„Und warum?", fragte ich sie erstaunt.
„Weil die Engländer Paris derart heftig bombardieren werden, daß Sie nicht einmal mehr in Ihre Wohnung werden hinaufgehen können, um sich etwas Eßbares zu holen!"
In ihrem Blick lag eine derartige Gewißheit! Eine solche Bewunderung für unsere reizenden „Befreier"! Die Arme fielen mir schlaff herunter.
Und ich gab mir selbst das Rätsel auf, ohne es jedoch besser lösen zu können, das sich nach der

Niederlage alle Analytiker der französischen Seele stellten:

„Ich frage mich", schreibt Vauquelin, „ob man jemals in der Geschichte ein ähnliches Beispiel von Verdummung erlebt hat!"...

Und auch Marcel Déat fragt besorgt, grausam — — und entwaffnet — — vergeblich:

„Wie war es möglich, daß dieses Volk so verdummen konnte?"

Das Problem Nr. 1

Man schämt sich, hier so viele Albernheiten wiedergeben zu müssen. Und so muß man denn zum Schluß kommen.

Diese Dinge mußten aber einmal gesagt werden. Meiner Ansicht nach besteht eines der wichtigsten Probleme unseres nationalen Wiederaufbaus darin, der Masse des französischen Volkes den Gebrauch seines gesunden Menschenverstandes und seiner Urteilskraft wiederzugeben, indem man den Franzosen erbarmungslos vor Augen führt, was die Leute, die ihr Gehirn vernebelten, und nur Haß säten, sie glauben machen wollten. Nichts ist künftighin möglich, wenn die Franzosen auch weiterhin im Traumzustand leben und sich aus ihrer Geisteskrankheit nicht erlösen lassen wollen, sich störrisch weigern, die europäische Zukunft mit offenen Augen zu betrachten.

Alles jedoch ist möglich, wenn sie sich bereit erklären, ihr Gehirn entgiften und ihre Seele säubern zu lassen, und damit schließlich wieder der Wahrheit und dem gesunden Menschenverstand zugänglich werden.

INHALTSVERZEICHNIS

Vorwort V

1. Kapitel
Durch rosarote Brillen 1

Wie man uns ihre Abreise darstellte – „Das macht doch gar nichts!" – Die Siege der Heimatstrategen – Der Krieg mit den kleinen blauen Blumen

2. Kapitel
Wie man uns die Niederlage Polens darstellte   9

Die Havas-Lügen – Der Krieg wird kurz sein – Die polnische Kavallerie reitet in Deutschland ein – Die schönen Versprechungen – Wieder hat Plutarch gelogen – Noch weitere Verbündete – Deutschland auf dem Wege ins Chaos

3. Kapitel
Einmarsch der französischen Armee in Deutschland 20

Der bedrohte Westwall – Der Rhein ist auf unserer Seite! – Sie haben nur Platzpatronen – Sie haben keine Offiziere – Unsere Tanks sind die besten der Welt – Tausende von Flugzeugen – Wie man uns das Friedensangebot vom 6. Oktober darstellte – Hitler hat Angst – Speicheloffensive – Der „strategische Rückzug" unserer Truppen – 1. Januar 1940: „Der Krieg ist gewonnen!"

4. Kapitel
Die Augen öffnen sich 36

Das Spiel mit den Umziehpuppen – Der Trick mit dem „man muß annehmen" – Der Wendepunkt am 13. März – Die Gehirne werden klarer – Schwarz in Schwarz gesehen – Man lüftet den Schleier – Die Lüge von der französisch-britischen Freundschaft – Schlagen wir uns an die Brust! – Auf der Suche nach Sündenböcken

5. Kapitel
Die Lügen Anastasias 48

Lügen durch Unterlassungen – Einige Torheiten Anastasias – Kein Glatteis während des Krieges – Anastasia und die

Erzbischöfe – Anastasia und Spanien – „Hatten wir unrecht?" – Daladier zensiert! – Das Herzblättchen – Die Zensur und unsere Kriegsziele – Sie haben uns Karl den Großen gestohlen! – Vom 30. Oktober, 10.40 Uhr ab zerstückelt man Deutschland nicht mehr – Die nette Arbeit unserer „Schlächter"

6. Kapitel
Die Stimme Frankreichs 64

Die Macht der Wellen – Das Abhören der deutschen Sender genügt – Man wollte unsere Empfangsgeräte beschlagnahmen – Herr Jean Giraudoux macht einen Umschlag auf – Was wir hörten – Erinnern Sie sich? – Und andere Ungereimtheiten noch

7. Kapitel
Die Lüge von der guten Moral 74

Der Posteingang im Elysée – Der Moral-Diktator – Um eine gute Moral zu besitzen – Daladier ist ein Genie – Die Moral der Armee – Stichproben – Vertrauliche Kriegsteilnehmerberichte – Es änderte sich ja gar nichts! – Unsere Seele ist woanders – Dieser Krieg interessiert uns nicht – Überdruß vom Heldentum! – Wir sind keine Kinder – Wir verborgen unser Fleisch und Blut

8. Kapitel
Die Lügen Chamberlains und Paul Reynauds 86

Offensive oder Defensive? – Wenn man im Orient angreifen würde? – „Wir sind die Stärksten!" – Wenn man nach Norwegen ginge? – „Hitler hat den Omnibus verpaßt!" – „Der Weg zum Eisen ist endgültig versperrt!" Ein ungeheurer strategischer Fehler – Die Deutschen umzingelt! – Langsamer Rückzug – „Ihr habt uns belogen!"

9. Kapitel
Der 10. Mai: „Ein unsinniger Fehler Hitlers!" 103

Deutschlands hoffnungslose Zukunft – Wir sind auf alles vorbereitet – Angriffshandlungen sind nicht zu befürchten... – Vorausgesetzt, daß die Deutschen überhaupt angreifen! – Das „Überschwemmungsmythos" – 10. Mai:

„Im Westen nichts Neues!" – Die Stunde Gamelins ist da! – Blumen ... Küsse ... Lächeln – Unsere Panzerwagen! Unsere Flugzeuge! Unsere Ausrüstung! – Gar kein Vergleich mit 14! – Der 10. Mai? Ein Akt verzweiflungsvollen Wahnsinns!

10. Kapitel
Wie man die Fehler des Generalstabes verheimlicht 118

„Sie" und wir – Bald beginnt unser Gegenstoß! – Erste Geständnisse – Der verhängnisvolle Tag – Die Fehler Gamelins – Kindische Erklärungen – Man sucht und findet

11. Kapitel
Wie konnten wir so weit kommen? 130

Die Front ist durchbrochen! – Die Brücken wurden nicht zerstört – Auf dem Wege zu Geständnissen – Gamelin abgesägt! – Das Unheil der Armee Corap – Die Warnungen! – Die Maginotlinie kann umgangen werden – Daladier: „Ich bin keineswegs beunruhigt" – Ein eindrucksvolles Zwiegespräch – Zwei Jahre später

12. Kapitel
Weygands Stunde 151

Die drei Viertel des Weges zum Siege – Gamelin kaltgestellt – Der neue Abgott – Er wird die Welt retten! – Die Wunder der Taktik Weygands – Er wird angreifen! – Die Lügen Duff Coopers – Was, diese motorisierten Vorstöße? Völlig bedeutungslos – Hoffnung auf Betriebsstoffmangel – Es handelt sich nur um einen Zwischenfall – Weygands Geständnis – Was wir nicht wußten – Sie entfernen sich von ihren Ausgangsstellungen – Hitlers Niederlage!

13. Kapitel
Lügen über Belgien 168

Vorher – Nachher – Madame Tabouis wird völkisch – Ein Spionage-Roman – Der Sündenbock Nr. 1 – Geisteskranke oder Verbrecher – Endlich! Ein Schlachtfeld! – Paul Reynaud tritt für Leopold III. ein – Die Wahrheit über die belgische Kapitulation – Der improvisierte Krieg

14. Kapitel
Die letzte Viertelstunde 183
> Der „Sieg" von Dünkirchen – Die Wahrheit über Dünkirchen – Jetzt wird man sich klar! – Der feierliche Augenblick – Die meistgebrauchten Tricks – Vorher und nachher! – Schon wieder der improvisierte Krieg! – Ein von Anfang an verlorener Kampf – Die Vernichtung des Westflügels – Wie man uns das Unheil mitteilte – Für uns bleibt ... verständnisvolle Einsicht – Und nun die letzte Viertelstunde – Alles bricht zusammen – Die tragische Isolierung Frankreichs – Es ist aus

15. Kapitel
Bis nach Amerika! Über das Ende hinaus! . . . 204
> Über das Ende hinaus! – Die elastische Front – Der Feind erschöpft sich – Was tun? – Bis nach Amerika! Norwegen ist mit uns! – Lügen über Italien

16. Kapitel
Was wir gesehen haben 215
> Wenn man an den Heeresbericht glaubt – Die große Panik – Das ist nicht traurig – Die organisierte Panik – Was man uns Franzosen erzählt hatte – Was wir gesehen haben

17. Kapitel
Der Krieg der Lüge nach der militärischen Niederlage 227
> Hirngespinste – Alles wird verdreht – Die doppelte Moral – Im Fieberwahn verletzten Stolzes – Dumm wie ein Hahn

Schlußbetrachtung
Schach den Haß-Säern! 235
> Hysterie – Nach Berlin! Nach Berlin! – Das Heer der Zerstückler – Märchen über Deutschland – Der „Mikrokokkus Prodigiosus" – Delirium des Hasses – Schulmeisterliche Albernheiten – Hallo! Hallo! Hier ist London! – In den führenden Klassen – Die abgedroschensten Märchen – Die Macht des Buchstabens „V" – Englische Prophezeiungen – Der Verräter Nr. 1 – Das Glaubensbekenntnis der de Gaulle-Anhänger – Das Problem Nr. 1

Meurisse-Mondial-Rol, Paris

Staatspräsident Lebrun, in dessen zweiter Amtsperiode es zum Ausbruch des Krieges kam.

Meurisse-Mondial-Rol, Paris

Der englandhörige Ministerpräsident Paul Reynaud, einer der intrigantesten Vertreter der franz. Nachkriegspolitik. Während des franz. Zusammenbruchs mußte er sein Amt an Marschall Pétain abgeben.

Meurisse-Mondial-Rol, Paris

Der ehemalige Generalissimus Gamelin während einer Ansprache vor dem Denkmal Maginots, nicht voraussehend, daß wenig später seine auf die Maginotlinie vertrauende Kriegführung ruhmlos zusammenbrechen würde.

Meurisse-Mondial-Rol, Paris

Ein Ministerrat unter vielen. Keinem gelang es, Frankreich vor dem Verderben zu bewahren. Von links nach rechts: Frossard, Staatsminister; Chautemps, Ministerpräsident; Laurens, Unterstaatssekretär; Bonnet, Staatsminister; Marchandeau, Finanzminister; Queuille, Minister für öffentliche Arbeiten.

Meurisse-Mondial-Rol, Paris

Chautemps und Daladier — zwei von jenen vielen französischen Politikern, die ihrer Aufgabe nicht gewachsen waren.

Meurisse-Mondial-Rol, Paris

Der frühere Minister des Auswärtigen Yvon Delbos verläßt zusammen mit dem politischen Gleichgewichtskünstler Ministerpräsidenten Camille Chautemps nach einem Ministerrat das Elysée.

Meurisse-Mondial-Rol, Paris

Der ehemalige jüdische Ministerpräsident Léon Blum hat in den Jahren der „Volksfront" und später alles getan, im franz. Volk eine Kreuzzugsstimmung gegen „faschistische Diktaturen" zu schaffen.

Meurisse-Mondial-Rol, Paris

Madame Tabouis, phantasievolle Lügnerin im Dienste englisch-amerikanisch-französischer Geldmächte, setzt als ausgebürgerte Emigrantin gegenwärtig ihre gewinnbringende Tätigkeit in den USA. fort.

Meurisse-Mondial-Rol, Paris

Elie Bois, der als Chefredakteur des „Petit Parisien" einer der skrupellosesten jüdischen Kriegshetzer war.

Meurisse-Mondial-Rol, Paris

Henri de Kérillis, Abgeordneter und Journalist, brachte sein Volk ins Verderben und sich selbst in Sicherheit.

Meurisse-Mondial-Rol, Paris

Jean Prouvost – ehemaliger Informationsminister – wurde nur selten auf der Wahrheit ertappt.

Meurisse-Mondial-Rol, Paris

Georges Mandel alias Jeroboam Rothschild, früherer Sekretär Clemenceaus, gefürchteter Kabinetts- und Parlamentsspitzel, schließlich Kolonialminister, unentwegter jüdischer Kriegshetzer.

Meurisse-Mondial-Rol, Paris

Der französische Rechtsabgeordnete Henriot im Gespräch mit dem Abgeordneten Armand.

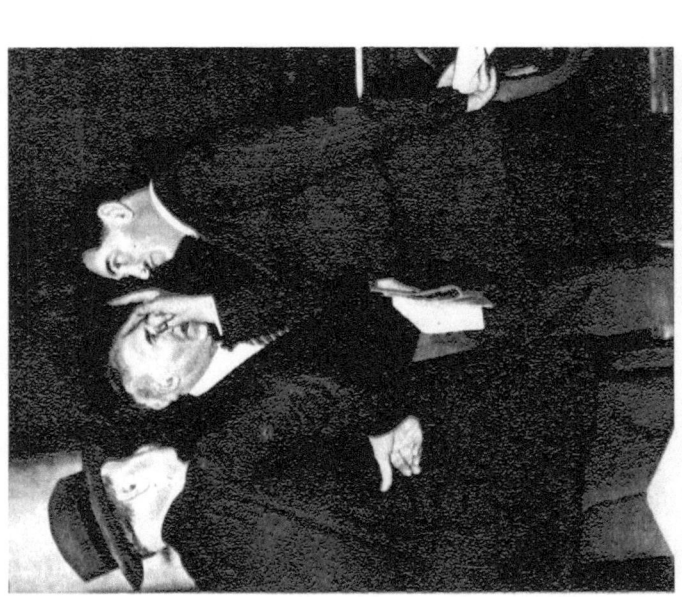

Meurisse-Mondial-Rol, Paris

Jean Giraudoux, während vieler Kriegsmonate Leiter der franz. Zensur und Hauptpropagandist des franz. Radios, hat unter Beweis gestellt, daß nicht jeder talentierte Dichter über politische Begabung verfügt.

Scherl-Bilderdienst

Philippe Pétain, Marschall von Frankreich, Chef des „Etat Français".

Meurisse-Mondial-Rol, Paris

General Weygand, der Organisator des franz. Widerstandes in der zweiten Frankreichschlacht, Nachfolger General Gamelins und späterhin Oberkommandierender der franz. Armee in Nordafrika.

www.ingramcontent.com/pod-product-compliance
Lightning Source LLC
Chambersburg PA
CBHW021349300426
44114CB00012B/1150